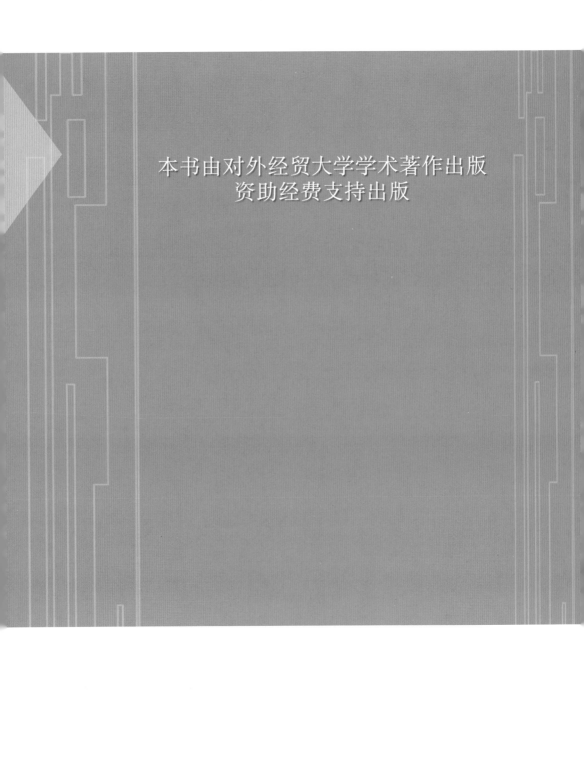

本书由对外经贸大学学术著作出版
资助经费支持出版

全球化时代的经贸政策协调

Quanqiuhua Shidai De Jingmao
Zhengce Xietiao

崔 凡／著

人民出版社

责任编辑:姜 玮

图书在版编目(CIP)数据

全球化时代的经贸政策协调/崔凡 著. -北京:人民出版社,2007.11
ISBN 978 - 7 - 01 - 006649 - 3

Ⅰ. 全… Ⅱ. 崔… Ⅲ. 国际贸易-贸易政策-研究 Ⅳ. F741

中国版本图书馆 CIP 数据核字(2007)第 175740 号

全球化时代的经贸政策协调
QUANQIUHUA SHIDAI DE JINGMAO ZHENGCE XIETIAO

崔 凡 著

人 民 出 版 社 出版发行
(100706 北京朝阳门内大街 166 号)

北京市双桥印刷厂印刷 新华书店经销

2007 年 11 月第 1 版 2007 年 11 月北京第 1 次印刷
开本:710 毫米×1000 毫米 1/16 印张:18.5
字数:250 千字 印数:0,001 - 3,000 册

ISBN 978 - 7 - 01 - 006649 - 3 定价:36.00 元

邮购地址 100706 北京朝阳门内大街 166 号
人民东方图书销售中心 电话 (010)65250042 65289539

目 录

前　言

　　我对国际贸易政策的最初兴趣来自于我在对外经济贸易大学的导师薛荣久教授的启发。贸大硕士毕业留校刚工作的时候,我同时也担任他的助手。一个很惬意的事情就是,我们经常在他的办公室就一些贸易政策问题进行讨论。与其说是讨论,更像是聊天,有时候看法不同,还要争论。此后,我经常思考的许多问题大多源自那时的一些讨论。这些问题一般不是什么经济理论上的问题,而是涉及多边贸易体系中的现实政策问题。

　　1999 年,我被外经贸部(现商务部)和对外经济贸易大学派遣,前往澳大利亚参加为期一年的中国加入世界贸易组织第四期青年官员培训项目,同行的其他 11 名同学都是各部委与世贸组织事务有关的年轻干部。在中国准备加入世界贸易组织的过程中,澳大利亚给予中国的技术支持恐怕是西方各个国家中力度最大的。当时由龙永图先生牵头谈判组织的中澳项目涵盖研究、研讨、培训等各方面,其中在澳大利亚组织了四期培训,在四年中培训了 48 名学员。

　　南澳洲的阿得莱德是一个风景迷人的海滨城市,学习的大部分时间都是在阿得莱德大学,中间安排了一个月在首都堪培拉参加澳大利亚外交外贸部的实习,主要就是与澳大利亚世贸组织事务谈判官员交流。虽说是交流,主要还是学习人家的经验。一年的培训对我来说,是一次既轻松又充实的经历。我不仅从澳大利亚的专家们那里,也从其他的同学那里,不断获取着有关世贸组织的各种知识。特别是在与小组其他同学的讨论中,我对中国加入世界贸易组织过程中各种具体问题和困难有了进一步的认识。所有的讨论无非围绕着两个问题:一是在世界贸易组织的谈判中我们如何能够争取到对自己最有利的条件,二是中国的国内政策应该如何协调。对于其他平时经常忙于机关日常事务的同学来说,这一年是一段难得的时间,可以使他们思考这些应该思考但平时又无暇深入探究的问题。而对我来说,这又是一个难得的机会,可以不断聆听到那些在国际贸易谈判和政策执行一线工作的朋友的看法和观点。很自然地,我把学习过程中所获得的想法写了下来,这成为了本书最初的雏形。

从澳大利亚回国的前夕,我们得到了中国与美国谈判协议达成的消息,似乎中国加入世界贸易组织融入全球化进程的号角已经吹响了。在回国途中,我们看到机场的电视中在不断播放着世贸组织西雅图会议的消息,镜头对准的主要不是会场内西装革履的谈判者,而是会场外与警察厮打的抗议人群。

回国之后,大家还来不及细细思索西雅图会议外抗议者们的主张,就迅速投入了各自的工作。除了在对外经贸大学日常的教学任务,经商务部国际司服务贸易处的齐红儿处长的推荐,我被商务部聘请成为了世贸组织法律知识培训的讲师团成员。讲师团的大部分成员都是一线谈判的主管官员,只有我和白树强教授是对外经济贸易大学的教师,我们担任的授课题目是两个理论性稍强但内容较为宽泛的题目,我主讲服务贸易,他主讲世贸组织概述。于是,在这一段时间里,服务贸易成为了我的主要研究内容,各种信息每天扑面而来,短短的一年半中,我接触了电信、教育、金融、影视等各个行业中参与开放政策制定与执行的许多一线的专家,同时经常参加各种有关的政策讨论,并参与有关法规的修订清理工作。

一方面,这一段经历给我提供了许多有关世界贸易组织和国际贸易的一手经验,但另一方面我也深深感受到了国际贸易政策研究的复杂性。抱着换脑筋的想法,我决定再次出国学习。与在澳大利亚不同的是,我这次的目标主要不是接受政策培训而是希望得到比较系统的学术训练。2001年的夏天,我来到了伦敦,进入伦敦经济学院学习。一切都是那么匆忙,我几乎没能赶上报到的时间。临行之前,这本书的初稿已经完成,但我已经没有时间进行修改,于是就放在了一边。与澳大利亚田园式的风光截然不同,伦敦充满了大都市所具有的一切喧哗,同时又具有一种独特的刻板。在拥挤的伦敦经济学院里,来自世界各地的形形色色的人每天在这里演讲、辩论。

学习很快进入了正轨,我开始慢慢地沉浸到了经济学的文献海洋里。不久,我的妻子也从国内来到伦敦。学习生活紧张而平静。伦敦经济学院最让我怀念的是经济系楼下那间被称为"经济学人书店"的小小书店。从来没有第二个书店,能让我从一个尽头走到另一个尽头,而每个书架每个角落都有吸引我注意力的标题。我在伦敦经济学院学习的导师是一位国际贸易理论经济学家,叫范纳伯尔斯(Venables),他是一位循循善诱的老师,每次讨论问题的时候总是忘不了让我多思考一下现实的问题,并且特别强调理论的数据基础和理论的直观解释。五年的时间被排得十分紧凑,利用空余的时间,我还得以系统地学习了一下国际经济法和国际商法,特别是世界贸易组织法。但对这本书的修改工作却一直无暇顾及。

五年间,国际贸易的现实和理论都发生了巨大的变化。中国终于在2001年的冬天加入了世界贸易组织。中国的对外贸易规模迅速地扩大,国际贸易电子商务已经初具规模,人民币汇率开始扩大浮动幅度,许多服务领域逐渐开放,金融业的开放带来的整个银行业的脱胎换骨令人惊叹。在学术界,新的国际贸易理论和实证文献在急剧膨胀。新经济地理学派在国际贸易理论界的影响开始扩大,并进入经验验证和应用研究阶段。企业异质性(Firm heterogeneity)问题得到国际贸易理论界的关注,其中梅立兹(Melitz)的研究引起了巨大反响,其思想被广泛应用在各个领域。跨国公司理论也被进一步扩展,外包活动和产业链的分割以及国际生产布局问题成为热点。这些都为国际贸易政策的制定和协调提供了新的思路。

回到对外经济贸易大学那熟悉的校园，我重新开始了教师生活。在这里，一方面，学校的政策性研究仍然活跃，另一方面学术性研究的开展已经有了质的飞跃。而对我来说，回来的第一件事情就是要继续将这本书稿完成。

多边贸易体系是一个典型的跨专业研究的领域，其涉及的领域包括经济学、法学、政治学和国际关系等。经济学可以提供严谨的理论基础，却无法解决谈判中出现的许多具体问题；法学可以为谈判和政策的制定提供可靠的工具，却往往无法让我们理解谈判各方的根本立场；国际关系和政治学研究给我们能够提供全景的视角，但它随时必须仰仗经济学和法学提供更加坚实的理论基础和更加具体的实施工具。我一直力图将对世贸组织研究的不同学科视角加以综合运用，并且将理论与具体的政策意义加以结合，读者也许能在这本书中看到我这种努力的痕迹。但是，虽然大家都承认跨学科研究视角是必须的，但它真正实施起来确实又非常困难。尽管我认为在这本书上我尽到了职业的谨慎，但恐怕还是会有不少纰漏贻笑大方，因此恳请广大读者和同行批评指正。

第一章　绪　论

当代社会科学研究的核心问题是"全球化"问题。

"全球化"（Globalization）无疑是 20 世纪 90 年代以来学术界讨论最多的一个概念。不仅在学术界，在政界、工商界乃至更为广泛的社会群体中，"全球化"也日益地成为了人们讨论的热门话题，从来没有哪个概念以如此之快的速度传播得如此之广，并引起人们如此多的共鸣；但同时，也从来没有哪个概念像"全球化"一样引起人们如此广泛的争议：几乎没有任何一种对"全球化"概念的解释能够得到普遍的认同。

"全球化"这个概念从字面上看是如此的浅显，以致学界对"全球化"理论的研究往往被指责为"空洞"、"缺乏专业性"。与此同时，怀着面对"全球化"这样一个庞大课题的恐惧感，学术界甚至对它采取了部分回避的态度，许多人认为全球化实质上只是经济全球化，认为从制度和文化层面讨论"全球化"是没有意义的。这种看似谨慎的态度恰恰回避了一个重要的问题：20 世纪 90 年代以来"全球化"的主要特征恰恰是体现在上层建筑领域，这是一次全球制度创新与融合的过程，伴随着国家主权的让渡，它直接影响着人类未来全球经济制度的走向。

"全球化"是一个过程。在这个过程中，人们的经济生活和社会生活的联系日益紧密，在此基础上，各国的上层建筑也将呈现出某种程度的趋同或融合。也许在可预见的将来，一个共同的全球制度体系还不能够完全形成，但至少一种全球的政策协调机制，尤其是贸易政策的协调机制必然日臻完善。在本书中，我们以贸易政策为对象，讨论多边贸易体系,一个全球统一的贸易政策协调体系是如何产生的,贸易政策是如何被制定的,人们是如何进行贸易政策的协调的。尽管主要论述的是全球贸易政策的产生机制,但这种机制实际上对更为广泛的经济政策、社会政策甚至政治制度的选择有着类似的意义。

在这个过程中,私人主体、企业特别是跨国公司、公民社会(civil-society)、非政府组织(NGOs)广泛地发挥着作用,他们影响着国家政策的制定。同时,各国政府不能自行独立决定政策,而是必须在国际上进行谈判协调,谈判的成果具有国际法意义上的约束力,从而反过来内化为国内的法律和政策。因此,政策的产生不是国家福利水平最大化的结果,而是各个利益集团博弈的结果。这种利益集团的博弈不仅仅包括国内各个利益集团的博弈,同时也包括其他国家利益集团的博弈。因此,一个国家国内政治力量的均衡结果,也必将影响其他国家政治均衡的结果。

在这个过程中,首先,各国国内的各个产业、各个阶层通过国内协调机制和博弈关系,产生出该国的理想贸易政策。这一理想贸易政策反映了各国的政策要求,但是,这一贸易政策同时必须符合世界贸易体系,因此,各国必然将其本国的理想贸易政策拿到多边论坛进行国际间的协调。各国通过这一协调机制产生出国际间的均衡贸易政策。国际间的这一均衡贸易政策决定了世界贸易体系的基本制度。其次,通过世界贸易体系的机制由世界贸易组织管理各国的贸易政策,各国政府再使用与世界贸易体系相符的贸易政策管理国内各产业和各阶层的经济行为。整个过程是通过两个层次的博弈关系或者协调关系,产生两个层次的贸易政策,再通过两个层次的管理机制进行实施。特别是,作为一般均衡中的贸易政策,对于一个对世界经贸体制具有一定影响力的大国来说,两个层次的均衡必须同时达到,任何一个层次的不均衡将影响另一层次的政策结果。作为一个大国,其国内政治均衡的结果将不可避免地影响国际均衡贸易体制,而不是仅仅作为多边贸易体系规则的被动接受者。

但是,要理解这种协调管理机制的重要意义,我们首先必须从历史的角度来讨论一下到底是什么使我们这个"全球化"时代区别于以往的时代。

一、"全球化"是 20 世纪 90 年代以来才广泛使用的学术概念

在英语中,"全球的"(Global)这个词已经有四百多年的历史了,但是把"全球"这个词动词化,从而演化为一个过程,却完全是一个新的现象。在 1960 年以前,诸如"globalization"、"globalize"、"globalizing"之类的词汇都不在正规的英语单词之列(Waters,1995,P2)。1959 年,《经济学人》杂志报告中出现了这样的语句:意大利汽车进口的"全球配额"(Globalized Quota)增加了(Economist,1959,April,the 4th;转引自Waters,1995)。放在配额一词前作为过去分词出现的"globalized"是我们目前所能看到的第一个动词化的"全球"概念。

1961 年,韦伯斯特词典第一个将"全球主义"(globalism)和"全球化"(globalization)收入词条并提供了定义。但是,在当时,正如《观察家》杂志(Spectator)在 1962 年 5 月评论的那样,"全球化实在是一个摇摇欲坠的概念"。

"全球化"一词进入学术界的具体时间已经难以界定,社会学家罗伯斯藤(Roberston)在 1985 年发表了一篇文章:《社会的关联性:现代地区与全球化》(The Relativization of Societies:Modern Religion and Globalization)(Roberston,1985),这被认为是在社会学界最早使用全球化一词的文献。而在此之前,列维(Levitt,1983)已经于 1983 年在著名的《哈佛商务评论》(Harvard Business Review)上发表了一篇题为《市场的全球化》(The Globalization of Markets)的论文。国内有关文献大多根据 1996 年 1 月马来西亚第三世界研究网络出版的《第三世界的复兴》第 74 期的说法,错误地将列维的这一创造推迟了两年,误写为 1985 年。

在经济学界,一般将经济全球化这一概念的流行归功于经济合作与发展组织(OECD)的前首席经济学家奥斯特里(Sylvia Ostry)(丁一

凡,1998,P1)。经济合作与发展组织使用这一概念是从1990年开始的,但是直到1994年,全球化这一概念仍然没有被广泛使用,有人于1994年2月对美国国会图书馆目录进行检索,发现只有34个项目包含了这个词汇(Waters,1995,P2)。但是今天,我们用任何一个文献检索工具都可以轻易地检索出数以万计的项目包含了这一词汇。

从上面的这些情况,我们可以发现"全球化"这个词作为一个学术用语,其普遍使用完全是20世纪90年代以后的事情,而在此之前,"全球化"这个概念并非一个被普遍接受的正式的学术用语。当时,在国际经济文献中,被使用得更多的概念是"经济一体化"(Economic Integration)。从这里,我们可以想见,到20世纪末期,世界经济必然是出现了一种新的动向和新的特征,而这种特征是"经济一体化"这个概念所无法包含的,这使得学者们不约而同地创造和使用了一个新的词汇来表达这种特征。

二、"全球化"开始于什么时候

"全球化"作为一种社会进程,开始于什么年代,是一个被广泛争论的问题。根据沃特(Waters,1995,P4)的总结,他认为归结起来,大致有三种可能。

第一种是:人类有史以来就已经开始了全球化进程;第二种是:全球化进程与现代化进程是同时进行的,全球化进程伴随着资本主义的扩张;第三种是:全球化是与后工业化进程,或后现代主义进程相伴随的,它完全是最近才出现的一种进程。

认为人类有史以来就存在全球化趋势,这种观点我们不好说它是错误的,但它不能给我们带来任何新的信息,无法揭示"全球化"的本质。

根据社会学家罗伯斯藤的观点:"全球化作为一个概念,一方面指的是世界在缩小,而另一方面指的是人们自主地意识到了这一进程,这种意识在强化"(Robertson,1992,P8)。罗伯斯藤敏锐地看到,尽管人类在远古时期的活动也推动了社会向今天的全球化阶段发展,但那种进程是不为人察觉的,因此实质上与我们现在谈论的"全球化"无缘。

资本主义发展的进程确实推动了世界的融合,并且人们也已经开始意识到了这种融合,至少,像马克思这样的伟人已经看到:"商业和商业资本的发展,到处都使生产朝着交换价值的方向发展,使生产的规模扩大,使它多样化并具有世界主义的性质,使货币发展成为世界货币。"[①]"资产阶级,由于开拓了世界市场,使一切国家的生产和消费都成为世界性的了。……新的工业的建立已经成为一切文明民族的生命攸关的问题;这些工业所加工的,已经不是本地的原料,而是来自极其遥远的地区的原料,它们的产品不仅供本国消费,而且同时供世界各地消费。旧的、靠本国产品来满足的需要,被新的、要靠极其遥远的国家和地带的产品来满足的需要所替代了。过去那种地方的和民族的自给自足和闭关自守状态,被各民族的各方面的互相往来和各方面的互相依赖所代替了。物质的生产是如此,精神的生产也是如此。"[②]

正是因为看到资本主义生产方式本身的特征就注定了它具有向世界扩张的性质,不少学者认为全球化进程是与资本主义发展的进程相伴随的,例如李慎之认为,全球化进程的起点实际上是"在1492年哥伦布远航美洲使东西两半球汇合之时"(李慎之,1994)。这一带有普遍性的观点虽然有一定的根据,但它无法解释一个现象,就是为什么"全球化"这个概念仅仅是在20世纪80年代之后才被普遍使用,"全球化"的课题直到20世纪80年代以后才被广泛地重视。鉴于此,有人认为20世纪80年代末以后才是严格意义上全球化的开始(陈宝森,1999)。

"全球化"这个概念是在20世纪末才开始出现,而人们对世界融合程度的自主意识在这时上升到了一个前所未有的阶段,那么以"全球化"

---

① 马克思:《资本论》第三卷,人民出版社1975年版,第371页。

② 马克思、恩格斯:《共产党宣言》,《马克思恩格斯选集》第一卷,人民出版社1995年版,第276页。

为面目出现的世界融合过程必然与在此之前的融合过程存在重要的区别,而这必然是"全球化"概念的本质,也是我们所需要研究的内容。

三、贸易与投资自由化并不是"全球化"的市质内容

对"全球化"最为普遍的理解是把它看做"资本、商品、服务、劳动以及信息超越市场和国界进行扩散的现象"(刘力、章彰,1999)。这种把贸易和投资的自由化看做是"全球化"本质内容的理解被许多人所接受,例如国际货币基金组织在总结全球化的概念时,认为它是"跨国商品与服务贸易及国际资本流动规模和形式的增加,以及技术的广泛传播使世界各国经济的相互依赖性增强"(IMF,1997;转引自刘力、章彰,1999)。

如果仅将全球化理解为贸易与投资自由化进程,那么全球化就不是一个新事物了。按照这种逻辑,人类社会在 19 世纪,其全球化的程度就已经达到了现有的水平,在其之后的自由化进程只是一个恢复性的过程而已。

从关税水平看,19 世纪到第一次世界大战之前的各国关税已经相当低了。例如英国的关税为 0,而其他发达国家的关税除美国以外,都低于战后初期的水平(见表 1—1)。而发展中国家的关税在第一次世界大战以前虽相差很大,但也有相当多的国家的关税比现在还低(见表 1—2)。

表 1—1　发达国家各时期制成品进口算术平均关税(%)

	1875 年	1913 年	1931 年	1950 年	乌拉圭回合之前	乌拉圭回合之后
法国	12~15	20	30	18	—	—
德国	4~6	17	21	26	—	—
意大利	8~10	18	46	25	—	—
英国	0	0	?	23	—	—
欧盟	—	—	—	—	5.7	3.6

加拿大	?	26	?	?	9.0	4.8
美国	40~50	44	48	14	4.6	3.0

资料来源：Bordo, Eichengreen & Irwin, 1999。

表1—2　部分发展中国家1913年的关税水平(％)

阿根廷	巴西	哥伦比亚	墨西哥	中国	土耳其	伊朗
28	50	40	40	4~5	5~10	3~4

资料来源：Baldwin, Martin, 1999。

从进出口的规模来看，第一次世界大战以前，各国的贸易依存度（进口加上出口之和再除以GDP）就已经很高，有些国家的贸易依存度甚至高于1995年的水平，例如丹麦和日本。这反映出当时世界各国在对国际贸易和世界市场的依赖程度上已经相当高（见表1—3）。

表1—3　各发达国家贸易依存度的变化(％)

	19世纪70年代	20世纪10年代	20世纪50年代	1995年
英国	41	44	30	57
法国	33	35	23	43
德国	37	38	27	46
意大利	21	28	21	49
丹麦	52	69	53	64
挪威	56	69	77	71
瑞典	28	40	30	77
美国	14	11	9	24
加拿大	30	30	37	71
澳大利亚	40	39	37	40
日本	10	30	19	17

资料来源：Baldwin, Martin, 1999。

从资本的流动性看，有关统计体现出，第一次世界大战以前世界资本的流动性要高于目前的水平。其中一种统计方式,是比较经常项目的余额(无论盈余或赤字,取绝对值)与 GDP 的比例,这反映出各国对国际资本市场的依存程度①。数据显示,大部分国家直到最近,其经常项目余额与 GDP 的比例仍然没有达到 1870 到 1889 年的水平(见表1—4)。将表1—4 中的9 个国家,加上丹麦、瑞典、挪威的数据,计算出这12 个国家经常项目余额与 GDP 比例的平均值,以折线图表示,可以看出,战后的数值普遍小于第一次世界大战以前的数值(见图1—1)。以此为标准,第一次世界大战以前的资本流动程度要高于现在的水平。

表1—4 各国经常项目余额与 GDP 的比例(%)

	英国	美国	阿根廷	澳大利亚	加拿大	法国	德国	意大利	日本
1870—1889 年	4.6	0.7	18.7	8.2	7.0	2.4	1.7	1.2	0.6
1890—1913 年	4.6	1.0	6.2	4.1	7.0	1.3	1.5	1.8	2.4
1919—1926 年	2.7	1.7	4.9	4.2	2.5	2.8	2.4	4.2	2.1
1927—1931 年	1.9	0.7	3.7	5.9	2.7	1.4	2.0	1.5	0.6
1932—1939 年	1.1	0.4	1.6	1.7	2.6	1.0	0.6	0.7	1.0
1947—1959 年	1.2	0.6	2.3	3.4	2.3	1.5	2.0	1.4	1.3
1960—1973 年	0.8	0.5	1.0	2.3	1.2	0.6	1.0	2.1	1.0
1974—1989 年	1.5	1.4	1.9	3.6	1.7	0.8	2.1	1.3	1.8
1989—1996 年	2.6	1.2	2.0	4.5	4.0	0.7	2.7	1.6	2.1

资料来源:Taylor,1996。

以上的数字虽然能够在一定程度上反映各国对国际资本市场的依赖程度和国际资本市场的流动性,但在一定程度上低估了这种依赖性。特别是考虑到资本常常是双向流动的,仅以余额仍不能反映其流动性的高低。

———————

① 从理论上讲,经常项目的余额与资本项目的余额是对应的。经常项目的盈余对应于资本项目的赤字,资本项目的盈余对应于经常项目的赤字。有关文献之所以不直接使用资本项目余额与 GDP 的比例来考察资本的流动性,其中的一个原因是在国际货币基金组织第五版《国际收支手册》以前,统计意义上的资本项目余额不能体现一国储备的变化,而储备的变化也反映了一国资本的对外交易。

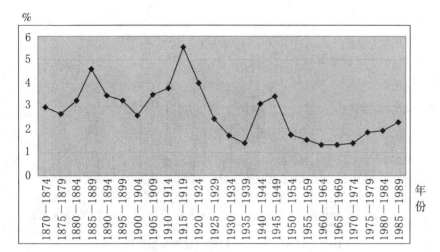

图 1—1　12 国(表 1—4 中的 9 国加上丹麦、瑞典、挪威)
经常项目余额与 GDP 比值的平均数(%)

资料来源:Taylor,1996。

　　考察资本流动程度和各国对国际资本市场依赖性(无论是投资国还是被投资国)的另一种方式是计算各国国内储蓄和国内投资之间的相关性。显然,如果一国国内储蓄和投资之间的相关系数很高,则显示出该国投资主要依赖于本国资本市场;反之,则显示出其对国际资本市场的依赖(见图 1—2)。

　　从图 1—2 中我们可以看出,1880 到 1889 年之间,以 12 个主要国家为代表,世界资本市场的一体化达到了前所未有的程度。如列宁所说,这一时期正是资本主义社会开始步入以资本输出为特征之一的帝国主义时期。20 世纪 20 年代,世界资本市场的融合程度再次回升,但 20 世纪 30 年代的大危机以及由此带来的汇兑管制,使资本市场的融合程度又一次下降。值得注意的是,战后资本市场融合程度基本没有变化,图中显示出 20 世纪 80 年代的资本市场融合程度较之前的半个世纪都有明显的提高,但仍然没有达到 19 世纪 80 年代和 20 世纪 20 年代的水平。

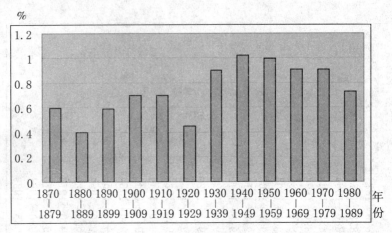

图1—2　12国(同图1—1)国内储蓄与投资相关系数

资料来源:Taylor,1996。

再看看人口的流动,1880到1914年之间,人类进行了一次史无前例的人口大迁移。这一次人口大迁移规模庞大,例如美国在1914年之前的10余年,每年有100万左右的移民移入,另外像新西兰、澳大利亚、加拿大、阿根廷等国,都有大量的移民移入。19世纪80年代,新西兰的移入民是1880年新西兰人口的53.53%;19世纪90年代,澳大利亚的移入民是1890年澳大利亚人口的16.59%,同一时期阿根廷的这一数字为25.6%(Baldwin & Martin,1999)。同时,这一时期的移民中大多是年轻的成年人,1868到1910年之间移民到美国的人口中只有8%的人超过40岁,只有16%的人低于15岁。而且,男性移民要明显超过妇女(Hatton & Williamson,1994)。显然,从第一次世界大战之后,移民规模已经大大下降,各国对移民的限制也加强了。美国1921年通过的"限额法案"规定了移民的限额,这一限额到1929年时总计只有15万,大大低于战前移民的实际规模(Hatton & Williamson,1994)。即使到最近,作为世界上每年移民规模最庞大的国家,美国每年合法与非法的移民总和估计仍在100万左右(Baldwin & Martin,1999),没有超出战前的水平。

从以上情况我们可以看出,无论从贸易的壁垒、贸易依存度,还是从资本的流动性、人口的移动规模来看,在第一次世界大战以前,人类的商品与要素的流动程度已经达到了甚至在某些方面高于20世纪80年代和90年代以及现在的水平。

将全球化的本质理解为贸易与投资自由化与自由经济理论的观念是非常吻合的。但它无法解释一个问题,既然贸易与投资自由化的进程由来已久,而且一个世纪以前世界的贸易与投资自由化程度已经不低于现在,为什么全球化这个概念直到20世纪90年代才被学术界广泛认同? 为什么我们不能使用原来就有的"经济一体化"的概念,或直接使用"贸易与投资自由化"、"商品与要素流动自由化"之类的概念。显然,今天的全球化进程虽然伴随着贸易与投资自由化,但同时必然有超出贸易与投资自由化的其他内容。

四、产业结构调整与产业转移也不是"全球化"的本质内容

对"全球化"的另一种理解是认为"全球化"是"一场以发达国家为主导,跨国公司为主要动力的世界范围内的产业结构调整"(龙永图,1999)。从产业结构调整的角度来理解"全球化",比单纯从贸易与投资自由化的角度来理解全球化要深刻。但是,全球产业结构的调整过程由来已久,并非是一个新鲜事物。而且,今后这种结构性的调整仍然会不断发生。20世纪80年代以来的全球化过程使这种产业结构调整的步伐加快了,但是,我们不应该把这种产业结构的调整看做是"全球化"的本质内容,而应该将其看做是"全球化"的一种表现和一种后果。

特别值得我们注意的是,在19世纪,在世界范围内就已经存在着一次全球产业结构的调整。但当时的调整过程的一个显著特点是,发达国家走向工业化,产业升级;而发展中国家走向非工业化,产业结构退化(见表1—5)。

从表1—5中我们可以看到,第一次世界大战以前,整个发展中国家的工业化水平是退步的,而发达国家的工业化水平是进步的。这种

分工结构的差距从一个侧面说明了当时这种产业结构调整的不合理性。然而,从第二次世界大战以来所进行的产业结构转移同第一次世界大战以前的转移具有根本不同的特征,在这次产业结构转移中,发展中国家大大提高了产业结构的工业化水平,并且使出口结构中制成品的比例大大增加了,而发达国家则从传统的制造业中逐渐转移出一部分,并使其产业结构进一步向服务业调整。这种态势从20世纪80年代以来显得尤其明显。

表1—5 工业化水平比较

(1750—1913 年,以英国 1900 年为 100)

	1750 年	1800 年	1830 年	1860 年	1880 年	1900 年	1913 年
欧洲	8	8	11	17	23	33	45
美国	4	9	14	21	38	69	126
加拿大		5	6	7	10	24	46
日本	7	7	8	7	9	12	20
发达国家	**8**	**8**	**11**	**16**	**24**	**35**	**55**
中国	8	6	6	4	4	3	3
印度和巴基斯坦	7	6	6	3	2	1	2
巴西				4	4	5	7
墨西哥				5	4	5	7
发展中国家	**7**	**6**	**6**	**4**	**3**	**2**	**2**
世界	**7**	**6**	**7**	**7**	**9**	**14**	**21**

资料来源:Baldwin, Martin, 1999。

发达国家和发展中国家在产业结构的调整中都有所攀升,这又从一个侧面反映出这一次产业结构调整的相对合理性。这使得发展中国家在这一次产业结构调整的过程中获得了比 19 世纪更多的发展机会。但是,我们应该意识到,发展中国家在产业结构调整的过程中到底能够得到多少利益,获得多大的发展机会,在很大程度上取决于全球贸易制度的安排。

表1—6 是普渡大学赫特尔(Hertel)教授等人利用 GTAP(Global

Trade Analysis Project)数据模拟预测各国在 1992 到 2005 年之间各产业部门产量的变化情况。我们在这里列出纺织品与服装的增长情况。从表 1—6 中我们可以看出,从 1992 到 2005 年,如果没有乌拉圭回合自由化的改革,中国的服装生产只能增长 225%,而如果有乌拉圭回合自由化的改革,中国的服装将增长 327%。在其他东盟国家,这一差别更加明显。印尼在没有乌拉圭回合自由化改革的情况下,服装只能增产 114%,而在有乌拉圭回合自由化改革的情况下,则会增产 639%。从发达国家的角度来说,如果没有乌拉圭回合的改革,北美的服装将增产 22%,而如果实施了乌拉圭回合协议,其服装将减产 41%。这些数据说明,产业结构的调整能够在何种程度上发生,在一定程度上取决于制度的安排。

表 1—6　各国或地区在 1992—2005 年间纺织品和服装部门产量增幅(%)

	韩国	中国台湾	中国	印尼	马来西亚	菲律宾	泰国
纺织品	91	178	250	126	169	74	171
	221	181	262	227	217	136	205
服装	67	74	225	114	196	88	168
	146	89	327	639	262	285	338
	北美	欧盟	日本	拉美	南亚	非洲	其他
纺织品	30	11	23	53	116	75	24
	7	3	25	46	138	58	9
服装	22	−12	8	53	114	111	17
	−41	−60	1	42	241	30	−11

资料来源:Hertel et al. ,1995。

说明:1. 非洲指撒哈拉沙漠以南的非洲。

2. 上栏数字指假设没有乌拉圭回合自由化的情况,下栏数字表示有乌拉圭回合自由化的情况。

对于发展中国家来说,产业结构升级是其发展的标志之一,也是其在国际分工中地位有所改善的一种体现。但是,比较优势的充分利用可能更是其利益所在(林毅夫、李永军,2003)。值得我们注意的是,如

13

第一章　绪论

果乌拉圭回合协议所体现的进一步贸易自由化能够充分实施,一些发展中国家产业升级的步伐可能还有所放慢(参见第二章第四节)。

因此,并不是所有的发展中国家产业结构都有所升级。事实上,发展中国家在这一轮的全球化浪潮中,出现了明显的分化。一部分发展中国家获得了很高的经济增长率,与发达国家的差距正在逐渐缩小,一些开放型的小经济体在许多经济指标上甚至已经达到了美欧国家的水平;而另一方面,一部分发展中国家特别是重债国家和最不发达国家,与其他国家的差距越来越大,陷入了恶性的贫困循环。这已经成为威胁世界经济甚至世界安全的全球性问题。要改变这种局面,必须对全球经济制度安排进行调整。多哈回合的谈判,从一开始就以促进发展为其根本宗旨,而改善发展中国家的贸易结构和产业结构应该成为其目的之一。

五、"全球化"是全球市场经济体系的建设过程

无论是贸易与投资自由化还是产业结构的调整与产业转移,都不是一个新鲜事物,而是人类进入资本主义时期以来,特别是 18 世纪以后一直存在的现象。正是因为这样,不少研究"全球化"的学者将"全球化"看做是资本主义时期以来,甚至是有史以来一直存在的一种现象、一个过程。

"全球化"本身是一个新名词,不同的学者可以有自己不同的定义方式,如果按照以上的方式来定义全球化,并按照相同的逻辑思路来研究全球化,本身也无可厚非。但是,将"全球化"看做是一个早已存在的过程,无助于我们把握 20 世纪 80 年代以后出现的"全球化"概念的本质。

无论如何,一方面,"全球化"是 20 世纪 80 年代以后被学术界广泛接受的概念,并迅速流行起来;另一方面,20 世纪 80 年代以来的全球化与在此之前的经济一体化过程虽然在表现形式上有不少相同之处,但在本质上又有重大的区别。因此,我们倾向于将"全球化"过程看做是一个从 20 世纪 80 年代以来开始的过程。而这个过程区别于以

往经济一体化进程的重要一点就是,在这个时期,全球的市场经济体系制度建设进入了实质性的阶段。

从技术上讲,世界贸易的自然壁垒从资本主义萌芽时期以后就在不断下降,这种下降主要体现为运输成本和通讯成本的下降。

从制度创造(Institution Creation)的角度来说,自然壁垒的下降具有两方面的意义。

第一是使得全球制度协调的收益提高。自然壁垒的下降使得贸易的可能性提高,原来不可贸易的商品变得具有了可贸易性。越来越多的商品,其面临的贸易壁垒,由原来主要是自然壁垒,转化为主要是制度壁垒。这样,制度的协调将有助于这些商品开展贸易。而原来,即使是政策协调了,这些商品由于较高的自然壁垒仍然不可贸易,从而政策协调的收益较低,而现在政策协调的收益由于自然壁垒的下降而上升了。

自然壁垒下降的第二方面意义在于制度创造成本的下降。这里尤其重要的是信息成本的下降。全球制度协调的成本最主要的是来自信息交流的成本。各国、各集团之间要取得广泛的共识,必须经过反复的信息沟通。信息沟通成本的下降使得全球制度协调的成本下降了。

值得我们注意的是,虽然运输成本和通讯成本长期以来一直都有所下降,但在第二次世界大战以后,通讯成本的下降大大快于运输成本的下降,特别是 20 世纪 80 年代之后,运输成本的下降幅度已经很小了,但通讯成本的下降势头仍然很足。而计算机和网络技术在 20 世纪 80 年代以来的迅猛发展则更加加速了自然壁垒的下降。这些都是促使全球制度协调成本下降的重要因素。

全球制度协调的过程,也就是全球市场经济体系制度的创造过程,可以用制度供给与需求的概念来加以分析。制度供给曲线由制度创造的边际成本决定,由于外生的技术因素导致制度创造成本的下降,所以制度供给曲线存在下降的趋势。制度需求曲线由制度的边际收益决定,由于外生技术因素的影响使制度创造的收益上升,所以制度需求曲线有上升的趋势。

如果制度创造的成本太高,则进行全球制度协调的成本太高,使得进行全球制度协调变得缺乏可能性。而如果制度创造的收益太低,则进行全球制度协调缺乏必要性。过高的制度创造成本和过低的制度创造收益使得全球制度的协调缺乏现实性。

贸易自由化和经济一体化进程在没有全球经济政策协调的情况下也能够实施。19 世纪的贸易自由化和经济一体化是围绕一系列双边贸易条约而展开的;而第二次世界大战之后,20 世纪 80 年代以前的贸易自由化和经济一体化是分别在东西两个集团内部开展和进行的,都没有形成全球性的制度协调机制。20 世纪 90 年代开始,制度创造成本的下降和收益的上升已经到了一定的程度,使得全球市场经济体系的制度创造已经具有了现实意义。

应该强调的是,制度创造成本的下降实际上也就是制度供给曲线的下移。导致制度供给曲线下移的外生因素可能不仅仅是技术因素,还可能是某些非经济的制度因素。我们在考察全球市场经济体系的建设时,考察的对象往往是经济制度①,而政治制度或格局的变迁、意识形态的变化作为这一分析框架的外生变量,也可以导致经济制度的供给与需求曲线的变化②。事实上,正是 20 世纪 80 年代末和 90 年代初两极格局的瓦解,使得全球经济制度协调的成本大大下降,直接改变了多边贸易体系的发展进程,从而导致了"全球化"的开始。不过,从马

①　在这里,我们所说的经济制度特指在生产、流通、消费、分配过程中调节人们之间关系的规则性安排,与国内传统的教科书上所谈的"经济体制"概念类似。在本书所论及市场经济体系或全球市场经济体系时,不涉及该制度体系的根本性质问题,即其社会主义或资本主义性质。

②　马克思主义认为,政治制度和意识形态在整个社会体系中是内生的,它取决于经济基础,并反作用于经济基础。而在经济基础中,起决定作用的是技术因素——生产力。而生产力本身也不是完全外生的,它还取决于生产力与生产关系、经济基础与上层建筑之间的适应性。马克思的分析框架是严密而完整的,国际贸易政治经济学的分析方法在很大程度上借鉴了马克思的分析方法。但这里,为了分析方便,我们暂时将政治格局和意识形态的变化外生化。

克思主义的角度看,这种政治格局的变迁归根到底是经济基础与上层建筑矛盾发展的结果,其根本动力还是技术进步,即生产力的发展。

在 20 世纪 90 年代以前,世界上有相当部分的国家和地区不实行市场经济制度,否认市场经济制度的合理性。两极格局的瓦解促使前苏东国家以及一大批走中间路线的发展中国家承认了市场经济制度的合理性。到 1992 年中国宣布建设社会主义市场经济为止,除了极少数国家之外,绝大部分国家都认同了市场经济制度。对市场经济合理性的共识,最终为谈判形成一个统一的全球市场经济体系提供了可能性。

正是在这样的背景下,多边贸易体系乌拉圭回合的谈判在进入 20 世纪 90 年代之后发生了显著的变化。尤其是,它使世界贸易组织的建立成为了一种可能。

虽然在乌拉圭回合的《部长宣言》中,各谈判方已经提出要"建立一个更加开放、具有生命力和持久的多边贸易体制",但是没有人能够断言乌拉圭回合将改变关贸总协定"临时适用"的状况,更没有人能够断言一个"国际贸易组织"或者"多边贸易组织"或者"世界贸易组织"的建立。直到 1990 年,多边贸易体系领域最权威的法律专家杰克逊(John Jackson)教授在他的著作《重建关贸体制》(Reconstructing the GATT System)中正式提出他有关世界贸易组织的想法,绝大部分专家,包括在多边贸易体系领域最权威的经济学家巴格瓦蒂(Bhagwati),都表示这种想法不具有现实性。巴格瓦蒂写道:

"杰克逊教授新近论述建立一个有效的、机构健全的世界贸易组织(WTO)的重要著作,似乎已经突然长了翅膀,并得到了以加拿大为首的几国政府的支持,这个建议甚至吸引了部长们的注意。"

"这一切在理论上是好的和正确的。但人们肯定不能阻止这样的想法:为使乌拉圭回合获得成功的结果,其困难已使我们的双手不得闲暇,我们的脊背不胜重负了;宏伟的建立世界贸易组织的任务证明其可能是转移精力并威胁乌拉圭回合成功的障碍。"(Bhagwati,1991)

事实证明杰克逊教授的设想是现实的,而巴格瓦蒂教授错了。但无论如何,我们无法苛责巴格瓦蒂教授对形势的错误估计。毕竟,在他正在写作的时候,全球政治格局发生了巨大的变化,而巴格瓦蒂教授还来不及充分估计这种变化对多边贸易体系谈判将要产生的影响。

无论如何,至少从时间上罗列一下从20世纪80年代以来发生的一系列事件,对于我们理解全球化发生的逻辑是有帮助的。从20世纪80年代开始,通讯技术和计算机技术的大发展,网络技术走向应用;里根主义和撒切尔主义在西方的盛行;社会主义国家的改革;两极格局的瓦解;市场经济制度的普遍认同;多边贸易体系的谈判由以消除边境壁垒为主转为协调国内政策为主;世界贸易组织的成立;全球化概念的全球性讨论……

从上面的情况我们可以看出,20世纪80年代以后出现的"全球化"过程既具有历史的延续性,又具有一定的突变因素。这一过程使人类经济政策的制定程序发生了重大的变化。世界贸易组织的成立使得各个民族国家在制定自己的经济政策和制度时,必须考虑世界贸易组织的规定,必须与其他国家进行政策协调。而这一次形成的全球贸易协调机制与以往相比,不仅是19世纪的网状的双边贸易协调机制所无法比拟的,就是20世纪90年代以前的关贸体制,也是无法比拟的。毕竟,关贸体制不仅从参与者的范围来说,无法称得上是一个全球性的体制,其政策协调的领域,也远不及世贸体制。

总之,20世纪80年代以后出现的"全球化"是这样一个过程,在技术进步的推动下,世界各国开始对市场经济制度普遍认同,在此基础上,人类社会第一次出现了全球性的经济政策协调机制,这种协调机制最终的目的是要建立一个世界的市场经济体系。"全球化"的过程无非是世界市场经济体系的建立、发展与深化的过程。

六、协调管理贸易机制

"全球化"是一个过程,是全球市场经济体系的建设过程,也是从资本主义建立以来世界经济不断融合过程的继续。传统上,我们把世界经济不断融合的趋势称为经济一体化(Economic Integration)的趋势。因此,世界经济一体化是比"全球化"外延更广的一个概念。实际上,在传统的教科书中,经济一体化的研究着重于对区域经济一体化的研究,其考察范围甚至包括了一体化层次很低的双边优惠贸易安排,而研究的重点在于关税同盟理论。例如,萨尔瓦多(Salvatore,2004)编纂的流行颇广的教科书——《国际经济学》第十章的标题即《经济一体化:关税同盟与自由贸易区》就是这样处理的。不过,也有著作将"经济一体化"看做比"经济全球化"更高的阶段(刘力、章彰,1999,P3)。这种理解把经济一体化看成了一个结果而不是一个过程,并且这个结果是一种世界经济完全融合的状态。

"一体化",在港台地区的文献中也称为"整合",可以是两个国家之间经济的融合,也可以是区域的或全球经济的融合。这个过程主要是一个撤销贸易与投资壁垒的过程。在19世纪,世界各国的经济一体化主要表现为两个方面:横向一体化主要是由发达国家之间签订双边的自由贸易协定或通商航海协定,最为典型的是1860年的英法《科伯登条约》;纵向一体化主要是发达国家逼迫发展中国家签订不平等条约或进行殖民化,打开发展中国家的贸易壁垒。但在这一时期,并没有出现全球性的贸易安排。

关贸总协定体制比19世纪的经济一体化体制进了一步,但它也远没有达到"全球化"的程度,正因为如此,学术界一直将关贸体制称为"多边"体制,而非"全球"体制。

在"全球化"开始之前,世界各国经济的相互依赖程度已经不低,从表1—3我们可以看到,在1870年,世界上不少国家就已经具有了与现在相当的贸易依存度。各国的经济发展在很大程度上与其他国家的经济政策有关联。因此,早在19世纪,甚至在此以前,世界各国就已经存在了国家政策和法律的冲突,因此,也就存在了国家政策与法律冲突的协调机制。而在这个时期,这种协调机制主要是以双边协调为主,对法律冲突的解决办法是国际私法规则,主要是冲突法规则。应该注意的是,在这一时期的冲突法规则,绝大部分是以国内法的形式而存在的,有关冲突法的国际条约是很不系统的。因此,在这一时期的各国政策与法律的协调与冲突几乎完全靠"自力解决"。

"全球化"的开始使我们进入了一个新的历史时期,在这个时期,一个全球性的政策协调机制开始产生。

陈同仇教授与薛荣久教授认为,第二次世界大战以后,贸易自由化和贸易保护主义趋势同时存在并有所发展(陈同仇、薛荣久,1997)。回答 21 世纪国际贸易的发展趋势首先应该回答在政策体系上将会出现自由贸易政策体系还是贸易保护主义的政策体系,哪种趋势是主流。世界贸易组织成立后,世贸组织秘书处出版了一个小册子,作为对世贸组织知识的普及读物(世贸组织秘书处,1996 年)。在书中世贸组织否认自己是一个自由贸易组织。在此之后,世贸组织还把"盲目地无代价地推行自由贸易"作为对世贸组织认识的十大误区之一。推行贸易自由化是世贸组织的一个重要功能,但使贸易更加自由(freer trade)不等于完全的自由贸易(free trade)。世贸组织认为,除了推行贸易自由化以外,世贸组织还有其他同样重要、甚至更加重要的原则,其中包括透明度、公平竞争、促进发展等。每个成员国家和地区并不被要求完全撤消贸易壁垒,而是根据自身的经济情况在世贸组织中交换市场开放的承诺,同时根据自己的情况保留一部分壁垒,采取一定的措施保护国内各产业,促进它们平稳转型,因此,从本质上讲,世贸组织是一个谈判协商的场所和监督协商结果实施的机构。换句话说,世贸组织是世界各国或地区政策协调的机构,以及监督政策协调结果使之得以实施的机构。

事实上,在世界贸易组织于 1995 年正式成立的时候,正是全球化概念开始被广泛讨论的时候,世界贸易组织在一定程度上被看做了推行激进自由贸易体制的代表,而全球化也被与"市场至上"理念划上了等号。1999 年世贸组织西雅图会议期间的反"全球化"大游行的参与者们虽然抱着各种各样的目的,但对多边贸易体系的激进自由主义导致的制度失衡都表示了共同的关心。正是因为这样,世贸组织在 2001 年发起新一轮回合谈判的时候,将该回合定位为"多哈发展回合",提出了"多哈发展议程"(Doha Development Agenda)。可以说,将促进发展作为世贸组织新一轮回合的首要目标,这在很大程度上是多边论坛中不同国家、不同利益集团利益协调的结果。这进一步说明,世贸组织本身不仅仅是一个推行贸易自由化的机构,而是一个在全球范围内政策协调机制的组织基础。

基于对世贸组织性质的认识,对于 21 世纪的国际贸易体系,泛泛地谈它是自由贸易的,还是保护贸易的,是没有太多实际意义的。一个国家平均关税是 5%,另一个国家平均关税是 8%,或者一个国家贸易依存度是 20%,另一个国家贸易依存度是 40%;这些指标都难以准确衡量其实行自由贸易的程度,因此并不能准确地判断哪个国家的贸易制度更加自由。

即使是根据亚太经合组织《茂物宣言》的要求,亚太经合组织发展中成员在 2020 年以前,发达成员在 2010 年以前完全取消贸易与投资壁垒,而世贸组织也在某个时间达到了这种水平,我们也很难说世界的贸易是完全自由的。因为,无论亚太经合组织还是世界贸易组织,即使取消了其成员的边境壁垒,都不可能在可预见的将来取消其各成员的国内政策制定权,而国内政策与非关税壁垒密不可分,仍然可能起到壁垒的作用。

所以,我们不能判定 21 世纪的世界贸易政策体系必然是自由贸易的政策体系。我们能够肯定的是世界贸易的政策体系将是通过各国的谈判和协调产生的,与此同时,随着世界贸易组织管辖范围的日益扩大,将在各国协调的基础上形成一个管辖范围更广的世界市场经济体系,而这个体系对各国本身的经济政策又起到监管的作用。于是,第一个层次上的协调管理机制即国家间的协调机制形成了。借助于世界贸易组织和其他国际组织,各国通过多边协调形成对世界贸易体系和世界市场经济体系的规则,即具有一定国际立法性质的国际条约,然后有关的国际组织,主要是世界贸易组织,通过这些条约管理各成员的政府行为,也就是管理各成员的经贸政策。

但是,要进一步了解这种协调管理机制的规律,我们还应该了解,各国参与国际谈判的立场和提案,或者说其要价单是如何形成的。国际贸易的政治经济学认为,各国的政策是由其国内各个利益集团协调磨合产生的,而现在各国的贸易政策已经不能完全由各国自主确定,而须符合世界贸易体系的要求。因此,这时,各国国内的利益集团不能直接产生政策,而只能产生各国参与国际谈判的要价单。而这也需要经过一个协调过程,即国内各利益集团的协调过程。而最终形成的国内政策是经过了国际谈判并与谈判结果相一致的国内政策与法规。这些国内政策与法规是直接用来管理和调节各国或地区内部关系的。于是,在这里形成了第二个层次的协调和管理机制,即国家内的协调管理机制。

应该强调的是,在整个贸易政策的形成过程中,两个层次的协调和管理机制是密不可分、互相联系的。正是这种联系导致全球化过程不同的利益集团之间的关系十分复杂,从而导致在全球化的争论中形成"不择伙伴"(Rodrick,1997)的看上去十分混乱的利益关系。

随着世界贸易组织的成立,把整个国际经贸关系的机制看做一个协调管理贸易机制的观点日益得到国际学术界的认同。在国内学术界,这一观点的主要倡导者是薛荣久教授。他提出"20 世纪 80 年代以来,国际协商管理贸易(有组织的自由贸易)趋势在加强"。"今后,国际贸易中的协商管理趋势只会加强,不会削弱。"(薛荣久,1997)不过,在关于国内贸易政策协调与国际贸易政策协调之间的关系方面,有关的中文文献甚少论述。在西方学术界,普特兰(Putnam,1988)早在 1988 年就提出,整个国际关系可以被看做一场"双层博弈"(two-level game)。普特兰的提法是针对整个国际关系而非国际经贸关系,而且普特兰也没有进一步区分在国际协调机制存在和不存在的情况下博弈结果的区别,但普特兰提出的"双层博弈"观点无疑是对国际政治和国内政治之间联系的高度概括。

在本书中,我们主要就是要探讨这种双层协调管理机制的运行规律,同时讨论中国在这个体系下经贸政策的走向。在本章之后,即第二章,我们首先回顾一下主流贸易理论对贸易政策的主要观点,并总结学术界用整体福利水平衡量的传统分析方法进行的对多边贸易体系发展的评估。

在第三章和第四章中,我们要着重讨论各国国内政策以及各国国际谈判要价单的形成机制,也就是贸易政策的国内协调机制。

在第五章集中讨论贸易政策的国际协调机制,我们将分析多边贸易体系存在和发展的理论依据。我们还将讨论多边贸易谈判的战略问题,另外还有多边贸易体系本身存在的危机。

第六章讨论贸易政策国际协调中的区域经济一体化问题,在这一章中,我们还将讨论区域经济合作与多边贸易体系之间的关系。

第七章综合前几章的内容,考察两个层次的协调机制的相互关系,在此基础上分析多边贸易体系扩展的趋势,特别是世界市场经济体系建设的顺序问题。

在第八章中,我们将集中讨论两个层次的管理机制,即世界贸易组织规则管理政府行为,政府管理国内各利益集团和私人主体的双层管理机制。我们将特别讨论双层管理机制可能的发展趋势。

最后一章,即第九章,是全书的总结,在这一章中,我们将根据前面的分析讨论中国在面临全球化的趋势下当前经贸政策的走向。

第二章　主流经济学对贸易政策的分析

第一节　自由贸易的古典根据

一、亚当·斯密和大卫·李嘉图

现代自由贸易理论的基本思想至今仍然在很大程度上可以归功于亚当·斯密和大卫·李嘉图。斯密的主要贡献在于较为全面地阐述了分工的利益,并提出了"看不见的手"的自由主义思想。李嘉图提出的比较成本说的主要贡献不仅是由于它是对斯密的绝对成本说的扩展,而且在于它真正将贸易理论与斯密的"看不见的手"的理论结合在了一起,从而使其之后的自由贸易理论都建立在其基础之上。在这一节中,我们首先分析李嘉图思想的内在意义,然后简单回顾传统经济学对贸易壁垒的利弊分析,最后再指出传统经济学中的自由贸易思想的弱点。

在这里我们对李嘉图理论的阐述,与其他文献存在三点不同。首先,我们用李嘉图的原始模型来说明亚当·斯密的"看不见的手"的思想。事实上,李嘉图的比较成本说比斯密的绝对成本说更容易展现斯密的"看不见的手"的思想。其次,与第一点紧密相连的,我们认为大部分教科书以及李嘉图之后的一些理论,例如小岛清的"协议分工论",把比较优势分工下进行贸易的主体假设为国家,是不恰当的。事实上,在李嘉图框架下,贸易和生产的主体都是利益最大化的私人主体。最后,与前两点紧密相连的,李嘉图的理论可以用一个最简单的一般均衡框架来进行分析。在这个框架下,一个一体化的世界商品市场和两个不同国家分割的劳动力市场,必须达到一般均衡状态。

一般认为,斯密的分工理论就是绝对成本说,但斯密对分工的好处的阐述实际上绝不仅止于绝对成本说。事实上,斯密在他的著作中谈到分工的三个好处:劳动熟练程度的提高、工作环节转换时间的节约、工具的改进和机械的发明,这三种好处无一与绝对成本说有关。绝对成本说论述的分工利益恰恰是在缺乏以上的技术进步利得的情况下获得的静态利益。所以,绝对成本说只是亚当·斯密分工学说的一部分。作为一名古典经济学家,亚当·斯密敏锐地发现这种分工好处的获得与"看不见的手"有密切的联系,但他没有能够详细阐述国际分工形成的具体机制。

李嘉图的比较成本说比亚当·斯密的绝对成本说更进了一步,认为即使没有绝对优势,只要有比较优势,贸易双方就可以通过分工获得好处,得到贸易的利益,然后双方再通过交换,就可以获得比在自给自足的情况下更多的商品消费。

但是,传统教科书上对比较成本说的这种阐述容易使人产生误解,从而对国际贸易的本质产生模糊的认识:

其一,传统教科书上的这种阐述使人误以为国际分工和交换的主体是国家。斯密和李嘉图在进行举例时,都把国家作为具有比较优势或绝对优势的主体,是可以进行贸易决策的主体。而实际上,国际贸易并非国家与国家之间的贸易,而是存在于不同国家的私人主体之间的贸易,进行贸易决策的是私人主体。将抽象的国家作为利益最大化的主体无助于我们认识贸易的本质。

其二,传统教科书上的阐述容易使我们误认为分工先于交换。尽管绝大部分人都承认分工和交换在现实中是同时发生的,但传统教科书上总是先分析分工的利得,然后通过交换分析利得的分割。这种分析思路存在的原因可能是由于约翰·穆勒的相互需求说是在李嘉图的比较成本说之后产生的,从而使人们习惯地认为在逻辑上先有分工,产生了分工利益之后,才有交换以分割利得。但是,在后面的论述中我们会看到,在逻辑上,情况恰恰相反,交换是分工的逻辑前提。

其三,李嘉图没有能够说明分工的机制。英国和葡萄牙为什么会进行分工?是什么导致了这种分工模式?我们知道英国生产酒是因为英国在酒这个产品上具有比较优势。但是,是什么机制促使英国会去生产一种具有比较优势的产品呢?对比较优势说最大的误解是认为比较优势的利用是通过国家的分析和发现获得的。传统教科书给我们这样一种印象:似乎英国政府经过计算,发现了自己在酒上具有比较优势,于是开始大量生产酒;而葡萄牙政府发现自己在毛呢的生产上有比较优势,于是开始大量生产毛呢。这种误解甚至导致了小岛清的协议分工说的理论,认为国际分工是可以通过国家之间的协议形成的。这种误解也诱使各国政府去分析和寻找自己的比较优势,从而忽略了真正能够获得贸易利益的贸易政策。

李嘉图之后,哈伯勒对比较成本说用机会成本的概念进行了重新论述。哈伯勒的机会成本说对比较成本说绝非仅仅是一种技术上的改进,它使比较成本说从逻辑上真正与"看不见的手"结合在一起,从而为真正阐述分工机制的市场基础提供了条件。

为了进一步说明比较成本说的分工机制,我们仍然沿用那个常用的例子来进行说明(见表2—1)。

表2—1 比较成本说举例

	酒的劳动成本(人·年)	毛呢的劳动成本(人·年)
英国	120	100
葡萄牙	80	90

在李嘉图的学说中,确定比较优势的办法是比较比较成本(或相

对成本）。英国酒的比较成本是 120/80，毛呢的比较成本是 100/90，由于 120/80 > 100/90，所以英国应该选择比较成本较小的毛呢进行生产，英国在毛呢的生产上具有比较优势。

同样的结论也可以通过比较机会成本的方式得出。在英国一个单位酒的机会成本就是放弃一单位的酒的生产可以获得的毛呢的产量，显然这个产量是 120/100 个单位的毛呢。所以在英国 1 单位酒 = 120/100 单位毛呢。同理，在葡萄牙 1 单位酒 = 80/90 单位毛呢。葡萄牙酒的机会成本要低于英国酒的机会成本，所以葡萄牙在酒的生产上具有比较优势。

显然，比较比较成本或比较机会成本，在确定比较优势和贸易模式上是等价的。但比较机会成本的方法更加接近分工的实际运行机制，特别是，它便于我们从微观层面上分析分工的形成。

显然，机会成本在上述的例子中实际上就是两国在自给自足的情况下国内两种产品的交换比例，或者说就是国内价格。贸易产生的直接原因就是产品的国内价格的差。在上述的例子中我们看到，只要两国存在比较成本的不同，即两国确实分别具有比较优势，两国之间就会出现国内价格的差异。反过来，在需求等因素相同的情况下，两国国内价格存在差异实际上就反映出两国分别具有不同的比较优势。

在分工的形成过程中，并非是由国家去判断自己是否具有技术上的比较优势，比较优势是由国内交换比例的不同而决定的。价格是检验比较优势的最终标准。

分工的实际过程是这样的。当两国之间交换的壁垒撤除时，两国之间某种产品国内交换比例的不同形成了套利的机会。商人会自动地将商品从价格低的地方输往价格高的地方。而价格低即意味着这种商品的机会成本低于其他国家，也就说明这种商品在该国具有比较优势。于是在上述的例子中，英国将出口毛呢，葡萄牙将出口酒，符合李嘉图理论的贸易模式形成了。

接下来我们看到，英国出口毛呢，进口较为便宜的酒，这种贸易模式使得英国酒的生产受到了冲击。由于英国国产酒的价格较高,消费者将不愿意购买较贵的本国酒,于是酒的生产出现了积压,其酒的生产者将得不到足够的报酬,他们将转而寻求较高的报酬,显然这时毛呢部门是他们转移的合理去向。于是,酒的生产者转而生产毛呢。同样的道理,葡萄牙的毛呢生产者转而生产酒。这种情况继续下去,在没有特定要素问题,即要素流动充分、机会成本不变的情况下,两国将形成英国专门生产毛呢、葡萄牙专门生产酒的分工格局。

从上面的讨论我们可以看出,交换在逻辑上先于分工,正是由于价格差引发了国际贸易,外国商品的竞争才促使国内要素进行重新配置,从而实现了分工。更重要的是,分工的形成不是由英国和葡萄牙政府决定的,而是由私人主体的经济行为决定的。来上面的例子中,首先是商人,为了从价格差中获得商业利益,从而进行贱买贵卖,导致了国际贸易;其次是国际贸易引进的国外竞争使消费者寻求更便宜的商品,然后各产业部门的生产者为了获取更高的回报调整了自己的经营领域。无论是商人还是消费者、生产者,他们仅仅考虑了自己的利益,但最终的结果却使社会资源得到了最优的配置。而这一切正是"看不见的手"在发挥作用。

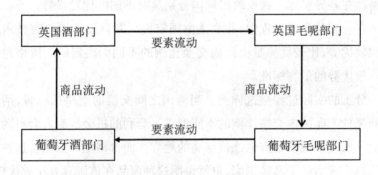

图 2—1 比较优势决定分工格局的过程

如图 2—1 所示,比较优势贸易模式和分工模式的形成是基于商品的跨国流动和要素的国内流动。国家在这里的作用并非聘请经济学家计算本国的比较优势到底在哪个部门,而是通过放开国际贸易的壁垒、国内贸易①的壁垒和要素流动的壁垒,从而形成正确的商品和要素价格信号,使市场引导私人主体作出正确的经济决策,促使整个社会的要素合理配置。所以,国家获得贸易利益的正确途径在于对外开放和对内放开。正是在这个意义上,我们说比较优势说是世界贸易组织的理论基础之一。

另外值得指出的一点是,上面所阐述的李嘉图模型可以用一个一般均衡的框架来表述,唯一需要的就是我们必须定义两个国家的需求状况,或者代表性个体的效用函数。自由贸易的均衡状态下,统一的商品市场的均衡价格和均衡国际贸易数量由供求决定,酒的全球生产和消费数量由葡萄牙的劳动力资源和效率决定,毛呢的全球生产和消费数量由英国的劳动力资源和效率决定。劳动力市场是分割的:在英国的劳动力价格以毛呢衡量取决于英国的毛呢的生产效率,以酒衡量则要进一步考虑商品的均衡交换价格;在葡萄牙的劳动力价格以酒衡量取决于葡萄牙酒的生产效率,以毛呢衡量则要进一步考虑商品的均衡交换价格,而劳动力在不同产业的分配情况则是英国的劳动力都集中生产毛呢,葡萄牙的劳动力都集中生产酒。这样的均衡状态不仅是帕雷托最优的,也是全球福利的最大化结果。虽然这样的一般均衡可以说是一种最简单的一般均衡,但它却足以体现"看不见的手"的作用。

二、贸易自由化利益的衡量

贸易自由化的利益也就是拆除贸易壁垒的利益,在这里,我们先不考虑制度变迁和产业结构调整的成本,那么贸易壁垒的福利净损失就

---

① 虽然在图2—1中我们看不到放开国内贸易在决定分工模式中的作用,但请回忆一下我们刚才的分析。国际贸易的直接原因是各国国内价格的差。如果国内由于国内贸易的限制使国内价格不能反映机会成本,则在此基础上形成的价格差是对比较优势扭曲的反映,最终形成的贸易模式和分工模式就不是最优化的。

等于贸易自由化的利益。我们先用关税来作为贸易壁垒的代表,在这里先进行一个最简单的对关税的局部均衡分析。

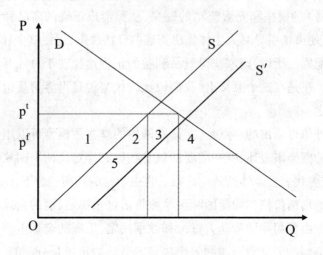

图 2—2   关税的局部均衡分析

如图 2—2 所示,某商品的世界价格是 p^f,某小国征收关税后其国内价格上升为 p^t。相比于自由贸易的情况,该国的消费者福利损失为(1)+(2)+(3)+(4),该国生产者的生产者剩余增加(1),同时该国政府增加了税收(3),所以,总的来说,关税使整个社会福利减少了(2)+(4)。这是关税导致的福利净损失(Deadweight Loss),其中(2)反映的是生产成本的损失,(4)反映出消费利得的损失。因此,从总体福利的标准来看,关税使社会福利水平下降,而贸易自由化,即关税壁垒的撤除,将使福利水平上升。

我们之所以不厌其烦地在这里将国际经济学中这个最基本的小国关税局部均衡分析放在这里重述一遍,是因为它是我们后面分析的重要基础。

上述的分析使我们对贸易壁垒导致的损失,也就是贸易自由化可能产生的利益有了一个直观的认识。然而,在对贸易壁垒导致的福利净损失进行定量分析时,绝大部分文献采用的不是上述的简单马歇尔供求分析框架下衡量社会剩余的办法。补偿差异(Compensating Variation,CV)和均等差异(Equivalent Variation,EV)是两个使用较多的衡量标准。这两者都是希克斯(Hicks,1946)提出来的。

补偿差异可简单地表示为 $CV = e(P^1, u^1) - e(P^1, u^0)$,其中 e 表示支出函数,$P^1$ 表示当期价格向量,u^1 和 u^0 分别表示当期和基期的间接效用函数。所以 CV 所表示的是在给定价格为 P^1 的情况下,要达到政策变化后的效用水平所需的最小收入水平,与达到政策变化前的效用水平所需的最小收入水平,两者之间的差。

均等差异可表示为 $EV = e(P^0, u^1) - e(P^0, u^0)$,其中 e 表示支出函数,$P^0$ 表示基期价格向量,u^1 和 u^0 分别表示当期和基期的间接效用函数。所以 EV 所表示的是在给定价格为 P^0 的情况下,要达到政策变化后的效用水平所需的最小收入水平,与达到政策变化前的效用水平所需的最小收入水平,两者之间的差。

所以 CV 和 EV 本身的差别不大,只是在进行度量时给定的价格标准不同。贸易文献更多使用的是均等差异(EV)。因此,在这里,我们再进一步将均等差异的意义阐述一下。

假设在初始条件下,某个经济体是对外开放的,它有两个经济部门,一个是食品,一个是服装,其中食品部门是进口部门。现在政策发生变化,要对食品征收关税。显然,这对于所有消费者而言(他们由服装的生产者和食品的生产者组成),征收关税是不利的,现在他们宁愿放弃一部分收入,也不愿面临含税价格,只要放弃收入后的效用水平是不低于面临关税后的效用水平,这种放弃就是值得的。均等差异所衡量的,实际上就是消费者为了避免关税所愿意放弃的收入的最大量。在消费者看来,这种收入的最大量的放弃与关税可能导致的福利损失是相等的。

如图2—3,初始状态自由贸易时的价格是过 A、D、B 点的三条较陡的直线,两条较平的直线是含税价格。OB 是在自由贸易下消费者的总支出,也就是折算为服装量的收入。消费者愿意放弃多少收入而

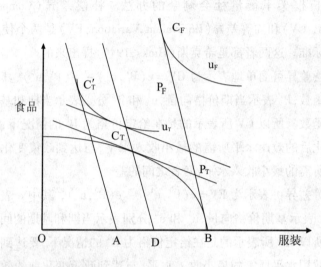

图2—3 均等差异的衡量

避免被征税呢？以自由贸易价格为标准,消费者即使放弃 ΛB 的收入,将收入减少到 OA,只要其面临的价格仍然是自由贸易价格,消费者仍然能达到不低于征税的情况下的效用水平。所以,AB 衡量的就是均等差异,而且是以实际收入,即以购买力为标准衡量的均等差异。这个量也就是征税导致的福利损失的程度。在整个 AB 中,DB 是生产损失,AD 是消费损失。

三、传统经济学对贸易自由化利益分析的不足

传统经济学对贸易自由化利益的分析确实是经济学上重要的内容,但它至今在技术上仍然存在漏洞,在实践的检验中其结论也不那么站得住脚。一个经常被贸易保护主义者批评的事实是,近代历史上几乎没有任何一个国家实行过自由贸易政策。英国是个例外,它曾在 19 世纪中后期基本实行零关税。而在此之后,没有哪个国家主动实行过这种政策。即使如此,英国也利用《科伯登条约》等贸易协议与欧洲各国达成一致,要求它们也开放贸易。

按照自由贸易理论的逻辑,自由贸易的利益由分工利益和交换利益构成,即使其他国家不开放,一个小国(在大部分情况下,一国相对于世界市场都可以被视为小国)开放贸易也可以获得好处,即购买到更加便宜的进口货。有不少贸易理论家甚至认为,国际贸易的利益主要是由自由进口获得的利益。按照这样的逻辑,具有理性的国家完全应该主动地实施开放贸易的政策,从而获得更高的福利水平。而事实上,在当今世界中,没有哪个国家主动地实施完全开放的贸易政策。各国,特别是发达国家,宣扬自由贸易的意图,似乎更在于希望别的国家开放贸易,从而扩大本国的出口贸易,而对本国出口的鼓励措施恰恰是重商主义,或者说是贸易保护主义的一个方面。

各国并不实施自由贸易的现实给自由贸易理论提出了一个悖论,我们姑且将它称为"自由贸易悖论":要么自由贸易并不比存在贸易壁垒的情况具有更高的福利水平;要么各国是非理性的,它们对巨大的贸易利益视而不见。

"自由贸易悖论"产生的一个根本原因在于传统贸易理论往往将国家看做一个能够实施利益最大化的理性主体。它像一个理性个体一样具有利益最大化的本能,而这显然是一种"加总谬误"。例如,在图2—3中,存在关税时,社会能够达到的社会无差异曲线是 u_T,而自由贸易时能够达到的社会无差异曲线是 u_F。由于后者位于前者的右上方,我们说社会福利水平上升了。而这种说法事实上需要两个前提,一是确实存在社会无差异曲线,二是社会无差异曲线的上升与某个规范性的福利标准所衡量的福利上升是等价的。

社会无差异曲线的存在意味着在存在利益独立的多个主体时,集团的偏好仍然具有单一的排列次序,具有完备性、传递性、连续性等特征,在此基础上进行的微观技术分析才有效。这个问题就是一个所谓的加总问题。这是国际贸易理论在逻辑上面临的第一个难题。因为这个问题不解决,后面所有的社会无差异曲线、贸易无差异曲线、提供曲线就都失去了基础。不少贸易理论家为解决这个加总问题耗尽了心血,但结果仍然不尽如人意。

一些经济学家已经证明,如果单个个体对产品的消费都是非负的,对商品的价格不加限制,对收入的分配不加限制,存在加总效用函数的充要条件是:所有的消费者都存在同样的位似的偏好(Identical Homothetic Preferences)(Vousden,1990)[1]。还有的经济学家证明,在所有的消费者都存在同样的位似的偏好,并且每个个体的收入都与总体收入呈一固定比例时,则存在加总效用函数(Chipman,1974)。

因此,对社会无差异曲线的使用实际上已经假定了上述这些条件的成立。显然上述条件与现实相去甚远[2],尤其是这种理论假设抽象去了贸易政策辩论中最令人关注的问题:贸易政策对国内不同群体收入的影响以及这种收入的再分配对宏观经济的影响。每个贸易理论家所推导出的关于偏好、收入、分配等方面的各种条件都假设存在一个社会的需求函数 $X = D(p, I)$。在这里偏好和需求只取决于价格(p)和总收入($I = \sum_{j=1}^{n} I_j$),而与总收入的构成无关。然而,更为准确的需求函数应该是 $X = D(p, I_1, I_2, \cdots, I_n)$,也就是说分配影响总消费。

由于贸易将产生再分配效应,尽管从整个社会来说,各种产品的消费都提高了,也就是说价格线可以切到右上方的社会无差异曲线了,这也不一定是社会福利水平提高了。以帕累托标准衡量,某些个体可能由于实际收入水平下降,能够消费到的产品数量下降了,这时政策变化前后的福利水平不可比较。为了绕开这个问题,经济学家假设社会总可以通过某种再分配机制,使得社会可以实现帕累托优化。这种再分

---

① Markusen 认为这一条件过严,只要存在准位似(quasi-homotheticity)就可以了。见 Markusen et al.,1995,P45。

② 按照萨缪尔森实证经济学的观点,假设条件与现实不符并不是理论成立的关键,因为任何理论必然对现实进行抽象,1 比 1 的地图是毫无意义的。理论成立的最终标准在于它是否经得起经验验证。萨缪尔森的思想是有意义的。但是,这并不等于假设条件是可以任意抽象的,理论成功的关键在于准确地使用奥卡尔剃刀,将不影响根本结论的非本质因素抽象掉。

配机制最简单的是一种一次总付的社会转移(lump-sum transfer)。但这种再分配机制在现实中几乎是不可能实施的。贸易理论家也正在探索通过消费税以及补贴的方式实现这种转移,而这也有待进一步研究(参见 Dixit &Norman,1980;Wong,1997)。

解决"自由贸易悖论"的唯一途径是考虑到国家是由众多的利益主体构成的。遵循这一思路,现有的理论主要从两方面来进行探索。一种是从规范经济学的角度,即研究贸易的福利经济学,以不同的福利标准来考察自由贸易是否能够提高福利水平。而另一种角度是从实证经济学的角度,即国际贸易的政治经济学,考察在现实中政策形成的途径,把政策作为各利益主体寻求利益最大化的结果,从而使政策内生化到贸易模型中。

第二节　新贸易理论对开放贸易利益的探讨

从20世纪70年代末以来,国际贸易理论界开始了对传统贸易理论的反思。赫尔普曼(Helpman)和克鲁格曼(Krugman)于1985年出版的《市场结构与对外贸易》一书(Helpman & Krugman,1985),对新贸易理论当时的发展进行了系统的总结。新贸易理论与传统贸易理论的主要区别在于它采用了规模经济和不完全竞争的假设。而根据假设前提的不同,特别是市场结构的不同,新贸易理论文献大体可以分为五类。

第一类是完全竞争的市场结构,但企业之间具有外部经济效应。在这种假设前提下,市场是完全竞争的,企业本身的规模经济是不变的,但是由于企业之间具有外部经济效应,社会的报酬是规模递增的。这种外部性可能由于各种原因,例如知识的外溢效应,即一个企业的研究开发可以使得其他企业获利,而进行研究开发的企业不能得到充分回报。另外一个原因是:当某些企业的进入和扩大导致整个行业的规模扩大的时候,可能使得中间品以更低的成本、更多的品种得到生产,从而有利于同行业的其他企业的发展。

第二种情况是垄断的市场结构。虽然赫尔普曼（Helpman）和克鲁格曼（Krugman）在《市场结构与对外贸易》一书中没有把这类市场结构的研究单独拿出来进行总结和分析，但对垄断市场结构下的国际贸易的研究也存在一些文献（例如 Fishelson and Hillman，1979）。

第三种情况是"可竞争的市场"（contestable market）。可竞争的市场是一种特殊的市场结构。在这种市场结构下，企业采用贝特朗（Bertrand）价格竞争方式，同时企业可以无限制无成本地自由进入和退出市场。在这种情况下，即使企业本来具有一定垄断权利，其他企业自由进入或者进入的威胁也会使得具有垄断性的企业在平均成本上定价。

第四种情况是寡头的市场结构。在这种市场结构下，有限数量的企业生产相同的产品，互相之间存在战略竞争。这一类文献一般采用博弈论的方法，假设企业进行数量竞争或者价格竞争，并讨论其均衡结果以及有关的政策含义。

第五种情况是垄断竞争的市场结构。在这种市场结构下，一般假设企业生产不同质的差异产品。一方面，每个企业对每种差异产品具有一定的垄断力；另一方面差异产品之间存在竞争性。在这种市场结构下，企业之间不存在战略博弈。

在新贸易理论中，最流行而且影响力最大的文献是关于第四种和第五种市场结构的文献。寡头市场结构下的贸易理论又被称为战略贸易理论。垄断竞争市场结构的贸易理论则是当代国际贸易理论中最为重要的分支，在其基础上衍生出了许多有趣的理论。在这一节中，我们将简要地总结寡头市场结构的贸易理论和垄断竞争市场结构的贸易理论，然后我们还将特别介绍在克鲁格曼垄断竞争贸易模型基础上发展起来的梅立兹（Melitz）企业异质性条件下的贸易理论。

一、战略贸易理论

总的来说，在寡头市场结构下，贸易开放是否会使贸易各国得到比封闭条件下的福利水平更高的福利,答案是不确定的。许多人认为,在市场不完全竞争的情况下开放贸易比完全竞争条件下开放贸易会带来更多收益,因为贸易不仅可能带来成本更低的商品,而且可能带来某种"亲竞争的贸易利益"(pro-competitive gains)。这种"亲竞争的贸易利益"产生的原因是:进口国国内具有一定垄断定价权的企业,由于面临外国商品的竞争,不得不降低价格,从而使得消费者的福利水平提高。尽管贸易开放确实能带来"亲竞争的贸易利益",但是那种认为在市场不完全竞争的情况下开放贸易会比完全竞争条件下开放贸易带来更多收益的观点却可能是错误的。

在布兰德(Brander)和克鲁格曼(Krugman)的"相互倾销"模型(Brander and Krugman,1983)中,作者假设两个国家各有一个企业生产同一种产品,它们分别在两个国家的市场上进行古诺数量竞争,而两个企业除了各自的生产成本之外,还必须支付出口运输成本才能输往对方国家市场。而当运输成本不是特别高的情况下,两个国家都会有两个企业的商品在进行双寡头竞争。在两国中任何一个国家的市场上,古诺纳什均衡的结果都会是外国商品的数量少于本国商品的数量,原因是外国商品的边际成本,包括生产成本和运输成本,要高于本国商品的边际成本。两个企业都在供应本国市场的同时供应外国市场,而且其出口的 FOB 离岸价格都会低于其在本国的销售价格,所以我们把这种状况称为"相互倾销"。

在相互倾销的情况下,企业宁愿获取比国内销售的商品更低的单位利润也要出口。甲国的商品输往乙国,乙国的同种商品又输往甲国。这种贸易在很大程度上浪费了运输成本。虽然,贸易的存在使得两个国家的市场结构从垄断变为寡头,从而具有"亲竞争的贸易利益",但是这种相互倾销同种商品导致的运输成本的浪费将大大抵消"亲竞争的贸易利益",最终产生的净效益既可能是正的也可能是负的。

战略贸易理论的政策意义对社会的影响很大,由此出现的战略贸易政策在很长一段时间成为 20 世纪 80 年代以来新贸易保护主义的一个法宝。但是战略贸易理论家们很早就意识到战略贸易理论的结论很不具有稳定性,经常取决于模型不同的假设前提而结论有所不同,所以他们自己反而对理论的政策应用持非常谨慎的态度。在战略贸易理论中,一个非常有名的结论出现在布兰德(Brander)和斯宾赛(Spencer)的一个模型中(Brander and Spencer, 1985)。在两个国家、两个企业的模型中,作者得出了一个与传统完全竞争经济学截然不同的结论,他们认为在不完全竞争的情况下,一国对本国的企业进行适当的补贴,可以提高本国的福利水平。这一结论引起了极大的反响,同时迅速成为贸易保护主义者要求进行出口补贴的一个根据。

然而,包括布兰德和斯宾赛在内的贸易理论家都意识到这一理论结论本身存在着严重的问题。一个最大的问题就是理论结论不具有稳定性,在很大程度上取决于理论假设前提的不同。尽管理论的推导离不开一定的假设前提,但是如果假设前提的合理变化会带来截然不同的理论结论,那么这种理论本身的生命力就可能很成问题。布兰德和斯宾赛的这个"补贴可以提高福利"的结论是从一个古诺双寡头模型中得出的结论,但如果我们改变一下理论前提,结论就会发生很大的变化。

首先,世界市场上的寡头竞争采取何种方式,并没有定论。布兰德—斯宾赛模型是假设企业采取古诺数量竞争,但是如果把模型中的竞争方式变为贝特朗价格竞争方式,则结论会完全相反。在古诺竞争条件下,企业之间存在一种战略替代关系,一个企业的生产数量的上升会导致另一企业生产数量的下降。而在贝特朗价格竞争条件下,一个企业所定价格的上升会导致另一企业所定价格的上升,这是一种战略互补关系。因此,如果把布兰德—斯宾赛模型中的竞争模式改为贝特朗价格竞争,则国家的最优政策将不再是出口补贴,而应该是征收出口税。这一结论为伊顿和格罗斯曼(Eaton and Grossman, 1986)所发现。

其次,在布兰德—斯宾赛模型中,企业的数量只有两个,每个国家分别存在一个企业。如果现在存在一个行业,企业的数量不止两个,特别是本国企业的数量不只有一个,那情况会发生什么变化呢? 实际上,如果本国的企业数量比较多,古诺模型下最优的干预政策就会变为出口税而不是补贴。例如在我们国家,有许多产品存在许多的出口商,他们为了争夺国际市场而竞争。在这种情况下,国家采用征收出口税的情况,可以达到提高该类商品国际销售价格的作用,从而起到提高福利水平的效果。

正是由于建立在寡头市场结构基础上的战略贸易理论存在这些问题,尽管这类文献具有很大的影响力,但另一类建立在垄断竞争市场结构上的理论文献却得到了更多的关注。

二、有差异商品的垄断竞争贸易理论——克鲁格曼模型

克鲁格曼从 20 世纪 70 年代末以来,在其后的 20 年间成为国际经济学领域特别是国际贸易领域中最具声望的经济学家。而他的理论体系的第一块基石来自于他在 1979 年发表的《收益递增、垄断竞争与国际贸易》(Krugman,1979)。

克鲁格曼模型很好地揭示了规模经济在国际贸易中的作用。传统贸易理论的很大一个问题是不能解释为什么第二次世界大战后国际贸易主要发生在发达国家之间。克鲁格曼模型则是解释这种横向贸易的众多理论模型之一。但是,由于其模型的简洁和可扩展性,它成为了其后二十多年许多贸易新理论的重要基础。对模型的具体内容,读者可以参见克鲁格曼的原文或者海闻教授(2003)主编的《国际贸易》。这里我们择其精要做一介绍。

克鲁格曼模型里面假设人们的效用函数是一种可累加的效用函数。人们消费很多不同的商品,效用是 $U = \sum_{i=1}^{n} v(c_i), v' > 0, v'' < 0$,其中 c_i 是某一商品的单个消费者的消费量。这种效用函数有一个重要的特点,就是消费者会体现出一种“对消费种类的喜爱”(love of variety)。对于消费者来说,如果收入一定,但是可供消费的种类增加,则消

费者的效用会得到提高。在生产方面,克鲁格曼假设生产商品所需的劳动力为 $l_i = \alpha + \beta x_i$,其中 α 是固定劳动投入,β 是边际劳动投入,x_i 是商品的生产量。一个经济体中的劳动力人数,同时也是消费者人数是 L,所以某种商品的生产量与人均消费量的关系是 $x_i = Lc_i$。各种商品都是对称的,在均衡的条件下,各种商品的价格、生产量和消费量都是一样的。所以商品的品种数可以由总劳动力除以每个商品使用的劳动力数量获得,即 $n = \dfrac{L}{\alpha + \beta x_i}$。

克鲁格曼模型假设市场具有垄断竞争的结构,兼具垄断市场结构和完全竞争市场结构中的某些特征。

一方面,从垄断的角度看,每个生产厂家都具有一定的垄断定价权,它们像一般的垄断者那样在边际成本上进行固定加成的定价,而定价的方式采用逆弹性法则。这一定价方式产生了:$p_i = \dfrac{\varepsilon}{\varepsilon - 1}\beta w$,也就是 $p_i/w = \dfrac{\varepsilon}{\varepsilon - 1}\beta$,其中 w 是工资水平,ε 是需求弹性。这一关系即克鲁格曼模型中的 PP 曲线。在这一关系中,价格工资比和需求弹性之间的关系是递减的,也就是弹性越大,价格工资比越低。同时,克鲁格曼假设弹性与个人消费量之间的关系是递减的,也就是说个人消费量越大,需求弹性越小,即 $\partial \varepsilon / \partial c_i < 0$。在此基础上,个人消费量与价格工资比之间的关系是正相关的,这就是上升的 PP 曲线。

另一方面,从竞争的角度看,垄断竞争市场可以自由进入,在均衡的状态下,企业如同完全竞争一样,不能获得超额利润。所以价格必须等于平均成本,在此基础上形成了克鲁格曼模型中的 ZZ 曲线:$p_i/w = \beta + \alpha/x = \beta + \alpha/Lc$。在这里,个人消费量与价格工资比之间的关系是负相关的,这就是下降的 ZZ 曲线。

PP 和 ZZ 曲线相交会形成均衡的个人消费量和均衡的价格工资比,模型中的其他变量可以在此基础上得到确定。如果现在可以开放贸易,两个经济体之间可以没有壁垒地进行贸易,那么我们相当于得到

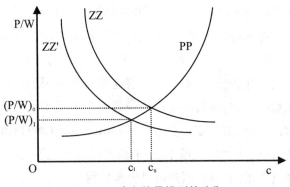

图2—4　克鲁格曼模型的均衡

了一个新的更大的经济体,也就是 L 上升了。L 上升不会影响 PP 曲线的位置,但是却会使得 ZZ 曲线向下移动。在图 2—4 中,ZZ 曲线下移之后,新的价格工资比下降了,单个商品的人均消费量下降了。与此同时,商品的种类 $n = \dfrac{L}{\alpha + \beta x_i} = \dfrac{1}{\alpha / L + \beta c_i}$ 也会有所上升。

消费者的福利水平提高表现为两种形式。一种是收入的上升:在图 2—4 中,价格工资比下降了,这也意味着工资相对价格有所上升,也就是说实际工资水平有所上升,这是福利提高的来源之一。另外,由于商品的种类有所上升,消费者因此也可以提高福利水平。

尽管消费者可以获得的商品种类上升了,两个经济体中的厂家数目实际上将有所减少。消费者可以获得的商品种类有所上升是因为他们现在可以消费外国进口商品了,而不是像封闭经济条件下仅仅只能消费本国商品。两个经济体中得以继续存在的企业的数目虽减少了,继续得以存在的企业的规模却扩大了。也就是说,在这里国际贸易一方面扩大了某些企业的规模,另一方面却使得某些企业不得不退出市场。

三、梅立兹(Melitz,2003)企业异质性贸易理论

在克鲁格曼模型中,国际贸易使得有些企业在市场上消失了,而另

一些企业却在市场上能够得以生存并且能够扩大规模。但是,他不能解释哪些企业能够得以扩张,哪些企业将被挤出市场。在他的模型假设中,所有企业都是一样的,所有的商品都是对称的,但是最后不同的企业却有不同的命运,这一点是其没有能够自圆其说的。在克鲁格曼的另一篇文章中,他在最初的克鲁格曼模型中采用了一个常替代弹性的效用函数,从而将结论变得更为简单(Krugman,1980):所有的企业将继续存在,而且企业的规模不变;消费者的收入也不变,但可以消费的商品品种可以增加一倍,因此可以提高福利。

其实国际贸易导致的企业规模效应和企业淘汰效应有一个很明显的解释,就是优胜劣汰机制,然而在克鲁格曼模型中,这一机制难以得到体现。2003年,密歇根大学博士毕业进入哈佛大学担任教职并被迅速擢升为终身教职副教授的马可·梅立兹发表的一篇论文对克鲁格曼模型的这个问题提出了一个成功的解决办法(Melitz,2003)。梅立兹模型尽管比克鲁格曼模型要复杂许多,但其仍然不失经济学模型简洁灵活的美感,它很强的可扩展性使得近几年的国际经济学界的许多论文都建立在其基础上。

梅立兹模型的基本思想是,国际贸易的优胜劣汰机制可以使得企业在不存在技术进步的情况下,行业的总体劳动生产率能够得到提高,这是国际贸易的另一个利益来源。在此之前,进入经济学家正式研究框架的国际贸易利益来源主要是李嘉图的劳动生产率的差异、俄林的资源禀赋差异和克鲁格曼的规模经济效应。而梅立兹模型则进一步揭示出贸易可以促进企业优胜劣汰,从而使得资源得到更优化的配置,促进社会整体福利的提高。

在梅立兹模型中,一国内各个企业的劳动生产率是有所不同的。在企业进入市场之前,它必须支出一个固定进入成本,这可以看做企业创立期间的各种投入,但在这个时期,企业的生产率是不确定的。进入市场之后,企业的生产率得以明确。企业可能获得的生产率水平符合一个概率分布,进入市场后,如果其生产率太低,则企业将退出市场。

而使得企业能够得以生存的生产率水平被称为零利润临界点（Zero cutoff profit）。而所有得以存活的企业的生产率也符合一个分布，这个分布是企业可能获得的所有生产率水平分布条件的分布。同时，得以存活的企业由于生产率不同，其生产的产量和获得的市场也有所不同。高生产率的企业生产产量大，企业利润水平高，占有的市场份额高；低生产率的企业生产产量小，企业利润水平低，占有的市场份额也小；更低产量的企业则无法生存。

如果一个国家可以与其他国家进行贸易，那么均衡就会发生变化。能够进入国际市场意味着企业可以扩大市场规模，获得更好的规模经济效益。但是这种效益对于不同的企业具有不同的意义。因为企业进入国际市场会产生一种出口的固定成本，例如进行市场调研、建立出口机构等的投入。这种出口固定成本对于利润非常低的企业来说是一种出口的障碍，因此只有利润水平足够高的企业才能跨越这种障碍，从而获得出口。生产率很高的企业由于扩大的市场机会得以扩张，从而提高了其利润水平和生产产量。而这种生产的扩张需要更多的劳动力，这提高了劳动力的价格，从而使得那些无法出口的企业增加成本。在那些无法出口的企业中，最差的一部分由于成本的提高，其利润降低到临界点以下，从而不得不退出市场。

在这个贸易开放的过程中，生产率最低的企业被挤出了市场，生产率中等的企业能够继续存在但只能供应国内市场，生产率更高的企业才能成为出口企业。整个的行业生产率以企业产量加权平均会得到提高，因为生产率最低的企业被挤出了市场，生产率高的企业得到了更大的市场份额。从消费者的角度说，他们不仅因为消费到更多品种的产品而得到了福利的提高，也由于生产者平均生产率的提高而提高了福利。

第三节　贸易保护的理由

自由贸易政策与贸易保护政策的争论贯穿着经济学发展的始终，

至今在理论上也没有定论。单纯从理论逻辑上来说,贸易保护理论不如自由贸易理论那么系统。但从经济发展史来看,贸易保护政策在美国和德国历史上的成功给贸易保护主义者提供了强有力的证据。在这一节中,我们就与本书主题有关的几种贸易保护主义思想进行一下简要的讨论。

一、幼稚产业保护说

一般认为,李斯特是一个贸易保护主义者,但应该说这是不全面的。李斯特在国际贸易政策史上,除了提出了系统的幼稚产业保护说之外,还最早提出并实践了关税同盟的理论。早在 1819 年,经李斯特倡导,在德国法兰克福成立了德国工商业协会,该协会的目的在于在经济上把分散的德国各联邦联合成一个统一的关税同盟(鲁友章、李宗正,1979)。从 1819 年开始,普鲁士与一系列王国签订了自由贸易协定,并于 1831 年建立了普鲁士关税同盟。与此同时,1827 年,巴伐利亚与威登堡签订自由贸易协定,并最终形成了巴伐利亚关税同盟。1833 年,上述两个关税同盟合并为一个由 18 个邦国组成的关税同盟,到 1852 年,最终形成了德意志关税同盟。相比之下,英国主张推行自由贸易的政策推动者和实践者的社团反谷物法同盟的建立只是 1838 年的事情,而作为英国一系列对外自由贸易条约起点的《科伯登条约》则是 1860 年的事情(Kenwood and Lougheed, 1999)。

毫无疑问,李斯特作为欧洲自由贸易的先驱是当之无愧的。李斯特自己也认为自由贸易是德国发展的方向,他认为,所谓国民经济学"是这样一种科学,它正确地了解各国的当前利益和特有环境,它所教导的是怎样使各个国家上升到上述那样的工业发展阶段,怎样使它同其他同样发展的国家结成联盟,从而使实行自由贸易成为可能,并从中获得利益"(李斯特,1841)。马克思也敏锐地指出了德国在 19 世纪贸易政策的逻辑:"在资产阶级开始以一个阶级自居的那些国家里(例如在德国),资产阶级竭力争取保护关税。保护关税成了它反对封建主义和专制政权的武器,是它聚集自己的力量和实现国内自由贸易的手段"①。

李斯特针对古典自由贸易理论提出的批评是中肯的,他强调贸易政策的民族特性和历史特性,实际上使他的理论弥补了传统自由贸易理论的缺陷,但并没有最终推翻自由贸易理论。正因为李斯特没有从根本上反对自由贸易,因此,他提出的贸易保护对象是有选择的(只保护有前途的幼稚产业),保护期限是有限制的(例如保护期限以30年为限),保护的目的也是通过发展生产力,最终从自由贸易中获利。

一方面;李斯特的贸易保护主义在现代发展研究中仍然存在巨大的影响。李斯特主义的一个典型的现代支持者是剑桥大学的张夏准教授(Ha-Joon Chang)。他在《踢开梯子:从历史角度论发展战略》(Chang, 2002)一书中认为,现代的发达国家强烈主张自由贸易,而它们在自己的发展史上都曾经利用贸易保护主义来促进自己的发展:例如法国的柯尔贝尔重商主义、英国的托马斯·孟重商主义、美国的汉密尔顿保护主义、德国的李斯特保护主义等。而这些国家往往都是在它们获得了工业和贸易强国地位之后,才转而实行贸易自由化,并以此作为要求其他国家开放市场的武器。这正如李斯特当年针对英国对德国的贸易政策发出的批评一样:"一个人当他已经攀登上了高峰以后,就会把他逐步登高时使用的那个梯子一脚踢开,免得别人跟随上来。"

在中国加加入WTO界贸易组织前后,有一批学者也对贸易开放持反对或者怀疑的态度,他们大多以李斯特的主张作为支持自己观点的依据,其中比较有代表性的有崔之元、左大培以及韩德强(2000)等学者。

另一方面,不少学者对李斯特的幼稚产业保护说也提出了批评。这种批评主要来自两个方面:一个是如何使用保护手段,另一个是如何

---

① 马克思:《关于自由贸易的演说》,《马克思恩格斯全集》第四卷,人民出版社1958年版,第444—459页。

选择保护对象。

在保护手段上,幼稚产业保护说主张主要采取高关税或者禁止进口的政策工具。但这种政策工具与幼稚产业保护的目的并不完全相容。幼稚产业保护旨在提高国内产业的竞争力,通过提高技术水平降低成本,使之最终能够参与自由贸易。要保护幼稚产业,政策的直接目标应该是扩大扶持该产业的生产,而不是禁止进口产品的进入,而这两个不同的目标并不总是一致的。既然是这样,保护幼稚产业不如说是扶持幼稚产业,采用生产补贴的政策工具比使用进口限制的政策工具更加有效。相比之下,如果设定的政策目标是减少进口产品,则使用进口限制措施比扶持国内生产的措施更有效。所以,生产补贴的手段对应扶持国内生产的目标,进口限制的手段对应减少进口商品的目标,政策手段与目的一一对应,这就是巴格瓦蒂的政策针对性理论(Bhagwati and Srinivasan, 1969;转自 Vousden, 1990)。

如果政策目标是提高国内生产产量,征收或提高进口关税并非是最优政策,因为生产补贴导致的静态福利减少要小于关税。如图2—2中,关税导致的损失包括(2)+(4),即生产扭曲的损失和消费扭曲的损失。但如果实施生产补贴,供给曲线变为S′,面对国际价格,生产者仍然能够达到与等额关税下同样的产量。相比于关税情况,政府多支出了补贴(1)+(2),少收入关税(3),可以证明①,生产者获得的利益与在关税下的情况没有差别,但消费者比关税下增加了剩余(1)+(2)+(3)+(4),总的来说,比关税下的情况少损失社会福利(4),也就是只有生产扭曲的损失,没有消费扭曲的损失。同样的结论可以通过比较补贴的情况和自由贸易的情况获得。在生产补贴的情况下,由于没有关税,消费者剩余与自由贸易的情况下一样。生产者剩余会增加(1)所表示的面积,而政府支出的补贴相当于(1)+(2)的面积,这

① 注意在图2—2中,标为(1)的区域面积和标为(5)的区域面积是一样的。因为,生产补贴的总金额既可以用(1)+(2)来表示,也可以用(2)+(5)来表示。

样导致总的福利损失相当于(2)的面积。相对于关税制度,其导致的福利损失要小。

政策针对性理论对幼稚产业保护说的批评虽有一定道理,但它也有一定缺陷。因为,采用补贴而非关税来扶持幼稚产业虽然减少了静态福利损失,但政府负担加重,税收减少。而在补充税源的过程中,可能最终仍然难以避免福利损失。

在保护对象上,幼稚产业保护说面临的一个问题是如何确定幼稚产业。这是在政策执行过程中必须解决的一个问题,然而却没有一个明确的标准。穆勒认为,幼稚产业目前技术落后,生产效率不高,成本比国际市场高,但它有发展前途,今后的成本能够比国际市场低,就属于幼稚产业,显然这一标准与李斯特的原意较接近;巴斯塔布尔认为,保护一个产业有成本,所以必须权衡现实的成本和今后的收益,将二者折成现值比较,只有收益大于成本的产业才是真正有前途的幼稚产业;肯普则认为,除了以上的要求外,还应考虑外部性,有的产业即使保护的成本很高,其行业效益低,但如果它存在外部经济,则可能仍有保护的价值(黄卫平,2000)。

但是,以上的这些标准都缺乏可操作性。在实际政策制定过程中,没有哪个政府能够预测某产业今后成本的下降幅度,从而进行准确的成本收益分析。贸易保护的政策往往保护了非幼稚产业,甚至夕阳产业,从而偏离了幼稚产业保护的初衷,而其中的原因就在于,贸易政策并非是根据成本收益分析而产生的,它是利益集团协调磨合的结果。

二、贸易条件改善论

进行贸易保护的另外一个重要理由是,一个大国可以通过进行贸易保护达到提高贸易条件的目的。以征收关税为例,作为一个大国,其进口需求变化对国际市场的总需求有直接的影响,所以可以影响该产品的国际价格。征收关税后,尽管该产品在国内销售的含税价格上升,但其进口的不含税价格将下降,从而能改善贸易条件。

对于大国来说，征收关税可以改善贸易条件，这被称为"贸易条件收益"，但征收关税也会带来生产与消费的扭曲，也就是保护成本或净损失（Deadweight Loss）仍然存在。对于一个国家来说，如果贸易条件收益大于保护成本，这种保护对这个国家的净福利增长就是有好处的。而所谓最优关税，就是由一国根据其总的福利最大化原则所确定的关税水平。

但是，贸易条件改善论的批评者认为，征收关税如果能够改善一个大国的贸易条件的话，那它必然会使其他国家的贸易条件恶化，并会使其他国家的贸易利益受到损害，而其他国家因此而受到的损害会大于保护国贸易条件改善的收益，这对于整个世界来说是有福利减损的效果的。

即使是单从保护国自己的利益来看，通过贸易保护改善贸易条件也是很难实现的。因为，其他国家在贸易条件受损的情况下必然也会进行报复，提高关税以恢复其贸易条件，甚至使其贸易条件更好。这种情况就会导致关税战。

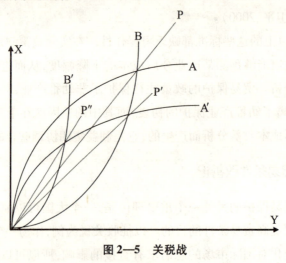

图2—5　关税战

在图2—5中我们可以看到，两个国家为了提高贸易条件，采取征收关税的办法使提供曲线向自己的进口商品方向移动。A 国对 Y 产品征收关税后,提供曲线从 A 移动到 A′,贸易条件改善,从 P 变为 P′。B 国对此实行报复,也征收关税以抵消 A 国行为的效果,从而使 B 国的提供曲线移动到 B′,价格线变化为 P″。在此情况下,A 国可能还会继续采取行动,再次提高关税,如此反复。最后,新的提供曲线的交点,其 X 和 Y 坐标均会大大小于最初的均衡点,贸易大量萎缩。实际上,最后贸易条件收益将几乎不存在,而保护成本将非常大,任何一方都无法通过贸易条件收益获利。

从这种情况来看,各国的贸易政策有相互影响的作用,如果不能协调,则会导致损人不利己的后果。这种国家间贸易政策协调的必要性正是世界贸易组织存在的重要原因。

三、次优理论(Second-Best Theory)

任何一个国家的国内经济体系都必然存在种种的扭曲和市场失灵。贸易保护的另一个理由就是,贸易壁垒可以用来抵消国内市场的扭曲,从而起到提高福利的作用。这种说法的理论根据就是次优理论。次优理论最初是伴随关税同盟理论提出来的,对此我们会在讨论关税同盟的第六章中再提出来讨论,但这一理论具有非常广泛的政策意义,也可能被用来为贸易保护措施辩护。

毫无疑问,如果经济生活中没有任何扭曲,没有外部经济、外部不经济、信息不对称等一切导致市场失灵的情况,从社会整体福利的标准看,那么我们的经济体系肯定是最优的。但是,国内经济中存在着某些不可消除的市场失灵,例如外部经济,那么在这种情况下,设立贸易壁垒就可能抵消国内扭曲的作用,从而提高经济福利水平。所以,如果说理想中的最优政策是消除所有市场失灵,而这一政策无法实施的话,次优的政策就是新设一个贸易壁垒,从而抵消原有扭曲的作用,起到提高福利的效果。

例如某个产品的生产具有外部经济,其边际社会收益高于边际私人收益，在这种情况下，这个产品的产量从社会收益最大化的角度出发看就会显得偏低，价格也偏低，使得生产者因为不能获得足够的报酬，从而选择低于社会最优产量的数量进行生产。征收关税可能提高该产品的国内价格，从而提高该产品的产量，最终提高了社会福利水平。

次优理论确实是一个值得我们注意的经济思想。次优理论的基本思想认为：其一，如果众多最优化条件中的一个条件不能被满足，则一般来说，剩下的所有条件不一定能构成次优解；其二，当一种情况下，其满足的最优化条件多于另一种情况，前者并不必然优于后者；其三，在存在超过一个扭曲的情况下，对该扭曲的扭曲程度逐渐减少并不必然意味着福利的逐步提高，但如果经济中只有一个扭曲，对其程度的逐渐减少会导致经济福利水平的逐步提高；其四，扭曲之间没有绝对的排序（Wong，1995）。

次优理论在世贸组织谈判和国内经济改革中有众多的应用。关键的问题是，次优理论是否必然意味着贸易保护的合理性。大部分经济学家对此持否定的态度。

首先从政策针对性理论的角度来看，如果某一扭曲的存在导致福利水平的下降，则首先应该考虑如何消除这个扭曲，如果该扭曲本身无法消除，则采用相应的国内政策予以纠正。例如，企业对某产品的研究开发可能缺乏利益动力，因为这种研究开发具有外部性，很容易技术扩散，企业不能得到足够的研究开发回报。如果采用关税的方式进行保护，通过提高该产品的价格使企业获得足够的回报当然也是一个办法，但这显然会导致生产扭曲和消费扭曲的双重成本。但如果采用生产补贴的办法，则可避免消费扭曲的损失。进一步，如果专门针对研究开发进行补贴，则政策的有效性更强。所以，在不可能消除这种外部性扭曲的情况下，采用研究开发补贴的方式，则可作为次优选择，而关税可能只是第四、第五优的选择了。从这里我们也可以看出，世贸组织曾经把一定的研究开发补贴列为不可申诉的补贴，即允许的补贴，其目的在于给各成员保留消除经济扭曲的政府干预措施,从而避免使用贸易保护手段①。

根据次优理论进行贸易保护是一种草率的政策主张。在很多情况下,对于扭曲本身的识别,其作用的具体机制,政府和经济学家往往难以判断,采用贸易保护可能产生南辕北辙的效果。克鲁格曼曾经就此举了一个例子(Krugman and Obstfeld, 1995),我们把它稍微变更一下来说明问题。例如在中国,目前存在城市劳动力市场的扭曲,有高失业的压力,通过贸易保护其城市制造业,提高其产品价格,似乎应该可以减少就业压力。但实际上可能有另外一种情况发生,城市制造业利润的提高可能会导致更多的农村劳动力抛荒,进入城市,导致城市的就业压力和农村农业基础不稳的双重问题。

正因为这样,以次优理论为根据要求贸易保护是对理论的一种误用,在很多情况下,它可能是利益集团为了维护自己的利益从而要求贸易保护的一个幌子。

四、贸易保护的其他理由

通过以上的分析我们可以看出,尽管自由贸易理论存在很大的弊病,基于保护幼稚产业、改善贸易条件、抵消国内扭曲而采取贸易保护的次优政策等理由都是无效的,反而可能被小利益集团以此为借口,导致整体福利的减损。但是,对于为了维护国家安全和基于维护广泛性利益集团而实施的贸易保护,我们应该谨慎地分析,不应一律否定。

自由贸易理论家一般认为,维护国家安全说也是缺乏根据的一种贸易保护理由,在现实中,许多行业都认为自己行业的发展事关国家安全,在政策游说与宣传过程中也能找出许多理由,从而使国家安全成为

---

① 世贸组织的《补贴与反补贴协议》中的第八条第二款 a 项下规定,在满足一定条件的情况下,研究开发补贴属于不可申诉的补贴,即原则上允许的补贴。但是该协议的第三十一条规定,第八条的内容临时适用,有效期为五年。当五年有效期结束后,世贸组织补贴与反补贴委员会没有对第八条的临时适用进行展期,所以不可申诉补贴在世贸组织中实际已经不存在。

了贸易保护最被滥用的根据。所以,在中国贸易政策的辩论中,持自由贸易观点的学者认为:"随着一国经济规模的扩大,融入经济全球化,更大范围更高层次地参与国际分工是实现经济安全的重要选择。"(张汉林、刘光溪,1999)这种观点是有道理的。

但是,毕竟我们目前所处的国际形势仍然有许多不确定因素,对于某些大多数人认为必须保持自给的行业,例如粮食,在其生产能力较为脆弱的情况下,我们应该采取适度的保护政策。即使我国已加入世界贸易组织并在一段时间后最终实现了世界贸易组织下粮食贸易的全球自由化,我们也要随时做好引用"安全例外"条款,为粮食生产提供保护的准备。

另外,一般情况下,为了维护广泛性利益集团而实施贸易保护也是一种可取的政策。所谓广泛性利益集团,是指其在整个国家中包含了相当大部分民众,其总收入在整个国民收入中占有较大的比重的利益集团。在后面我们将讨论到,这种广泛性利益集团与社会的整体利益具有高度的一致性(Olson,1980、1982),在中国,例如九亿农民,就是这样一个群体。而这种大集团,一般来说都是弱势群体,集团收入在国民收入中虽然占较大的比重,但人均收入较低。他们在政策斗争中经常处于下风。对于这些群体的保护往往符合整个国家的长远利益。

从福利经济学的角度,以罗义斯标准衡量,即使对农业的保护会导致整体社会福利一定程度的减损,但如果使最弱的群体福利上升,仍然可以看做是一种福利优化。因此,在中国对农业进行一定程度的保护是应该的。当然,根据政策针对性的原理,首先应该考虑通过国内政策提高农民收入。对此,我们还将在后面进行进一步的分析。

第四节 中国加入 WTO 的经济影响分析综述

这一节里我们就国内外对中国加入 WTO 的经济影响的一些定量分析结果做一个简要评述,以作为我们后面讨论的参照。在这里,我们侧重介绍的是对中国经济的影响。对于"乌拉圭回合"谈判结果对整个世界经济福利的影响,陈泰锋(2006)做了一个比较完整的介绍,这里不再赘述。

一、GDP 与总量福利

对于实际 GDP,钟传水与杨永正(1998)根据 GTAP(Global Trade Analysis Project)的研究,认为整个乌拉圭回合可使中国到 2005 年实际 GDP 多增长 1.8% 。李善同等(2000)研究的单国模型模拟认为 2005 年中国的实际 GDP 比不加入的情况高 1.53% ;同时,如果中国不参加乌拉圭回合协议的自由化进程,中国的实际 GDP 将比没有乌拉圭回合的情况略有下降,约为 2005 年的 0.02% 。在多区域模型的模拟中,李善同等(2000)得出了更高的结果,从 1997 到 2010 年,中国加入 WTO 将使中国大陆的实际 GDP 平均每年多增长 1% ,到 2010 年累计多增长 37% 。

对于总量福利水平,以下几个报告都是采用希克斯均等差异来计量。

李善同等(2000)的单国模型模拟认为,如果乌拉圭回合实施而中国没有加入,其对中国的影响也是略有副作用,使中国的福利在 2005 年减少约 139 亿元人民币(1995 年价格)。中国加入世贸组织与不加入相比,福利水平上升的幅度相当于当年(2005 年)GDP 的 1.24% 。这大约相当于 170 亿美元的利益。钟传水与杨永正(1998)估计的这一数字为 131 亿美元,但其计算的基期是 1992 年。

李善同等(2000)的多区域模型模拟从 1997 到 2010 年,中国通过加入 WTO 共可增加福利 13972 亿美元,平均每年 998 亿美元。

基姆·安德森(Kym Anderson)与 GTAP 的主要设计者赫特尔(Hertel)等人的计算(1997)表明,"乌拉圭回合"对中国的影响是积极的,但中国大陆和台湾地区如果不参加世贸组织,以 1992 年价格计算,在 2005 年中国大陆福利只会增加 13 亿美元,如果中国大陆和台湾地区加入世贸组织,中国大陆福利将增加 266 亿美元。

以上的报告由于模型设定的标准不同,基准也有所不同,无法直接进行比较。但可以肯定的是,如果中国不加入世贸组织,乌拉圭回合对中国的影响是很小的,可能有由于贸易转移效果导致的负面影响,也可能有由于世界其他国家和地区收入增加导致的正面影响,但最终的影响都不大,大约在 −0.1% 到 +0.2% 之间。而如果中国加入世界贸易组织,乌拉圭回合将无疑给中国带来相当可观的福利增长。

值得注意的是,钟传水与杨永正(1998)指出,中国的福利利得的 2/3 来自《多种纤维协定》的逐渐废除。他们估计的 131 亿美元利得中的 86 亿美元来自《多种纤维协定》的取消。更为重要的是,如果其他竞争者面临的配额被取消,而中国面临歧视性的配额,则乌拉圭回合《纺织品服装协定》带给中国的将是 72 亿美元的损失。

与此相反,李善同等(2000)的报告认为,中国加入 WTO 导致的 GDP 增长中约 2/3 来自农产品自由化,福利增长中超过 2/3 来自农产品自由化。相比之下,取消《多种纤维协定》带来的利益要小得多。显然,在李善同等的研究中,进口利得比出口利得更为明显。

二、贸易条件

从上面的事前分析我们看到,中国加入 WTO 之后的福利增长将小于 GDP 的增长,这主要是贸易条件变化所致。几乎所有的研究报告都指出,中国加入世界贸易组织以后,贸易条件将趋于恶化,也就是说出口价格相对于进口价格将有所下降。这是一个值得我们分析的现象。

从理论上看,中国加入 WTO 之后的几方面重要的政策变化都有促使贸易条件恶化的趋势。首先是中国的关税减让,中国市场庞大,作为"入门费"的降税幅度也比较大,所以在许多产品上,降税会产生一定的大国贸易条件效应。进口配额和进口专营权的取消也会产生类似的作用。出口专营权,如丝绸出口权的放开,使原有的垄断变为多头对外,也会引起贸易条件的恶化。特别是自动出口限制措施的取消,将使中国的纺织品和服装出口竞争加剧,出口价格下降。而其他成员关税下降和配额取消的措施,对中国贸易条件的优化虽有一定作用,但幅度不大。因为,主要的大国原来的关税已经比较低,配额限制比较少,进一步自由化的幅度有限,从而使贸易条件效应不大。因为,我们在加入世界贸易组织之前已经通过双边最惠国待遇渠道享受了贸易伙伴的多边减让成果,因此,在这一段时间内,它们减让的幅度没有中国那么大。另外,中国贸易伙伴对补贴的取消,也对我们的贸易条件有恶化的影响。所以,总的来说,使贸易条件恶化的因素是占主导地位的。

现有的定量分析与以上的分析是一致的。李善同等(2000)的报告指出,中国加入世界贸易组织比不加入要使贸易条件恶化1.57%,其中取消《多种纤维协定》使贸易条件恶化0.58%,农产品自由化使贸易条件恶化0.76%,削减其他关税和取消其他非关税壁垒使贸易条件恶化0.47%[①]。

钟传水与杨永正(1998)的计算结果指出,中国将由于乌拉圭回合的实施导致贸易条件恶化2.1%,其中取消《多种纤维协定》使贸易条件恶化0.8%。

对于以上结果,有几点应该值得指出。

一是贸易条件的恶化使我们在单笔交易中得利的相对份额略有下降,但并不一定反映我们在整个全球化过程中的贸易利益下降。因为以上的贸易条件都是指的一般贸易条件。如果以收入贸易条件计算,考虑到出口的增加,则贸易条件是有所改善的。在钟传水与杨永正(1998)的计算中,乌拉圭回合使中国在2005年多出口21.1%。李善同等(2000)的报告指出,中国加入世界贸易组织比不加入要使出口在2005年多26.93%,这一结果是由于中国加入WTO将使出口年增长率增加2.5%所导致的。

---

① 以上分项加总大于总的恶化程度是因为不同因素的交互影响。

二是贸易条件的恶化并不必然伴随福利水平的下降。杨永正（2000）在北大的一次讲座中指出，亚洲发展中国家的经济和贸易同时增长的过程中，虽然有时其贸易条件会恶化，但对福利的影响是有限的。另外，贸易条件的恶化在有些时候是价格对消除扭曲之后的供求关系的正确体现，当原来这种扭曲非常严重时，消除扭曲后导致的贸易条件恶化反而可能会伴随福利的增长。李善同等（2000）的报告提供了一个有趣的例子，中国参与农业贸易自由化导致 2005 年 GDP 增加 1.02%，贸易条件恶化 0.76%，但最后福利增长的程度不是低于 GDP 增长的幅度，反而是高于 GDP 增长的幅度，为同年 GDP 的 1.14%。这一结果很可能是由于要素市场扭曲的减少造成的。

从以上的分析来看，我们没有必要单纯为贸易条件的略微恶化而过于担忧。但是，现有的报告很可能低估了中国贸易条件进一步恶化的可能性。因为现有的模型或者是在完全竞争假设下进行模拟的，或者是考虑了规模经济和不完全竞争的因素以及进口品与国产品非完全替代等因素，但是没有考虑到中国市场可能出现的恶性竞争情况，即一些企业在放开配额和经营权的情况下持续地大打价格战，低于成本实行掠夺性定价（Predatory Pricing），导致整个行业价格偏低，出口自相杀价，并使得在国外的反倾销诉讼上升。而在此背后的地方保护主义和政企不分使得竞争不能通过正常的市场退出机制产生优胜劣汰的效果，反而压低了整个行业利润水平。这种情况是值得我们防范的。

三、产业结构

加入世界贸易组织使中国贸易壁垒下降，使中国更加便于发挥其劳动力丰富的资源优势，这对中国的产业结构发展会产生很大的影响。针对此情况，中国是否应该调整产业政策，已经成为当前经济学界关注的一个焦点问题。在这里，我们首先介绍一下中国加入世界贸易组织对中国今后产业结构变化的影响。

钟传水与杨永正（1998）模拟了乌拉圭回合对中国各产业产出和

出口情况的影响。李善同等(2000)的报告进行了更为详细的分析,分41个部门对中国加入世界贸易组织后导致对产出、就业、进口、出口的影响分别进行了分析。赫特尔等(Hertel et al.,1995)就乌拉圭回合对不同国家的产业结构变化进行了分析,但其模拟的两种情况都是以假设中国未加入世界贸易组织计算的。

安德森等(Anderson,1997)将整个产业分为农业、其他初级产品、轻工业、其他制造业、服务业五大类进行了分析。他们根据 GTAP 模拟了1992—2005年的经济变化,计算出每个部门在实际 GDP 中比重的百分比变化。模拟分3种不同的情况进行:第一种是基准情况,计算没有乌拉圭回合情况下的结果,以 E1 表示;第二种情况假设乌拉圭回合的所有内容被顺利执行,但中国大陆和台湾地区没有加入,以 E2 表示;第三种情况假设在第二种情况的基础上中国大陆和台湾地区加入世界贸易组织,以 E3 表示。

表 2—2　中国 1992—2005 年实际 GDP 构成的累积百分比变化

农业			其他初级产品			轻工业			其他制造业			服务业		
E1	E2	E3	E1	E2	E3	E1	E2	E3	E1	E2	E3	E1	E2	E3
−42	−42	−46	2	1	−11	5	8	42	63	60	38	15	14	9

资料来源:Anderson et al.,1997。

表 2—2 表明,中国在 2005 年以前仍然有一个工业化的过程,第一产业的比重下降,第二产业的比重上升,服务业的比重也将有所上升。如果中国不加入世界贸易组织,乌拉圭回合协议对中国的产业结构不会产生大的影响。但是,中国加入世界贸易组织将产生重大的结构性影响。

农业在 GDP 中比重的下降幅度将略有增加,其他初级产品的比重将转升为降。这可能是因为贸易壁垒使中国资源缺乏的情况没有充分显示出来,加入世界贸易组织可以使我们能更好地利用国外资源。

如果中国不加入世界贸易组织,中国的工业化将主要体现为重工

57

第二章　主流经济学对贸易政策的分析

业化,这实际上可能不利于充分利用中国劳动力丰富的优势。加入世界贸易组织使中国的轻工业的增幅大大增加,而其他制造业的增幅减少。重视轻工业的发展可能对于中国在近期的发展仍然是十分重要的。由于安德森等人的研究分类比较粗略,他们没有具体划分其他制造业。从钟传水与杨永正(1998)的分析中我们看到,尽管乌拉圭回合对中国运输设备、机械制造等行业的产出和出口的影响是负的,但这些行业的发展速度仍然是相当快的。这说明,中国本身正经历着资本迅速积累的过程。中国比较优势的变化和国际间产业结构的转移,再加上中国加入世界贸易组织的进程,这一切使得中国主动的产业政策很难奏效。

服务业的比重在中国加入世界贸易组织之后增幅有所降低,但开放带来的技术、管理和竞争可能使中国的服务业在质上有一定的提高,这为今后服务业的发展打下了基础。

四、贸易地理方向

安德森等(Anderson,1997)对乌拉圭回合对各国贸易地理方向的影响进行了模拟计算。表2—3 中列出了中国按出口目的地划分的贸易地理方向,以输往各地区的商品占整个出口的比例计算。表中给出了三种情况:第一种情况是 1992 年的现实数据,第二种情况是在假设没有实施乌拉圭回合协议的情况下 2005 年的数据(以 2005b 表示)。第三种情况是在假设实施了乌拉圭回合协议,同时台湾地区和中国大陆也加入了世贸组织的情况下的数据(以 2005u 表示)。1992 年中国出口 1010 亿美元,约占世界出口额的 3%,如果没有乌拉圭回合协议的实施,2005 年中国将出口 2750 亿美元(以 1992 年不变价格计算),约占世界出口额的 5%;如果乌拉圭回合协议得以实施,中国加入世界贸易组织后在 2005 年将出口 4190 亿美元(以 1992 年不变价格计算),占世界出口额的比重为 7%。在三种情况下的贸易地理方向分别如下:

表2—3　中国出口贸易地理方向的变化

（向各目的地出口占整个出口额的百分比）

	东盟四国	新兴经济体	日本	澳新	北美	西欧	其他
1992	2.9	22.1	15.2	1.5	21.5	23.0	13.7
2005b	4.7	26.8	12.3	1.5	20.2	19.4	15.0
2005u	4.3	22.1	11.5	1.7	23.6	23.7	13.2

注：东盟四国指印尼、马来西亚、菲律宾、泰国。新兴经济体指韩国、新加坡、中国香港地区、中国台湾地区。

资料来源：Anderson et al.,1997。

值得我们注意的是,中国加入世界贸易组织后乌拉圭回合协议的执行将使我们向北美和西欧出口的比重上升。加入世贸组织对中国一直追求的出口地理方向的多元化战略将有所影响。

李善同等(2000)的多区域模型分析了中国各贸易伙伴在中国市场上份额的变化。到2010年,在中国国内产品占总需求的比重下降0.2%的同时,各贸易伙伴在中国市场上份额的变化如下(见表2—4):

表2—4　各贸易伙伴在中国大陆市场份额的变化(2010)(%)

美国	加拿大	欧盟	澳新	日本	韩国	中国台湾	中国香港
0.38	0.14	0.07	-0.19	-0.05	0.06	0.49	0.26
新加坡、马来西亚	印尼	菲律宾	泰国	南亚	墨西哥	加勒比和中美	其他
-0.18	-0.08	-0.01	-0.11	-0.04	0.01	-0.08	-0.68

资料来源：李善同等(2000)。

以上情况显示,美国在中国市场的份额将有所上升,在各贸易伙伴中,相对而言,美国上升的幅度是比较大的。加拿大和欧盟在中国的市场份额也有所上升。台湾地区和香港地区与大陆市场的联系更加紧密。

五、收入分配

中国加入世界贸易组织可能造成的一个不利后果是加大收入分配

的差距。这是应该引起我们重视的。李善同等（2000）的单国模型模拟结果显示，到 2005 年，中国加入世界贸易组织比不加入相比，各要素报酬情况将有重大变化，农业土地租金价格将减少 18.38%，资本价格上升 6.6%，农业劳动力和生产性工人报酬均上升 2.19%，专业人员报酬上升 6.05%。各要素的报酬没有显示出要素价格均等化的趋势，简单劳动力相对于专业人士和资本，报酬反而有所下降。以上的这种情况使得农村居民收入下降 2.05%。相比之下，城镇居民收入上升 4.56%，政府收入将上升 3.51%。

事实上，以上的分析有可能仍然低估了中国加入世界贸易组织后收入差距拉大的矛盾。因为现有的模型都主要针对乌拉圭回合货物贸易的减让情况进行模拟，对服务贸易的开放和要素流动加剧的情况一般难以考虑。如果考虑到服务贸易的开放，专业人士的流动性增强，一方面可能加大城乡差异，另一方面城市居民之间的收入差距也会进一步拉大。

第五节　现代贸易理论与当前我国的经贸发展①

加入世界贸易组织五年多以来，中国经济的迅速发展成为了当前世界经济中的重要现象。对比近年来中国经济发展的实际情况与在此之前的许多定量分析预测，我们可以看到实际情况的发展要好于人们的预期。对外贸易发展迅速、进口迅速扩大的压力并没有显现，进出口同步迅速扩展。但与此同时，贸易条件的恶化一如事先的预测，确实出现了（王允贵，2004）。面对新的形势，我们应该如何看待呢？在这一节中，我们要结合前面讨论的国际贸易基本理论，对中国目前的经贸形势做一个简单的分析。

---

① 本节内容修改自作者发表于《经济理论与经济管理》杂志上的论文（崔凡，2005）。

一、迅速发展的对外贸易

改革开放以来,中国对外贸易取得了迅猛的发展。中国的外贸依存度(进出口总额与国内生产总值的比例)从1978年的9.8%已经提高到了2004年的70%。尽管我国国际贸易学界存在着关于我国对外贸易依存度是否过高以及这一概念是否科学的争论(隆国强,2000;周世俭,2004;魏浩、宋耀,2004),中国对外贸易对整个中国经济以及世界经济的影响日益提高却是不争的事实。

表2—5 外贸依存度的提高(1978—2004年)

年度	年平均汇率 (RMB/USD)	进出口额 (亿美元)	进出口额 (亿人民币)	国民生产总值 (亿人民币)	外贸依存度(%)
1978	1.720	206.4	355.0	3624.1	9.80
1980	1.498	381.4	570.0	4517.8	12.62
1985	2.937	696.0	2066.7	8964.4	23.05
1989	3.765	1116.8	4156.0	16909.2	24.58
1990	4.783	1154.4	5560.1	18547.9	29.98
1991	5.323	1357.0	7225.8	21617.8	33.43
1992	5.515	1655.3	9119.6	26638.1	34.24
1993	5.762	1957.0	11271.0	34634.4	32.54
1994	8.619	2366.2	20381.9	46759.4	43.59
1995	8.351	2808.6	23499.9	58478.1	40.19
1996	8.314	2898.8	24133.8	67884.6	35.55
1997	8.290	3251.6	26967.2	74462.6	36.22
1998	8.279	3239.5	26849.7	78345.2	34.27
1999	8.278	3606.3	29896.2	82067.5	36.43
2000	8.278	4742.9	39273.2	89468.1	43.90
2001	8.277	5096.5	42183.6	97314.8	43.35
2002	8.277	6207.7	51378.2	105172.3	48.85
2003	8.277	8509.9	70483.5	117251.9	60.11
2004	8.277	11547.4	95577.8	136515.0	70.01

数据来源:根据历年《中国统计年鉴》编制。

然而,外贸依存度在近二十多年的时间中并非一直是直线上升的。

从表 2—5 中我们可以看到,在有的年份例如 1993 年、1995 年、1996 年、1998 年等,外贸依存度均有所下降。而在 1998 年以前,外贸依存度大幅度上升的年份,例如 1991 年、1992 年、1994 年,往往同时伴随着人民币官方汇率的大幅度贬值。由于汇率的大幅度变化,对于 1998 年以前外贸依存度的纵向比较很难得出一个确切的结论。然而在 1998 到 2004 年期间,人民币汇率基本稳定,而外贸依存度持续迅速上升,到 2004 年高达 70%。这种情况,一方面引起了国内理论界关于我国外贸依存度是否过高、国民经济是否过度依赖于国际市场的讨论;另一方面,也引起了西方理论界关于与中国、印度等新兴市场国家的贸易会对世界经济特别是发达国家经济有何种影响的讨论。

二、纵向贸易

传统贸易理论基于技术水平和资源禀赋之间的差异,较好地解释了发达国家与发展中国家之间存在的贸易。李嘉图理论的一个基本观点是,即使发达国家在各领域的技术水平都绝对地高于发展中国家,自由贸易仍可以使贸易各国都得到利益。这恐怕是自由贸易和全球化的支持者最为重要的理论依据。

那么,在一个技术水平动态变化的世界中,发达国家和发展中国家是否仍然总是都能获得利益呢?年逾九十的老经济学家萨缪尔森在 2004 年发表的一篇文章就此提出了看法(Samuelson, 2004),并因此引起了媒体的广泛关注和学术界的热烈讨论。按萨缪尔森的说法,他的分析"给经济学家们关于全球化的过于简单的心满意足的心态予以了沉重的一击"。一时间,持有反全球化观点的一些财经评论人士弹冠相庆,为二次世界大战后最权威的经济学家站出来为反全球化观点提供理论依据而鼓掌欢呼,尽管萨缪尔森本人并没有在文中提出任何贸易保护主义的政策建议。

那么萨缪尔森这篇引起了广泛关注的题为《李嘉图和穆勒如何反驳和肯定了主流经济学家支持全球化的观点》的文章到底进行了哪些

分析呢？萨缪尔森假设世界上有两个国家，美国和中国，中国的劳动人口假定为美国的十倍，而平均劳动生产率为美国的十分之一。两个国家生产两种产品。中国在产品1上的劳动生产率低于美国的十分之一，而在产品2上的劳动生产率高于美国的十分之一。在这些假设前提下，萨缪尔森分别分析了三种情况下的福利变化。

在第一种情况下，如果两国原来都处于封闭状况，现在开始允许自由贸易，那么，两国将调整其生产结构，中国将生产更多的产品2，美国将生产更多的产品1，中国出口产品2换取美国的产品1，两国的福利都得到提高。这种情况显然就是传统的李嘉图理论所讨论的情况。

在第二种情况下，如果两国已经处于自由贸易状况，这时中国的技术水平提高，其产品2的劳动生产率上升了，两国的福利情况将如何变化？中国出口产品生产能力的提高将导致中国贸易条件的恶化和美国贸易条件的改善。所以，中国可能由于劳动生产率的提高而提高福利水平，也可能由于贸易条件恶化产生"贫困化增长"（Bhagwati, 1958），而美国则毫无疑问会得到福利水平的改善。

在第三种情况下，假设中国的技术水平提高主要体现在美国具有比较优势的产品1上，情况又将如何？在这种情况下，中国的贸易条件改善，福利水平提高，而美国的贸易条件则恶化导致福利下降。在萨缪尔森举的数字例子中，美国可能将丧失其全部贸易利益，退回到封闭经济下的福利水平。被认为是向美国人敲响了全球化警钟的正是萨缪尔森所分析的第三种情况。

针对萨缪尔森的文章，普林斯顿大学的迪西特和格罗斯曼（Dixit and Grossman, 2004）指出，尽管萨缪尔森提出的中国在美国具有比较优势的领域的技术进步可能恶化美国的贸易条件导致福利下降在理论上是成立的，在现实中却是不重要的。事实上，美国从1990到2003年期间，进口贸易价格指数上升了5.4个百分点，出口价格指数却上升了5.9个百分点。如果刨去进口石油产品，美国进口价格指数只上升了1.7个百分点。因此，美国的贸易条件在此期间基本稳定，或者说有所提高。

事实上,在现实中,值得担心的似乎不应该是美国人,而是中国人,中国的贸易条件在近年来持续恶化(王允贵,2004)。而且这种恶化一方面正如萨缪尔森上面指出的第二种情况,可能是由于中国原有比较优势产业的生产能力提高造成,另一方面也可能直接由于贸易自由化程度的提高造成。李善同等人进行的可计量一般均衡分析预测,中国加入世界贸易组织使中国在 2005 年相比 1995 年,贸易条件多恶化 1.57 个百分点。尽管没有证据表明净贸易条件的恶化已经严重到产生"贫困化增长"的程度,但由此引起的企业利润空间下降,竞争加剧以及面临更多的反倾销则确实是中国在全球化进程中面临的严峻挑战。

迪西特和格罗斯曼(Dixit and Grossman,2004)还指出,从萨缪尔森的文章中,我们不能得出任何实施干预政策的结论,媒体对该文的讨论往往强加了其原本没有的政策意义。如果在贸易自由化的情况下,中国的技术进步引起了美国福利的下降,美国能做什么?迪西特和格罗斯曼开玩笑说,萨缪尔森总不至于要"把中国炸回石器时代"来解决问题吧。如果美国因此想通过贸易保护来解决问题,只能使其福利下降更多。

潘纳格里亚(Panagariya,2004)指出,萨缪尔森提出的问题并无新意。他指出的这种可能性早已经被芝加哥大学的约翰逊(Johson,1954)指出过 。而另一方面,萨缪尔森的文章并不能很好地解释目前由于"外包"问题引起的种种现象。巴格瓦蒂进一步对目前全球化进程中讨论焦点的"外包"问题进行了分析(Bhagwati,Panagariya and Srinivasa,2004),认为西方世界普遍高估了"外包"带来的就业损失,而低估了其带来的就业增加。例如专业服务外包活动,虽然发达国家把一些诸如呼叫中心的低端业务外包给了发展中国家,同时随着全球化的发展,发展中国家的企业也把策划、广告、数据处理等很多业务外包给了发达国家。西方国家的人们往往低估了后者带来的利益。在理论上,外包活动从根本上同传统的贸易活动是一致的,都是比较优势的体现,能够带来贸易利益。

尽管贸易理论家大多认为自由贸易从根本上对各个国家有利,但同时也认识到对于各国国内的不同利益集团,贸易的影响是不同的。有的集团可能从贸易中获利,有的集团则可能因贸易而受损。对于这种理论上成立的影响在现实中有多么重要,美国经济学界进行了大量的经验验证分析。特别是对于美国从 20 世纪 80 年代早期以来,高技能劳动力与低技能劳动力工资水平差距的明显上升,到底是由于国际贸易的原因,还是因为整个经济技术构成变化所导致,人们进行了大量数据分析。早期的一些研究认为,就业和工资情况的变化主要源于一些产业内的变化而不是产业间的变化,因此美国低技能工资水平的相对下降和低技能劳动力失业的增加更可能是由于整个经济发展和技术进步对高技能劳动力需求的相对增加所导致,而不是由于进口劳动密集型产品所导致(Berman,1994;Lawrance,1993)。但是,随后的一些研究,利用企业层次的微观数据进行了进一步的分析,伯纳德等人认识到(Bernard and Jensen,1997)国际贸易并不一定带来产业间的此消彼长,而更多地可能带来企业间的此消彼长。如果从这一角度出发,国际贸易可能导致同一行业中不同企业的进入和退出,从而影响对要素的需求和工资水平。

总之,从传统贸易理论的角度看,发达国家和发展中国家的分工贸易从根本上来说对各方都是有利的。发展中国家的技术进步可能伴随着发达国家的福利损失,甚至在某种情况下也可能导致发展中国家自己的福利损失,但是贸易保护都不是解决问题的真正办法。贸易也可能对一国国内不同利益集团的利益造成不同影响。因此,正如迪西特和格罗斯曼提出的,一个值得推荐的一揽子政策建议应该是:保持自由贸易,但同时补偿因此受到损失的人们。

三、横向贸易

继萨缪尔森文章之后,另一名具有世界性影响的国际贸易理论家克鲁格曼在《纽约时报》2005年6月发表的题为《中国的挑战》的专栏文章中（Krugman，2005），对于中国经贸的迅速发展对美国的影响，也表现出了一定的担心。

近两年来，由于中国积累了大量外汇储备，同时开始实施鼓励对外投资的"走出去"战略，一些企业开始对外实施较大规模的投资。联想、上海汽车、海尔、中海油等企业争相竞购海外知名企业。这种情况使人联想起20世纪80年代的日本，当时日本大举购买美国资产，引起美国不少人士的担心。但事实证明，当时的这些担心是没有必要的，美国经济并没有被日本企业所控制，作为美国核心竞争力的尖端技术和创新性研发人才仍然牢牢掌握在美国企业手中，庞大的日本银行也远没有形成美国银行那样对国际金融的主导权。但是，克鲁格曼认为，中国企业的这一轮海外并购潮与日本以前的海外并购在性质上完全不同。当年日本在美国大量购买的资产，更像一种炫耀性的消费而非投资，购买"洛克菲勒中心"之类的资产给日本人带来了炫耀的资本，给美国人送去了钞票，却并没有给日本购买者带来足够的利润回报。相比之下，中国的并购体现得谨慎而具有经济意义和战略考虑，他们购买的是品牌、营销渠道和对重要资源的控制权。克鲁格曼表示，如果他是美国政府，一定会阻拦中海油对美国石油企业尤尼科的竞购计划。

克鲁格曼对来自中国的挑战所表现出的警觉，或者可以说是一定程度上的保护主义倾向，多少使人感到有些意外。然而，如果我们看到克鲁格曼是当代对"规模经济"的研究最为深入的经济学家，也许就不奇怪他就来自有十三亿人口的中国的挑战向美国人发出的警告了。从20世纪70年代末以来，克鲁格曼成为国际贸易理论界最为重要的学术领袖之一，其最主要的贡献就体现在他深刻地揭示了规模经济在国际贸易中的作用。由于基于规模经济和不完全竞争的国际贸易理论很好地解释了发达国家之间的水平型国际分工关系，所以也被称为横向贸易理论。

在1979年克鲁格曼具有开拓意义的论文《收益递增、垄断竞争与国际贸易》中（Krugman，1979），他用一个结构非常简明的模型，很好地揭示了在存在规模经济的情况下，通过自由贸易能够带来的利益。克鲁格曼的这个模型成为之后二十多年国际贸易理论发展的重要基础。在1979年模型的基础上，在1980年发表的另一篇论文中（Krugman，1980），克鲁格曼提出了著名的"母国市场效应"（Home Market Effect）。"母国市场效应"就是说，在有规模经济的情况下，市场规模较大的国家倾向于生产更多的产品，并成为产品的净出口者。"母国市场效应"考虑了两个重要的因素，一个是规模经济，一个是运输成本。由于规模经济的存在，企业倾向于集中生产而不是到处设立生产车间以节约固定成本，但由于有运输成本的存在，企业倾向于将集中生产的工厂设立在市场需求较大的地方，以就地生产和销售，同时将生产的产品运往其他较小的市场。这样，较大的市场规模就可能成为一个国家发展具有规模经济的行业的竞争优势来源。克鲁格曼的这一观点与提出国家竞争优势论的迈克尔·波特的观点是不谋而合的。

目前美国一些具有战略意义的主导产业，诸如航空、汽车、电信、电子等产业，都是规模经济明显的行业。中国经济的迅速增长和市场规模的飞速扩大，正使得中国在这些产业领域急剧扩张。在不远的将来，很可能对美国在这些产业中的领先地位形成竞争。虽然我们将基于规模经济的贸易理论称为横向贸易理论，但这并不意味着这种理论仅仅对发达国家之间的贸易具有指导意义。在现实中，国家之间的贸易往往既存在横向的分工，也存在纵向的分工。尤其是对中国这样的一个大国来说，基于规模经济的国际贸易具有更为重要的作用。而且，随着中国劳动密集型产品的大量出口带来的人们的工资水平和收入的上升，一方面，基于便宜劳动力的比较优势可能逐渐减弱，从而使得中国与发达国家之间的纵向贸易减少；而另一方面，随着中国市场规模的迅速扩大，中国越来越可能在规模经济明显的行业获得新的比较优势，而这种比较优势的来源则是庞大的国内市场规模，由此产生的中国与发达国家之间的贸易将是一种横向的差异化产品之间的贸易。

"母国市场效应"的存在也使我们对国内市场和国外市场之间的关系有了新的认识。传统的静态观点把国内外市场看做完全替代的关系。依靠国内市场多一点,依靠国外市场就会少一些。"母国市场效应"则说明,对于有规模经济的产品来说,更大的国内市场同时也意味着更强的出口竞争能力。

在系统地提出了"规模经济"在国际贸易中的作用之后,克鲁格曼与京都大学教授藤田、伦敦经济学院教授范纳伯尔斯等人,将这一研究成果扩展到了一个新的领域,创立了新经济地理学说(Fujita, Krugman and Venables, 1999)。新经济地理特别强调由于规模经济效应导致的经济活动的集中和产业的积聚。从产业积聚的角度来说,国际贸易不仅引起国际产业的转移、重组与积聚,也会引起一国内产业地理分布的重组以及重新分工。当然,如果一个国家由于劳动力市场不健全,流动性差,或者存在地方贸易保护主义,存在国内贸易的壁垒,那么对外开放和国际贸易的利益也就不能充分获得了。关于这个问题,现代国际贸易文献中对中国的情况予以格外的关注,同时存在不同的看法。例如白重恩等人发现(Bai Chong-En et al. ,2004),从 20 世纪 80 年代以来,中国的省际间产业分工是不断上升的。而庞塞等人(Poncet, 2003、2005)的一系列研究认为,中国省际贸易壁垒在 20 世纪 80 年代以来不断提高,显示出很强的地方保护主义色彩,各省产业结构过于雷同,产业积聚现象不充分。

四、启示

如果有两种技术进步方式,一种是在我们原有已经能够生产,具有比较优势的劳动密集型产品的生产上,进一步提高生产效率,降低生产成本,从而扩大生产和出口;另一种是在我们原来不具有优势的领域,提高研究开发的能力,促进产品的升级换代,这两种方式哪种更有利呢?第一种方式,实际上就是上面萨缪尔森提出的第二种情况,这种情况虽然一般也能提高我们的福利,但也会恶化我们的贸易条件,而且如果产品需求弹性低,贸易条件的恶化将使得这种技术进步得不偿失。而后一种技术进步方式,实际上就是上面萨缪尔森提到的第三种情况,虽然这种情况可能使得美国因贸易条件恶化而受到损失,对于中国却是绝对有利的。从长远来看,我们通过压低劳动密集型产品成本扩大出口所能够获得利益的空间将越来越小,因此,我们确实应该从战略上把促进产品升级换代,谋求在更高档次产业中的技术优势作为一个长期的发展战略。

但是,产品的升级换代意味着我们与发达国家之间的技术差距缩小,基于技术差异和资源禀赋为基础的比较优势和比较劣势都逐渐缩小,那么贸易也随之缩小。在上面萨缪尔森的文章所举的极端例子中,中国在原来具有比较劣势的产品上的技术进步使得中国和美国之间的贸易甚至完全消失了。对于这种情况,我们需要担心吗? 当然不必。萨缪尔森所分析的仅仅是纵向贸易。随着中国经济的发展,基于便宜劳动力的贸易日益萎缩是一个不可避免的趋势,也是一个值得欢迎的趋势。但与此同时,我们与发达国家之间进行的横向贸易将日益增加,由此带来的贸易利益将不亚于传统纵向贸易。

无论是纵向贸易与横向贸易,要充分实现其贸易利益,一个重要的前提就是形成全国统一的有效的劳动力市场。否则产业结构的升级以及产业空间积聚和空间优化都难以实现。从这个意义上来讲,放松劳动力的城乡之间和省际之间的流动限制是我国经济发展的必然要求。

当基于规模经济的横向贸易日益重要的时候,我们比较优势的来源也将日益从低廉的劳动力成本转向巨大的市场规模。从这个意义上来说,提高低技能工人的收入水平和劳工保障,实际上能够促进中国在更高档次的产业中形成新的比较优势。而且,巨大的国民生产总值,并不总意味着巨大的消费需求,而收入差距的缩小,无疑有利于提高有效的消费需求。庞大的市场规模和有效需求,这是中国今后长远比较优势的根本所在。

第三章　利益集团与政策的制定

第一节　利益集团在政策制定中的作用

传统经济学对贸易保护的分析往往都是假设贸易壁垒已经存在，在此基础上，分别比较存在贸易保护和自由贸易的情况下具有的福利水平，从而得出自由贸易比贸易保护更优的结论。但这种分析没有解释贸易壁垒是如何产生的。贸易壁垒在这里被作为一个外生的政策变量来对待。因此，传统的经济学无法解释为什么既然自由贸易是优于贸易保护的，同时人们又是有理性的，可贸易保护还是普遍地存在。国际贸易政策的政治经济学或内生化贸易保护理论采取了另一种方法分析问题，将贸易政策作为经济运行的内生变量，它产生于经济体系内，同时作用于其他变量。在这一节中，我们首先用一个简单的例子介绍一下贸易政策的产生机制，然后讨论利益集团对政策制定的作用。

一、一个例子

假设一个国家现在有一个产业，该国政府要决定是否对这个产业的竞争性进口产品征收进口关税。从图3—1中我们看到，如果征收关税，消费者剩余将减少(1) + (2) + (3) + (4)的面积。我们假设这个面积表示有120亿元的利益。同时生产者将增加生产者剩余，其面积为(1)，我们假设这个面积代表的利益共有10亿元。另外，政府将通过征收进口关税增加税收，其面积为(3)，我们假设税收共计10亿元。

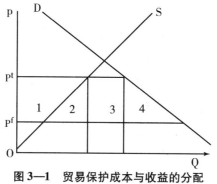

图 3—1　贸易保护成本与收益的分配

总的来说,征收关税将导致总体福利损失,即总福利变化为$(10 + 10 - 120) = -100$亿元,相当于面积$(2) + (4)$。从整个国家的角度来说,征收关税将导致福利损失 100 亿元。所以,自由贸易的拥护者认为国家不应该征收关税。如果现在国家政策制定者制定政策就是依据这种计算,那么在一般情况下,政府将采取自由贸易政策。

然而,任何政府的政策制定过程都不会只考虑总体福利变化这个因素,更重要的,政府要维持国内各种政治力量的均衡。

那么,如果政府以国内政治力量的影响作为政策决策的重要依据,图 3—1 中所反映出来的情况就会发生重大的变化。现在我们假设图中涉及的国家有 12 亿人口,图中涉及的产业所生产的产品是一种普通的消费产品,12 亿人都是该产品的消费者。由于撤除关税导致的总的消费利得是 120 亿元,平均每个消费者通过撤除关税可以获利 10 元,或者说关税将导致每个消费者损失 10 元。

毫无疑问,一般情况下,某个产业的生产者在整个国家中人数的比例是比较小的[①]。在我们这个例子中,我们假设该产品的生产者有 100 万人。撤除关税将使这 100 万人减少 10 亿元的收入,也就是说关税给该产品生产者带来的利益是 10 亿元,平均每个人 1000 元。

---

　　①　但也有重要的例外,例如粮食,其生产者占中国总人口的比重就相当大。后面我们可以看到,这种例外对我们的分析十分重要。

暂且不管政府 10 亿元关税收入本身对政府决策带来的直接影响，国内不同的利益集团对关税政策的态度将依据关税给其带来的利益变动而定。从总的集团利益角度来说，关税政策给消费者带来的利益变动，明显大于其给生产者带来的利益变动，这种利益变动，我们可以把它看做不同的利益集团在政策斗争中的集团利益砝码（Stake）。如果政府不用考虑政治支持度等非经济因素，政府将采取对消费者较有利的政策，即取消关税的政策。但在现实的政策决策中，集团利益砝码与集团整体政策影响能力是不成比例的。集团利益砝码大的集团在决策中其影响力并不一定大。这可能导致利益天平向集团利益砝码小的集团倾斜。

虽然消费者和生产者作为两个利益集团，前者的集团利益砝码大于后者，但生产者人数少。从生产者的角度来说，取消关税导致集团利益减少 10 亿元，每个生产者将损失 1000 元[①]，这 1000 元是其平均个体的利益砝码。对于生产者来说，该产品的生产收入是根本的甚至可能是其全部的收入来源，平均每个生产者损失生产利得 1000 元，对这些生产者来说是影响非常大的事情。因此，生产者就有很大的动力组织起来对政府决策形成压力。

相比之下，消费者整体利益砝码虽然大，但平均每个消费者的利益砝码很小。对于某一具体产品而言，消费者消费该产品的支出都只占其总支出中的一小部分。

消费者之所以比生产者更加难以形成压力集团，其原因一方面在于其单个消费者的个体利益砝码很小，所以即使消费者在政策斗争中取得了胜利，每个消费者最后能够得到的收益会很小；另一方面的原因可能更加关键，就是消费者的组织成本非常高，难以组织成压力集团采取共同行动。每个消费者都想让其他人积极行动，而自己则可以"搭

① 如果考虑到每个生产者同时可能也作为该产品的消费者而存在，取消关税也会给他们每个人带来 10 元的消费利得，这样他们每个人的净损失是 990 元。

便车"。因为，政策的特征在于其具有一定的普遍性，特别是关税，关税的降低将使消费者利益集团普遍获利，而无论该消费者是否为政策的获得付出过代价。因此，在许多情况下，政策具有"公共产品"的性质①。争取政策的人无法排除"搭便车"者享受该政策带来的利益。对于每个作为消费者的"我"来说都面临这样的局面，如果其他消费者采取行动争取政策，"我"不采取行动将获得 10 元的好处，如果采取行动则最终将获得少于 10 元的好处，因此，"我"应该不采取行动。如果其他消费者不采取行动，"我"采取行动则可能负担起很多的行动成本，最后导致负的收益，而不采取行动则最多是 0 收益，因此，"我"也应该不采取行动。当众多的"我"进行同样的理性选择时，就出现了这种"囚犯困境"的局面。这导致消费者集团的组织成本非常高。

从单个消费者的角度而言，消费者没有足够的动力组织起来向政府施加压力。而集体利益砝码较小的生产者集团反而能够对政府形成压力。他们可能采取公开宣传的方式，鼓吹保护该产业对整个国民经济的重要作用和重要意义；也可能组织研讨会，聘请专家进行具有利益导向的政策建议报告；还可能在选举中直接支持某一政治力量；甚至采用贿赂的办法影响政策。而消费者则可能在整个政策斗争中放弃行动，再加上政府本身如果采取关税保护的办法，还可能增加关税收入，采取发放配额的办法，也可以增加行政权力，因此，对贸易保护也有一定的利益驱动。于是，尽管贸易保护对整个国家不利，这个产业仍然形成了关税或其他贸易壁垒。

从这个简单的例子中我们可以看出，从规范经济学的角度来说，贸易壁垒是不应该采用的。但是，如果从实证经济学的角度进行研究，我们就可以看到现实中贸易保护主义仍然在不断产生，而其产生的原因

---

① 某些政策，例如补贴政策中的"专向（specific）补贴"，很可能不具备公共产品的特性，因此"搭便车"的现象将比较少。这会大大减少争取这种政策的成本，使"专向补贴"很容易成为特定企业能够"购买"的政策，从而增加扭曲。世贸组织反补贴的对象主要是"专项补贴"。

就在于各国国内利益集团作用的结果。在这种利益集团的政策斗争中,小利益集团战胜了大利益集团,获得了更加有利的政策。而对于绝大部分产品,其生产者相对于消费者来说,都是小利益集团,这就是贸易壁垒普遍存在的政治经济学原因。

二、利益集团与压力集团

利益集团是客观存在的具有某方面共同利益的人的集合。但是,利益集团并不一定能够对政策形成影响。我们把能够组织起来,对政府政策产生直接影响,能够形成集团压力的利益集团叫做压力集团。在上面这个例子中,生产者比较容易形成压力集团,进行集体行动,而消费者则难以形成压力集团。

公共选择理论的奠基人之一奥尔森教授在其名著《集体行动的逻辑》一书中对一个群体能否形成集体行动作出了分析。

奥尔森的一个基本观点是:"集团越大,它就越不可能提供最优水平的集体物品,而且很大的集团在没有强制或独立的外界激励的条件下,一般不会为自己提供哪怕是最小数量的集体物品。"(Olson,1980)

奥尔森总结了导致这种情况的三个原因:

"第一,集团越大,增进集团利益的人获得集团总收益的份额就越小,有利于集团的行动得到的报酬就越少,这样即使集团能够获得一定量的集体物品,其数量也是远远低于最优水平的。第二,由于集团越大,任一个体或集团中成员的任何小子集能获得的总收益的份额就越小,他们从集体物品获得的收益就越不足以抵消他们提供哪怕是很小数量的集体物品所支出的成本;换句话说,集团越大,就越不可能出现可以帮助获得集体物品的寡头卖方垄断的相互作用。第三,集团成员的数量越大,组织成本就越高,这样获得任何集体物品前需要跨越的障碍就越大。"(Olson,1980)

因为集团行动与集团的规模、集团采取集体行动的收益、集团采取集体行动的成本都有关系,集团的行动能力并不与规模完全成比例。

74

集团人数多的时候,如果所有的人都能够参与集体行动,其政策影响力当然很大,但集团人数多,组织成本高,每个个体平均收益少,这导致其在政策斗争中很可能处于劣势的状态,这种由于集团组成成本高、平均收益小导致的集体行动困境远远比其人数多的优势更占主导地位。所以,一般而言,大集团缺乏行动力,容易成为"沉默的大多数"(Silent Majority),从而造成社会上少数人集团统治多数人集团的不公平状况。

大集团,也可称为原子式集团,其每个成员的作用在整个集体中显得微不足道。而每个成员的行为也不太会根据其他个别成员的行动而采取行动。个别成员都是整个集团状况的接受者,而非影响者。这种状况类似于一个完全竞争市场的状况。大集团难以采取共同行动,因此很容易处于一种"超稳态"结构,导致集团状况停滞不前。

小集团与大集团不同,其采取集体行动的可能性较大。最极端的小集团是只有一个成员的小集团,当然这里就没有什么集体行动的问题了。一种典型的小集团被奥尔森称为"特权集团"(privileged group)。在这种集团中,不存在集体行动的"囚犯困境"。这种集团的集团利益不是平均分配在每个成员头上。当作为"公共产品"的政策得以实施的时候,其中的某些成员将获得特别多的收益。小集团中的这些成员,由于其通过集体行动所获得的利益将非常大,即使其单独负担行动的成本,它也仍然有利可图。例如,某行业的龙头企业,它在整个国内市场中占有很大的份额,如果能够争取到关税保护,它将获得巨大的利益,这种利益大于其为争取关税保护所需的组织与游说成本。这样,该龙头企业可能愿意单独负担所有的游说成本,而只需要其他企业几乎不费成本地参与一下(例如,在行业宣言上签字)即可。在这种情况下,小集团的龙头成员将负担起几乎全部的组织与游说成本,较小的成员将搭便车。这种情况类似于博弈论中的"智猪博弈"(张维迎,1996)。

另外一种小集团不像只有一个成员的集团或者"特权集团",小集团是否能够组织起来,要看集团内各成员之间的"互动关系"。在这种集团中,"囚犯困境"仍然存在,各成员都想搭便车。但它又与大集团不同,不像原子式集团那样成员间的行为是没有相互影响的。这种集团被称为"中间集团"。在这种集团中,没有哪个成员在集体产品中能够获得足够大的收益,以至他愿意独立承担所有成本,但这种集团也没有达到如此大的规模,以至于成员间彼此注意不到其他成员对提供集体产品所作出的努力。所以,这种集团有可能组织起来,但并不一定能够组织起来。

三、关于利益集团行动的一些认识

奥尔森在系统研究集体行动逻辑的基础上,总结了他关于集体行动的一些认识,提出了九个要点:

"1. 不存在这样的国家,其中所有具有共同利益的人群都可能组成平等的集团并通过全面协商而获得最优的结果。

2. 凡边界不变的稳定社会中,随着时间的推移,将出现愈来愈多的集团和组织。

3. 小型集团的成员具有较强的组织集体行动的能力,而这种优势随着社会稳定时间的延长而递减。

4. 总的来说,社会中的特殊利益组织或集团会降低社会效率和总收入,并使政治生活中的分歧加剧。

5. 广泛性组织一般都倾向于促使其所在的社会更加繁荣昌盛,并力图在为其成员增加收入份额的同时,尽可能地减轻其额外负担,从而只有当国民收入再分配中所产生的利益与由此引起的全社会损失相比较大时,才支持这种再分配行动。

6. 分利集团进行决策较其中的个人与企业决策迟缓,从而使议事及协商日程拥挤;其决策多半倾向于固定价格而不固定数量。

7. 分利集团使全社会采用新技术延缓以及在生产情况变化时阻碍重新分配资源,从而降低了经济增长率。

8. 当分利集团发展到足以取得成功的规模时,它必然采取排他性的政策,并力图使其成员限制在收入相近与贡献相近的范围之内。

9. 分利集团的扩大将增加法律的繁文缛节,强化政府的作用,赞成协议的复杂性,并改变社会演化的方向。"(Olson,1982)

在本章的前面部分,我们只是简单地介绍了一下利益集团在政策决定中发挥的作用,其论述基本上是实证性的,而非规范性的,也就是说,这里主要描述的是利益集团是如何在政策决定中发生作用的。那么一个很自然的问题就是,利益集团在政策决策中发挥作用到底好还是不好。从奥尔森对于集体利益行动的上述认识中,我们看到,他对于利益集团在整个社会经济发展中的作用基本上是持否定态度的,只是对"广泛性组织"表示了一定的赞许。

那么,我们应该怎样看待利益集团在政策决策中的作用呢?

首先,利益共同体是客观存在的,在不同的社会都有利益趋同的团体,也有不同利益团体之间的斗争,这是不以人的意志为转移的。奥尔森也意识到:"不存在这样的国家,其中所有具有共同利益的人群都可能组成平等的集团并通过全面协商而获得最优的结果。"实际上,如果一个国家内任何有组织的利益集团都不存在,则对政府的决策就不存在任何压力,最后反而可能形成极权政治。现代社会学中所广泛讨论的国家——公民社会(civil society)结构,其重要特性在于不同方面的利益共同体所形成的非政府组织在政治生活中作用的广泛发挥。利益集团是客观存在的,如果没有社会性的利益集团的存在,则国家最高统治群体会形成一个最顽固的利益集团,从而对整个社会分而治之,形成独裁局面。

其次,利益集团参与政策决策有利于政策制定过程吸收更多的社会信息。政府对政策的决策过程应该有一个在决策之前的信息沟通过程。这种沟通单靠政府单向的调研是不够的,政府搜集信息进行研究的成本是非常高的,而且往往不充分。利益集团的游说活动如果是公开的,则必然要以大量的数据和研究为基础。这样,利益集团自身的活动给政府决策提供了大量的信息和依据。这样,政策研究的负担将大量地由政府转移到社会,并更加具有广泛性。

最后,利益集团在国内经济决策中发挥作用,对政府的对外经济谈判起到牵制的作用,在许多时候有利于政府在对外经济谈判中谈判地位的提高。例如政府在对外谈判的时候,可以用为了维护国内政治稳定为理由,对谈判对手的一些要求予以拒绝。

尽管利益集团的活动有利于决策过程的民主化,使决策过程信息更加充分,有助于提高政府的对外谈判地位。但是,正如奥尔森前面所讨论的,利益集团对政策的争夺也可能导致经济福利的浪费、阻碍新技术的扩散、降低经济增长率等后果。尤其是,利益集团之间对政策的争夺将会导致"寻租"(rent-seeking, Krueger,1974),或者"直接的非生产性寻利行为"(Directly Unproductive Profit-seeking activities, DUP, Bhagwati ,1982;Bhagwati et al.,1984),这可能导致社会福利的大量损失。

那么,怎样才能使利益集团在经济决策中发挥好的作用,减少坏的作用呢?

首先,要使利益集团的活动有利于经济福利的增长而非损害经济福利的增长,基本的前提是利益集团的政策游说活动应该是公开的。因为,利益集团的游说活动既可能是一种为经济政策决策提供信息、反映民意的建设性的活动,也可能是一种"直接的非生产性寻利行为"(DUP),到底属于何种性质,无法一概而论。但是,如果利益集团为了寻求政策保护,与决策者进行私下交易,则其行为无疑是有损于社会福利的;但如果利益集团能够为其政策主张提供公开的、可验证的数据支持,甚至进行有说服力的论证,并在此基础上进行宣传,公开声明自己的主张,则这种活动更有可能与整体社会福利一致。因此,社会游说活动并非应该禁止,而应该本着公开的原则,使之有章可循,这样的利益集团之间的政策辩论就更有可能促进整个公共决策的科学性。

其次,使利益集团的活动有利于公共决策的另一关键在于维持利益集团活动的平衡性,特别是应该发挥大集团的作用。在上面,奥尔森提到的"广泛性组织"就是这样一种大利益集团。例如，在中国，农民在整个人口中占有的比重很大。如果中国农民的利益得到了保障，福利得到了提高，无疑应该说是整个国家进步的重要标志。大利益集团不仅关心其本身的广泛成员的利益，更重要的是，它与整个社会总体福利的一致性远远高于小利益集团。一个小利益集团由于其在整个国民经济中所占的比重很小，因此它可能会不顾及整体利益的提高，不惜以整个国家整体福利水平 100 亿元的下降来换取自身 10 亿元福利的上升。而大集团在整个国民经济中的比重比较大，因此会更加顾及整体利益。奥尔森认为，"如果这种广泛性集团的领袖是富于理智的人，他将异常关心任何'分利'政策所导致的全社会损失，而且纯粹从本集团利益出发，力求使此种损失减至最小"（Olson，1982）。

尽管大集团也有自己的集团利益，但是大集团比小集团更加关注广泛的社会利益，因此与整体社会利益的一致性更高。但是，在现实生活中，因为大集团的组织成本高，平均收益低，因此往往无法形成有效的组织，最终被小利益集团占有了更多的利益。因此，要维护整个社会决策体系的平衡性，则应该使大利益集团参与到决策过程中来，反映它们的利益。制度设计本身不一定能使大集团自然获得决策的发言权，但是，某些制度设计方法能够提高大集团参与集体组织，并通过集团参与公共决策的程度。

奥尔森推荐的一种方法是提供"选择性激励"，也就是说，对于大集团成员，设计一种激励机制，使大集团成员不仅从其最终获得的公共产品中获得收益，而且直接从其对集体行动的参与中获得收益，或者是负面的，从其"不作为"中受到惩罚。这种激励可以是经济激励，也可以是道德激励等方式。同时，奥尔森也认为诸如"强制会员制度"的强制约束也属于这种"选择性激励"机制，从而能够提高集团的组织力。

"选择性激励"尽管是一种可取的方法，但其成本仍然是很高的。特别是对于特别广泛的利益集团，就很难通过"选择性激励"来维持其集体的组织。对于许多大型组织来说,维护其利益的另一个重要方式在于让小利益集团相互制衡。如果一种政策在使得一个大利益集团受损的同时,使得一个小利益集团得利,则小利益集团将占有主导地位,但是,如果这种政策变化同时使得另一个小利益集团也受到了损失,则两个小利益集团的作用将可能有所抵消,在这种情况下,大集团争取有利政策的成本将大大减少,从而提高了自己在决策体系中的地位。事实上,正如我们将要讨论的,世界贸易组织本身正好可以起到这样的作用。

第二节　研究方法与角度

在本节中,我们集中讨论一下研究方法和研究角度的问题。首先,我们讨论一下假设政策由简单多数选民决定的情况,然后在此基础上进一步讨论利益集团分析法的特征以及其与阶级分析法的异同,接下来我们简单介绍一下实证方法和规范方法的问题,最后我们将讨论国际政治经济学(IPE, International Political Economy)和贸易政策的政治经济学的联系与区别。

一、简单多数选民决策理论

贸易政策的制定是通过理性的经济人的相互作用做出的。但是,具有个体理性的人是如何做出一项集体决定的呢? 显然,最简单的一个假设就是,每个选民都可以对一项政策进行投票,该政策是否通过取决于是否获得简单多数的赞成票。

如果对于该政策的不同议案,所有的投票人都有一个自己特有的偏好序列。在有些时候,通过集体投票,可能无法获得唯一的符合集体理性的结果,这种情况被称为孔多塞循环问题(参见吴易风等,1999)。公共选择理论证明,如果所有投票人的偏好都是单峰的①,而投票人的数目是奇数,则投票可以产生唯一的确定结果,而这个结果取决于所有投票者中的所谓"中位投票者"(Median Voter,也有译为"中间投票者"的)。中位投票者的最优偏好正好位于所有投票者的最优偏好排列的中位数上。

上述结论,即"中位投票人定理"与产业组织理论中的霍特林(Hotelling)水平分布模型的结论十分相似。事实上,提出"中位投票人定理"的安东尼·唐斯(Anthony Downs)正是在看到霍特林模型后将其应用到政治科学中的。在唐斯于1957年出版的名著《民主的经济理论》一书中,他主要是从中位投票人定理出发来构建他的理论的。根据这种理论,如果在直接投票选举的政党政治中,不同的政党,为了争取更多的投票人,其最终的政策主张都将向"中位投票人"的最优偏好靠近。

尽管"中位投票人定理"既可以应用于选民直接决策的民主模式,也可以应用于政党政治的民主模式,但在贸易政策的政治经济学的简单多数选民决策模型文献中,政党竞争环节往往被省略,政策结果被直接看做是中位投票人的偏好决定的,即所谓直接民主模式。迈尔(Mayer,1984)是最早使用这一方法来分析贸易政策的。对此理论我们将结合传统贸易理论在下一章里加以介绍。

由选民直接投票决定一项政策,这种情况并不多见。但这种分析方式对于研究政策的决定仍然有很重要的作用。它对于我们理解某些贸易政策的结果仍然具有一定的意义。

但是,在本书中,我们在大部分的情况下将不假设贸易政策是由所有选民直接投票决定的,而是假设所有的自然人根据其不同的利益倾

---

① 即偏好序列是单调递增,如 $x<y<z$;或单调递减,如 $x>y>z$;或先单调递增后单调递减,如 $x<y>z$。总之,最多只能有一个极大点。不能产生诸如 $x>y<z$ 的偏好序列。

向结合成不同的利益集团,而贸易政策由利益集团的斗争和协调而决定。

二、利益集团分析法

古典的贸易理论将国家作为贸易利益的主体来研究贸易政策,简单多数选民决定理论则把个人作为贸易政策决定的主体。前者通过衡量国家利益最大化来决定最优贸易政策,从而在大部分情况下,合乎逻辑地得出自由贸易是最优政策的结论。后者则得出"中位投票人"决定均衡政策的结论。

介于上述两种分析方法之间的,是利益集团分析法。即先从"经济人"假设出发探求利益集团形成的机制,然后再将利益集团看做一个整体,探求其在政策决策中相互作用产生的结果。把利益集团作为分析单位,避免了把整个国家作为分析单位从而忽视再分配效应的弊端,同时又比个体直接参与决策的假设更加符合实际情况。

把利益集团作为分析单位具有相当的灵活性,便于我们理解现实政治生活中的各种现象。

根据利益集团影响政策的不同方式,经济学家使用了不同的方法来分析贸易政策的形成机制。根据罗德里克(Rodrik,1995)的总结,大致有这么几种不同的方法。

一是关税形成函数法(The Tariff-Transformation Approach)。这种方法将关税看成不同利益集团游说投入的函数。进口竞争行业的游说投入越多,其他行业的游说投入越少,该进口竞争行业的关税水平越高。游说投入对关税影响的效果是边际递减的。不同利益集团游说策略博弈的均衡结果决定关税的水平。在这种方法中,决策者的决策过程被省略了。关税被直接看成是利益集团影响的结果。使用这种方法的主要有芬得勒等人(Findlay and Wellisz,1982,见下章介绍)。

二是政治支持函数法(The Political Support Function Approach)。这种方法主要针对政策制定者进行研究。决策者既关心政策对特定利益集团的影响,也关心政策对整体社会福利的影响。决策的结果反映了决策者对不同利益集团以及整体社会福利的权衡。在这种方法下,决策者的目标函数被明确化了,但利益集团的游说过程则被简略了。在下章中提到的希尔曼(Hillman,1982)关于衰落行业的保护主义动机问题主要采用的是这种方法。

三是竞选捐赠法(The Campaign Contributions Approach)。在布若克和梅旨(Brock and Magee,1978,见下章)设计的一个两党模型分析框架中,两个政党对贸易政策具有不同的倾向,而两个不同的政党的当选可能性与其所获得的政治捐款有关。两个对立的利益集团为了获得对自己有利的政策结果而向政党提交政治捐款。在一定的假设前提下,最后的均衡政策结果取决于利益集团之间的博弈以及政党之间的博弈。

四是政治贡献法(The Political Contributions Approach)。这一方法随着格罗斯曼和赫尔普曼(Grossman and Helpman,1995,见下章)的论文《待价而沽的保护措施》而获得了广泛的影响力。在这种方法的框架下,一个在位的决策者面对众多的利益集团的游说者。一方面决策者要获得尽量多的政治贡献,同时也要尽量扩大社会福利。这一点与政治支持函数法类似。不同的是,在政治贡献法中,游说者的活动被正式模型化了,因此使得分析的结论也更为丰富了。

三、实证分析与规范分析

在西方经济学中,贸易政策的政治经济学或内生化贸易保护理论被认为是实证经济学的内容。笔者在这里所说的实证分析指的是研究"是什么"的分析,即 positive analysis,是与研究"应该怎么做"的规范分析(normative analysis)相对应的,而不是指用数据对理论进行验证的经验验证分析(empirical study)。

贸易政策的政治经济学在分析问题时,不是先假设贸易壁垒的存在或不存在,然后分析其福利结果,通过比较静态分析贸易壁垒存在前后的福利变化,从而判断贸易壁垒好还是不好;而是将贸易壁垒作为研究的内生变量,认为贸易壁垒是不同利益集团之间斗争的结果,在产生之后再对不同利益集团的利益产生影响。因此,贸易政策的政治经济学研究主要是贸易政策如何产生的以及政治市场的均衡问题。

在考虑政治市场的均衡问题以及政策的内生性的情况下,经济学家在对各种政策进行排序时,却无法对某个政策的好与坏下一个确切的评价。这一点,与马克思主义的观点是相似的。理论上没有一个普遍的价值尺度,只有从不同的利益集团看,政策对自己是否有利。因此,巴格瓦蒂(Bhagwati et al.,1984)认为,对贸易政策的福利排序,在考虑到政治市场的均衡问题时,应该重新加以定义。

但是,把贸易政策看做内生变量是否就应该完全取消规范分析方法呢? 或者说,是否可以认为贸易政策的政治经济学使规范分析方法丧失了作用呢? 答案应该是否定的。著名贸易理论家科登(W. M. Corden,1997)在《国际贸易的规范理论》中回答了这个问题。

首先,利益集团在进行游说和争取政策时,标准的国际贸易理论,即传统的规范理论给它们提供了信息,使它们能够更加准确地认识到自己的利益所在。从而便于它们在整个过程中处理好自己的立场,决定自己的战略。

其次,传统的规范理论揭示出,自由贸易会使整个福利水平提高,那么,这也就意味着,如果各个利益集团不是本着争夺小利益集团利益的目的而进行游说,而是采取合作的态度,则有可能通过设计某种补偿机制,使所有利益集团都能够得到好处,或至少可以在某些集团得利的同时不损害其他集团的利益,达到帕累托优化。这个结论肯定对利益集团的行动会有所影响,使它们对是采取政策斗争的方式,还是采取合作的方式,有所判断。显然,如果合作,即设计补偿机制①的交易成本很

---

① 马库森等人(Markusen et al.,1995)认为,这种补偿机制并非像一般想象的那样难以实现,公共选择中的"投票权互换"(logrolling)在很大程度上就可以实现这种补偿。但值得注意的是,考虑到外部性问题,投票权互换对整体福利的影响也可能是负面的。

低,各利益集团很可能愿意采用补偿机制。

最后,规范理论使我们看到了利益集团之间的政策斗争可能使社会福利水平下降。而贸易政策的政治经济学虽然把政策斗争过程内生化到了贸易理论模型中,但许多理论模型把利益集团之间的斗争,特别是游说这个事实本身当做是给定的、外生的。而事实上,游说或者能够进行游说的范围却是由不同的制度设计所决定的,也就是说,游说是为了确定规则,但游说本身又是可以有规则的。这样,对于游说规则的不同设计,又可以决定最后游说的情况,从而决定最后福利的水平。于是,我们的分析就可以对游说的规则,或者政策制定的规则进行一种价值判断和排序,而传统的规范理论可以为我们提供一个参照,从而便于判断何种规则更优。

实证和规范是相辅相成、互相补充的,我们不应该把它们看做是可以相互取消或相互替代的方法。特别是,笔者不赞成将某一种理论框架简单地归于实证经济学或规范经济学。实证与规范是方法论,而不是理论本身,任何一种理论,或者采用实证的方法多一些,或者采用规范的方法多一些,但是在最终解释和解决实际问题时,是必须将两者进行有机的结合的。

我们这里讨论的国际贸易政治经济学一般被认为是偏于实证的理论。西方经济学在发展的过程中,特别强调实证性,经过萨缪尔森的推崇,使得实证经济学成为了经济学的主流。实证经济学强调客观性和科学性,特别是强调可验证性。首先通过建立理论模型得出可验证的结论,然后通过经验验证接受、调整或推翻已有的理论模型,不断反复。受波普哲学所倡导的方法论影响,经验验证偏重于证伪。然后再在此基础上重新设计或修改理论模型,再验证,再建立和调整理论,反复无穷,这种方法体系与马克思强调的从理论到实践不断反复的认识论相符。

四、国际贸易政策的政治经济学与国际政治经济学（IPE）

古典时期的政治学和经济学几乎是不分家的,当人们使用政治经济学这一术语的时候,同时也就是指经济学,众多的古典经济学名著有不少是冠以政治经济学的名字的,例如李嘉图的《政治经济学及赋税原理》、马克思的《政治经济学批判导言》、约翰·穆勒的《政治经济学原理》等。现代经济学,尤其是萨缪尔森以来的经济学,更加强调以微观理性为基础的数理分析,使得经济学与政治科学的学术分工日益明确起来。即便如此,经济学与政治科学的发展从来没有完全脱离,近几十年来一直分分合合,存在不少的交叉领域。

所谓的新政治经济学,在不同的文献中实际上指的是两个相当不同的学术领域,尽管其研究对象往往是相同的,但研究方法却有很大差异。国际贸易政策的政治经济学和国际政治经济学虽然都对国际贸易政策和国际经贸体制进行研究,但前者是建立在严格的经济学微观理性基础上的实证经济学研究,而后者是从国际关系学和政治科学中演化出来对国际经济关系进行的多学科综合研究。这里我们简要地介绍一下这两个学术领域的不同渊源。

国际政治经济学(International Political Economy,常被简称为 IPE)是从 20 世纪 70 年代以来形成的一个学科领域。1977 年,哥伦比亚大学国际政治经济教授琼·斯佩罗发表的《国际经济关系的政治学》,经常被称为宣告"国际政治经济学"诞生的权威性著作。美国普林斯顿大学国际政治教授罗伯特·吉尔平的著作《国际关系的政治经济学》和英国伦敦经济学院教授苏珊·斯特兰奇的《国家与市场:国际政治经济学导论》分别于 1987 年和 1988 年出版,成为流行的教材,被看做是国际政治经济学学科正式形成的标志。

国际政治经济学的诞生与发展同 20 世纪 60 年代以来国际经济关系的发展是密不可分的。第二次世界大战后直到 20 世纪 70 年代初国际经济的迅速发展以及国际贸易和投资的迅速增加大大加强了世界各国的相互依存,但是发展中国家在其中获益甚少。20 世纪 60 年代,许多原殖民地国家纷纷独立,联合国贸发会议成立以图实现以贸易促进发展的目的,关贸总协定也在压力之下加入了促进发展的第四部分条款。20世纪70年代初,石油输出国组织国家开始实行资源国有和限产保价政策,石油价格的飙升引发了战后最大的经济危机,使得西方国家经济进入近十年的滞胀时期。与此同时,西方国家内部的经济关系也发生了变化,布雷顿森林体系瓦解,国际货币体系发生革命性的变化,美元不再成为国际货币体系的中心货币。这一切使得人们不得不对急剧变化的国际经济关系做出理论上的反思。然而,无论是经济学、政治学还是国际关系研究,都无法独立承担起这一要求,于是作为综合研究的国际政治经济学应运而生了。

在国际政治经济学的发展过程中,国际贸易理论家作出了相应的贡献,库珀、金德尔伯格、斯蒂格勒茨等国际贸易理论家也都是国际政治经济学领域的活跃学者。但是,国际政治经济学的研究手段并不为经济学的传统范式所束缚,不一定要求建立经济学的理论模型,其理论框架往往来自政治学和社会学等领域;它也不一定要求进行在收集普遍数据基础上的计量经验验证,而是更多地采用历史性的描述或者案例分析的方式。可以说,在理论的普遍适用性和对现实的解释需要发生冲突的时候,国际政治经济学者往往宁愿牺牲理论的普遍适用性,而更加强调对急剧变化的国际经济关系的现实的解释力。

与国际政治经济学不同,国际贸易政策的政治经济学属于纯经济学领域中的政治经济学的一支。为了将这种按照正统经济学范式研究政策的学科领域与国际政治经济学区分开来,该领域的一些代表人物,例如瑞典经济学家佩尔松主张将该领域称为 Political Economics 而不是 Political Economy (Persson and Tabellini, 2000)。但是在中文文献中,上述两种英文表述方式都被翻译为政治经济学。为了以示区别,下面我把这一学科领域称为现代政治经济学。事实上,无论是在中文文献还是英文文献中,这一领域并无统一的名称,使用 Political Economy 的大有人在。

与国际政治经济学(IPE)不同,现代政治经济学的诞生与发展并没有明确的代表作为标志,它完全是建立在一系列的论文基础上逐渐发展起来的。现代政治经济学的研究目标非常明确,就是研究政策的产生机制。公共选择学派、理性预期宏观经济学、国际贸易理论以及博弈论等都为现代政治经济学提供了理论来源和分析工具。现代政治经济学把人们的经济行为中的理性假设扩大到政治领域,假设人们的政治行为也是建立在利益最大化的理性选择基础上,由此建立起经济学的模型分析政策的产生机制。现代政治经济学家不仅对政策是如何产生的进行分析,而且对政策产生的游戏规则进行经济学的分析。例如佩尔松和塔贝里尼对宪政的分析(Persson and Tabellini,2000),巴格维和斯塔格对世界贸易体系的分析(Bagwell and Staiger, 2002)等。

现代政治经济学的界限很难界定。经济学中的许多分支都可以从政治经济学的角度出发进行研究。在宏观经济学中,理性预期概念的引进使得人们对政策制定机制的认识产生了革命性的变化。在基德兰和普雷思科特(Kydland and Prescott, 1977)关于中央银行独立性的研究中,政策制定者制定政策的动因和激励机制得到了正式的考虑。在他们的研究中,宏观经济政策的决策者制定宏观政策的依据来自于其对自己目标函数的最大化,只有那些决策者在实施决策之后又没有动力抛弃的政策才是具有"动态一致性"的政策,因而才是可信的政策。他们的研究实际上就是一种很具有政治经济学色彩的研究。以公共选择学派为代表的经济学家们对政治特别是选举的研究也应该算是现代政治经济学的一部分。在财政学的研究中,对税收以及转移支付的研究也引进了政治经济学的分析方法。

在国际贸易领域,现代政治经济学的分析方法被用来分析关税的形成、关税与配额的选择、对外贸易谈判以及多边贸易体系等,几乎使得整个国际贸易理论关于政策分析的部分得以重写。贸易政策的政治经济学也被称为内生贸易政策理论,因为贸易政策在这些理论中是被看做内生的变量,其产生的过程和结果是理论需要解释的对象。也就是说,理论解释的是为什么政策会如此产生,而不是直接判断政策的好坏。

在本书中,我们既使用了国际政治经济学的分析方法,也使用了贸易政策的政治经济学的分析方法。

第三节　从新古典理论看不同群体的基本立场

要在国内形成政策,首先应该了解不同的人对于不同的政策会有什么态度。H-O体系的分析既考虑了不同产业的得失,也考虑了各种要素在开放贸易中的得失,新古典要素流动理论也讨论了要素流动导致的要素收入的变化。这些理论可以作为我们考察各个集团面对政策变化的态度的基点。

一、生产者与消费者

如图3—1所示,显然,在国内市场完全竞争的情况下,如果一国某产业的生产成本高于其他国家,生产者的态度一般会反对该行业的开放。消费者一般会是赞成该行业的开放。

但是,许多产品都属于中间产品,所谓的消费者可能是另一个产业的生产者。因此,某些生产者对于其他行业的开放可能会持支持态度。但一般来说,生产者会对自己的上游产品的开放持支持态度,对自己的下游产品的开放持反对态度。

同时,对于不同的产品来说,替代品之间可能会造成对消费群体的争夺,互补品则会为对方相互创造市场。因此,生产者会对自己产品的竞争品的开放持反对态度,对自己互补品的开放持支持态度。

如果所有产品全面开放,生产者对全面开放的态度将变得不确定。考虑到生产者是众多商品的消费者,生产者的保护主义倾向更可能减少而非增加。但这归根结底还取决于开放使其成本下降的好处和竞争加剧之间带来的损失的权衡。

如果某一完全竞争产业在产品成本上具有优势,比国外产品更便宜,原则上它将不关心本国对该产品所设的关税。对于全面开放,它将持支持态度,并期望其他国家贸易壁垒的下降。

如果某一产业是垄断产业,即使其成本比国际市场低,它仍可能要求保护。

如图3—2,即使是在进口价格高于其边际成本的情况,如进口价格为p′以上,甚至高于完全竞争价格 p° 的情况下,垄断者都希望对外国产品的进口征收关税。除非国际市场成本高于其垄断价格 p^m 的情况下,否则,垄断者总会希望能够获得保护。在图中,无论进口产品价格为 p^f 还是 p^F,垄断者总会希望得到保护。

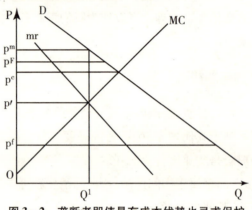

图3—2　垄断者即使具有成本优势也寻求保护

不仅如此,垄断者要求保护的程度会比一般完全竞争的情况下要求得高。如图3—3 中,p^f p^T 是关税,涂黑的粗线是在面临关税后的边际收益曲线。显然,超过 p^m 部分的关税是没有必要的。但是,如果是在完全竞争条件下,超过 p° 部分的关税都是不必要的。所以,对于垄断者来说,他会比一般的完全竞争者要求更多的关税保护。

所以,垄断者比一般的完全竞争厂商具有更强烈的贸易保护主义倾向。

相应地,消费者对垄断行业的开放要求更高,因为消费者通过开放,不仅能够获得一般情况下开放后消费者剩余的增加,而且能够得到"亲竞争收益"(Pro-competitive interest)。

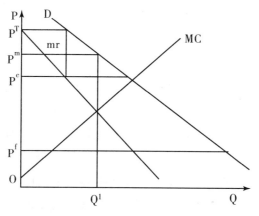

图3—3　垄断者寻求更多的保护

二、H-O 体系下要素分配利益

根据赫克歇尔—俄林理论(H-O 理论)要素价格均等化定理,在具有同样的规模经济不变的生产技术的情况下,只要进口国和出口国都保持生产一定规模的进口品和出口品,商品自由贸易将使商品价格均等化,从而导致相对要素价格的均等化。

尽管要素价格均等化定理存在非常多的争议,其假定的前提多与现实不符,但是,对于目前发达国家与发展中国家的贸易,该定理所表示出的趋势仍然具有相当重要的意义。根据这一定理,发达国家,主要是资本丰富的国家,其劳动要素所有者对自由贸易持反对态度,其资本要素所有者对自由贸易持支持态度。而发展中国家,主要是劳动相对丰富的国家,其劳动要素所有者对自由贸易持支持态度,而资本要素所有者则相反。

根据赫克歇尔—俄林理论的斯托尔帕—萨缪尔森(Stolper-Samuelson)定理,如果规模经济效益不变,两国实行不完全分工,某种商品价格的相对上涨将增加该产品密集使用的要素的实际回报,而会降低另一要素的实际回报。

按照这一理论,如果发达国家对劳动密集型产品的进口征收保护关税,这一措施将增加劳动者的收入,同时会减少资本报酬。同样,如果发展中国家对资本密集型产品征收关税,这一措施将增加资本报酬,同时减少劳动报酬。

以上的理论是在国际贸易的经典框架下得出的结论,它反映出了两方面的矛盾。一方面,要素价格均等化反映出不同国家同一要素所有者,其利益的不一致。这与某些新马克思主义者提出的一个观点有些类似,由于存在不平等交换,发达国家的工人阶级对发展中国家的工人阶级有一定的剥削。但与不平等交换理论不同的是,在 H-O 框架下,发展中国家的工人阶级"损害"了发达国家工人阶级的利益。

另一方面,要素价格均等化定理和斯托尔帕—萨缪尔森定理都认为同一国家资本要素所有者和劳动要素所有者对开放的态度是对立的,存在利益上的矛盾。

虽然 H-O 框架下反映出的这些问题是客观存在的,但它无法解释一种现象,即在许多时候,同一产业的工人和资本家对这一产业开放与否的态度经常是一致的。而按照斯托尔帕—萨缪尔森定理,他们的态度应该是对立的。之所以出现这种情况,是因为 H-O 框架的重要假设,即要素跨国不可流动和国内要素充分流动,而且同种要素总是同质的,这显然是不现实的。造鞋工人流入计算机软件设计业,或者相反的流动显然都可能会使其生产力大大降低。因此同种要素同质,并且在产业间可以自由流动是不现实的,至少是不可能出现流动成本为零的情况。

三、特定要素理论

在许多情况下,要素在国内各产业之间的流动是不充分的,这存在制度的因素,例如某些行业是国家控制,不可进入的;也可能是因为自然原因,例如,某一行业的工人流入另一行业,其生产效率将大打折扣。我们把相对不可流动的要素称为特定要素。特定要素理论的基本模型假设存在两个产业,每个产业中有一相对不可流动的特定要素,另外有一要素可以在两个产业间流动。

根据特定要素理论,某一商品价格的相对上升,将有利于该商品中的特定要素,而减少另一产业的特定要素的收益,对可流动要素的效果则是不确定的。

如果资本流动性强,而劳动不可流动,在某一产业中实行贸易保护将有利于该行业的劳动者,但不利于其他行业的劳动者。

在这里我们看到,在资本充分流动但劳动在国内不可充分流动的情况下,马克思的平均利润理论将出现变化,即资本的报酬可以平均化,但劳动者的利益将不像马克思所说的那样具有完全的同一性,而会出现劳动者之间的冲突。

四、对要素国际流动的立场

如果要素可以进行国际流动,新古典的要素流动理论对整个要素流动带来的社会整体福利的提高及其导致的社会各要素所有者利益的变化进行了分析。以资本流动为例:

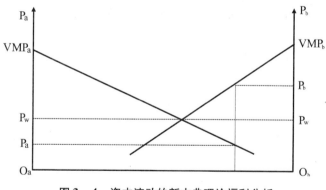

图3—4 资本流动的新古典理论福利分析

如图3—4,资本从较为丰富的 a 国流向 b 国,在双方资本的边际产品价值线的交点达到均衡。流出国的资本价格上升,但流入国的资本价格下降。资本流出国的资本要素所有者不仅在国外获得了报酬,同时使国内的资本报酬上升,总的来说是有利的,而流入国的资本要素所有者则是受损失的。

但对于资本的流动,a 国的劳动所有者的总报酬下降了,从原来 P_a 以上 VMP_a 以下的大三角形的面积变为 P_w 以上 VMP_a 以下的小三角形的面积,相反,资本流入国的劳动所有者的总报酬则是上升的。因为,劳动者在这里没有流动,所以劳动者在两国的国内存量不变,平均报酬也是 a 国下降,b 国上升。

总之,对于资本丰富的国家,资本所有者赞成资本跨国自由流动,而劳动者反对资本自由流动;相反在劳动力丰富的国家,资本所有者反对资本自由流动,劳动所有者支持资本自由流动。

类似的分析也可以用来分析劳动的流动,得出的结论是,对于资本丰富的国家,资本所有者赞成劳动跨国自由流动,而劳动者反对劳动自由流动;相反在劳动力丰富的国家,资本所有者反对劳动自由流动,劳动所有者支持劳动自由流动。

总之,在新古典的分析框架下,发达国家(资本丰富国)的劳动要素和发展中国家(劳动丰富国)的资本要素是要素自由流动的反对者,而发展中国家的劳动要素和发达国家的资本要素是要素自由流动的支持者。

第四章　贸易政策的国内协调

第一节　简单多数选民决策

在上一章的最后,我们分析了各利益集团对商品和要素全球流动的态度。但是,在实际的政策决定中,均衡的政策是如何产生的呢? 不同的利益相关者对全球化的不同态度是如何影响最终的政策呢? 在这一节中,我们讨论如果是由全体选民直接投票决定政策的情况下政策均衡的结果。在这里,我们将传统的国际贸易理论放在现代政治经济学的角度重新考察,主要讨论两种情况:一种是斯托尔帕—萨缪尔森定理,另一种是特定要素理论。在第二节中,我们将讨论利益集团影响政策的情况。

一、斯托尔帕—萨缪尔森(Stolper-Samuelson)定理重述

如果现在将政策决策过程内生到模型中来,斯托尔帕—萨缪尔森定理将发生一些变化。对此,迈尔(Mayer,1984)进行了研究。

迈尔假设一个两部门经济,有资本和劳动两个要素,这两种要素均可在国内自由流动,也就是说没有特定要素问题。现在,假设在这个经济体中的每个选民拥有一个单位的劳动,同时每个人拥有数量不等的资本,当然也可能有人拥有的资本量是零。个人 i 拥有的资本量为 k^i ,显然同时资本/劳动比也是 k^i 。每个人的收入包括其从其所有要素中得到的报酬,同时还包括他从政府转移支付中得到的份额。政府如果

通过征税获得收入,假设该收入全部返还给选民,返还的方式是返还比例与选民的要素收入比例相同,也就是说,关税的重新分配问题不影响选民的收入占国民收入的份额。

现在假设可进口品是资本密集型产品,对资本密集型产品征税会产生什么效果呢?根据斯托尔帕—萨缪尔森(Stolper-Samuelson)定理,这会使资本报酬上升,劳动报酬下降。但是,现在每个选民既是劳动报酬获得者,也很可能是资本报酬获得者,那么每个选民的态度会是怎样呢?

显然,在上述的过程中,没有资本的选民显然会由于关税的征收而吃亏,而资本要素越多的选民,从关税征收中获得的利益越大。实际上,如果令整个经济中的资本/劳动比例是 k,凡是 k^i 大于 k 的选民将可以从征收关税中获得好处,反之,凡是 k^i 小于 k 的选民将欢迎负关税,即进口补贴。进一步,在上述的假设以及赫克歇尔—俄林的标准假设下,我们可以看到,每个选民所期望的最优关税率是一个 k^i 的增函数。

现在,由于这是一个直接投票的制度体系,所有选民的偏好关税可以排出一个数列,而最后产生的均衡关税是由"中位投票人"(Median Voter)决定的。也就是说,最后的政治均衡关税率是能够使"中位投票人"效用最大化的关税。资本拥有量更多的人当然希望更高的关税,而资本拥有量更少的人会希望更低的关税。

注意,这里所说的关税可以是负的。假设中位投票人所拥有的资本量为 k^m,如果 k^m 大于 k,也就是说中位投票人的资本拥有量高于社会平均资本拥有量,那么最后的均衡结果就会是正关税。如果 k^m 小于 k,均衡关税为负,也就是可以产生进口补贴的情况。显然,最终的结果取决于这个社会要素的总量情况和要素的分配情况。

根据上面的分析,如果可进口品是资本密集型产品,资本要素丰富的选民将支持贸易保护,而最后结果由中位投票人的态度决定,因此,中位投票人的资本拥有量 k^m 越是比社会平均资本拥有量 k 多,则贸易保护主义压力越大,反之,则贸易保护主义压力越小。那么,通常情况下,k^m 和 k 之间的关系是什么呢?这是一个中位数和平均数之间的关系。在一个社会中,劳动力人人都有一个单位,但资本却不一样,资本只有一部分人拥有,而且拥有大资本的往往都是一小部分人。因此,在一个社会中,无论劳动力在经济上是丰富的要素还是稀缺的要素,在直接投票体系中,它都是一个"政治上丰富的要素"(Markusen et al.,1995)。在一般情况下,社会的平均资本拥有量是大于中位量的。所以,中位投票人的意见往往更加反映劳动要素的要求。

由于在直接投票体系中,没有考虑到组成压力集团的成本等问题,所以将政治过程内生化之后,得出的结论是劳动力在决策中占优势。于是,根据上述理论,我们可以考察各国均衡保护程度的情况:

如果一个国家劳动力相对丰富,那么根据赫克歇尔—俄林定理(H-O 定理),它的可进口品是资本密集型产品,再根据斯托尔帕—萨缪尔森定理,对资本进口品征税将提高资本的报酬,降低劳动的报酬,所以贸易保护对劳动要素不利,而决策过程由于偏向于劳动的中位投票人起决定性作用,因此,最后的政策均衡结果会是倾向于贸易开放(在标准假设下,甚至可能会产生发放进口补贴的情况)。

反之,如果一个国家资本要素相对丰富,那么根据 H-O 定理,它的可进口品是劳动密集型产品,再根据斯托尔帕—萨缪尔森定理,对劳动密集型进口品征税将提高劳动的报酬,降低资本的报酬,所以贸易保护对劳动要素有利,而决策过程仍然是由偏向于劳动的中位投票人起决定性作用,因此,最后的政策均衡结果会是倾向于贸易保护。

如果根据以上的推导,资本丰富的国家应该比劳动丰富的国家更加倾向于贸易保护主义。然而,我们没有能够发现与此结论相符的经验验证结果。实际上,上述理论的某些基本假设存在较为严重的问题。首先,赫克歇尔—俄林体系要求技术水平一致,而资本丰富的国家和劳动丰富的国家,一般情况下,技术水平有较大差距。其次,要素在国内充分流动,与现实偏差较大。最后,中位投票人定理忽视了利益集团的作用。

二、特定要素理论重述

斯托尔帕—萨缪尔森定理与现实不符的一个重要方面是其不能解释某些时候同一产业的不同要素可能对政策采取同样的立场。因此，与中位投票人定理相结合的斯托尔帕—萨缪尔森定理也不能解释这一现象。另外，上述的理论也没有能够解释为什么政策会被少数人左右的常见现象。迈尔（Mayer，1984）对此进行了进一步的分析。

假设一个国家有许多选民，每个选民具有一个单位的劳动要素，同时每个选民具有一定数量的某种特定要素，当然也可能有的人只有劳动要素而不具备其他特定要素。现在有一系列的产业，其中关于产业 j 存在着是否征收关税的政策斗争。现在的问题是，人们是否会支持对这个产业征收关税。这取决于几个因素：

首先，每个个人支持政府征收关税是否对自己有利？其利弊程度，即所谓利益砝码，同投票成本之间的关系如何？如果自己的收入有减少的可能，人们当然不会支持，但是，即使是征收关税对自己有好处，但这个好处很小，甚至低于自己去投票的成本，例如到投票站去一趟所需的时间和车费，那么，投票人也许就不会去投票，从而放弃了自己的投票权。如果征收关税对自己不利，投票人虽然不支持征收关税，但如果这种不利的损失很小，不值得投票人专程去投一回反对票，投票人也不会去行使权力。这种情况被称为投票现象中的"理性的漠不关心"。当然，这种理性指的是个体理性。

其次，关税对实际工资会产生何种方向的影响？在这里工资作为一种流动要素，其实际收益一般来说是不确定的。这在特定要素模型中，被称为是"新古典不确定"（Neoclassical Ambiguity）（Markusen et al.，1995）。在两部门的特定要素模型中，要素价格和商品价格变化的情况会是：

$$\% \Delta s < \% \Delta p_y < \% \Delta w < \% \Delta p_x < \% \Delta r \qquad (4.1)$$

在这里 r 是受保护的产品 x 的特定要素的报酬,s 是不受保护的产品 y 的特定要素的报酬,w 是流动要素劳动的报酬。无论是以 x 还是 y 的标准来衡量,r/p_y 和 r/p_x 是确定地上升,其实际报酬上升,而 s 的实际报酬则确定地下降。但 w 的实际报酬则不一定,以价格上升较多的 x 价格衡量,实际工资是下降的,但以未受保护的产品价格来衡量,则实际工资是上升的。所以,如果某个工人,消费 x 产品比重较大,则他的实际收入是上升的,反之则其实际收入是下降的。

根据以上的情况,并扩展到多部门的情况,显然,当某个劳动要素所有者在面临某一产品的关税是否应该征收,即是否应该支持该产品价格上升的问题时,作为流动要素的劳动所有者的利益取决于其总支出中,该种受保护的产品在其总支出中是否占很大比重。显然,一般情况下,一种特定的商品在其总支出中总是占少数的。所以,以该产品衡量的实际工资下降,但由于该产品开支比重小,这种下降影响较小;而以其他所有产品的价格衡量的实际工资都有所上升,所以总的来说,这对劳动要素是有利的。实际上,在多部门的特定要素框架中,流动要素与被保护的商品中的特定要素具有一致性。

所以,从上面的分析来看,流动要素,例如流动的劳动要素,其实际工资水平通过保护一般来说是呈相对上升的趋势。如果提高某产业 j 的关税使得流动要素的实际报酬的相对上升的幅度比较大,大于所有要素报酬的加权平均变化幅度,则 j 产业被称为"偏向于劳动的产业"(Biased towards labor)。这时,即使是其他没有受保护的产业,由于其有众多的劳动拥有者,也会支持对此产业进行保护。

那么,如果产业 j 是"不偏向于劳动的产业"(Unbiased towards labor)呢?是否人们就不支持对该产业进行贸易保护呢?答案是,政治决策过程仍然可能使贸易保护在产业 j 中实行。比如说,我们假设征收的关税很小,导致的净福利损失忽略,劳动要素的实际报酬也不上升。那么,征收关税的行为就会产生"零和博弈"的关系。在产业 j 中拥有特定要素的人获利,而其他广泛产业的人,没有拥有产业 j 的特定要素,而只拥有其他特定要素,则他们的收入下降,而且劳动要素的变化不能弥补他们的这种特定要素损失。所以在这种情况下,绝大部分人是反对征收关税的。但是,产业 j 的利得等于其他各产业的损失,而拥有产业 j 特定要素的人很少,因此他们的平均收益很大;而其他受损失的人,受到的平均损失很小,小于其投票成本。于是,在这种情况下,尽管对产业 j 征收关税使大多数人受损,只是让少数人得益,但最后由于受损人采取了"理性的漠不关心",导致了违反大多数人利益的贸易保护政策得以通过。

从上面的分析中,我们看到,如果将劳动者作为流动要素对待,劳动者与特定要素所有者在保护特定产业的态度上可能是一致的。另外,即使劳动者不能通过贸易保护获利,不同特定要素拥有者之间的政策斗争,也可能使得贸易保护最后得以通过。这些情况,与现实中贸易保护政策形成的情况是有一定共同之处的。

虽然直接投票的假设与现实不符,但它在解释贸易保护形成机制上仍然有一定说服力。但是,更为常见的现象不是各个选民单兵作战,而是形成利益集团,甚至压力集团,从而对政策产生影响。

第二节 压力集团与均衡政策

在大部分情况下,政府制定的政策不是由所有选民投票而决定的,而是与压力集团的政治压力有密切的关系,简单地说,政策是不同压力集团的政治压力的均衡结果。

关于压力集团的形成机制,我们已经在第三章中进行了讨论。在这里,我们假设利益集团已经转化为了现实的压力集团,然后讨论一下压力集团的政治压力与均衡政策之间的关系。下面这种政策均衡机制的分析方法应该归功于芬得勒和威立兹(Findlay and Wellisz,1982)。瓦斯登(Vousden,1990)对此进行了一些改进。

我们假设在一个小国,存在两个对立的压力集团,例如一个是某个产业中的特定生产要素，一个是某个产业的消费者。显然，前者会支持对该产业的进口替代品征收高关税，而后者会反对征收高关税。我们可以将关税看做这两个压力集团政治压力的函数。

$$T = T(x_F, x_C) \qquad (4.2)$$

在这里，x_F 是该产业中的特定要素施加的政治压力，应该注意的是，这里指的政治压力是该压力集团影响政策的努力或者游说投入，而非决策者实际感受到的压力，即不是政治压力的效果。x_C 是消费者集团施加的政治压力。显然关税 T 是 x_F 的增函数，是 x_C 的减函数。即：

$$T_F \equiv \frac{\partial T}{\partial x_F} > 0; T_C \equiv \frac{\partial T}{\partial x_C} < 0 \qquad (4.3)$$

遵循经济学分析的一般假设，我们可以认为压力集团的游说压力的边际效果递减，于是会存在以下关系：

$$T_{FF} \equiv \frac{\partial^2 T}{\partial x_F^2} < 0; T_{CC} \equiv \frac{\partial^2 T}{\partial x_C^2} > 0 \qquad (4.4)$$

不太好认定符号的情况是交叉偏导。$T_{CF} = T_{FC} \equiv (\partial^2 T / \partial x_C \partial x_F)$①。如果 $T_{CF} = T_{FC} < 0$，则生产者的游说努力或政治压力的增加将会增加消费者压力的边际效果，而消费者游说努力的增加将减少生产者压力的边际效果。这种情况显然对消费者有利，我们称之为"有利于消费者的政治影响"（Consumer-biased political influence）。相反，如果 $T_{CF} = T_{FC} > 0$，则生产者的游说努力或政治压力的增加将会减少消费者压力的边际效果，而消费者游说努力的增加将增加生产者压力的边际效果。这种情况显然对生产者有利，我们称之为"有利于生产者的政治影响"（Producer-biased political influence）。在一般情况下，我们认为以上两种情况均可能出现。因此，为了论述方便，我们可以假定 $T_{CF} = T_{FC} = 0$，在这种情况下，任何一方游说努力的增加都不能影响对方游说努力的边际效果。

---

① 这里实际假设两个交叉偏导数都是自变量的连续函数，因此二者相等。

　　另外,我们还应该假定进行游说也是需要付出成本的,而且游说努力带来的边际成本是递增的。

　　如果将两个压力集团的游说努力分别作为二者的决策变量,我们需要推导出两个压力集团的反应曲线,在此基础上则可以找出两个集团博弈的纳什均衡。为了得出两个集团的反应曲线,我们首先分析一下价格变化对两个集团利益的影响,显然这种利益的变化决定了双方分别将采取何种努力程度以影响政策。

　　首先看生产者,在其他情况不变的前提下,如果生产者游说努力程度提高,关税将上涨,然后则价格会上涨,价格上升带来生产者剩余上升。如果我们用生产者剩余作为衡量生产者利得的标准,并将其看做价格的函数,那么 $PS = R(p)$,则毫无疑问是一个增函数。同时,生产者剩余的增加是随价格的上升而加速度上升的,即 $R''(p)$ 为正,所以 $R(p)$ 是一个凸函数。

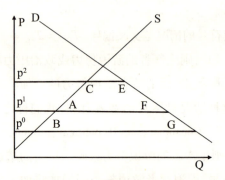

图4—1　生产者剩余、消费者剩余随价格变化而变化

　　例如,见图4—1,价格从 p^0 上涨到 p^1,生产者剩余增加 $p^0 p^1 AB$,继续上涨同样幅度的价格到 p^2,生产者剩余增加 $p^1 p^2 CA$,显然 $p^1 p^2 CA$ 大于 $p^0 p^1 AB$,这说明 $R(p)$ 是以加速度增长的。

　　所以生产者剩余与价格之间的关系如图4—2:

　　同样的道理,我们可以考察消费者剩余与价格的 关系。我们定义 $CS = S(p)$,消费者剩余肯定是随价格上涨而下降的。但是消费者剩余

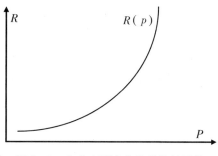

图4—2 生产者剩余作为价格的函数

下降的幅度也是下降的。所以，$S''(p)$ 也是大于零,即 $S(p)$ 是一个单调递减的凸函数。这一点我们也可以从图4—1上看出来。价格从 p^0 上涨到 p^1,消费者剩余减少 $p^0 p^1 FG$,继续上涨同样幅度的价格到 p^2,生产者剩余减少 $p^1 p^2 EF$,显然 $p^1 p^2 FG$ 大于 $p^0 p^1 EF$,这说明 $S(p)$ 是以递减的速度减少的。由于 $S(p)$ 的一阶导数本身为负数,所谓递减的速度指其绝对值递减,其本身的斜率以负数衡量实际上是递增的,所以其二阶导数为正,是一个凸函数,如图4—3:

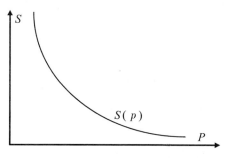

图4—3 消费者剩余作为价格的函数

根据上面的信息,我们可以开始考察两个压力集团的反应函数了。首先我们看看消费者集团对生产者集团游说努力的反应。在给定生产者游说努力 x_F 的情况下,消费者集团会决定自己的最优努力程度。所以有 $x_C^* = x_C^*(x_F)$。如果 x_F 上升,则关税上升,则国内价格会上升,于是消费者剩余减少,而且是边际消费者剩余将减少。在这种情况下,消

费者游说努力的边际收益下降了,而消费者的最优游说努力 x_C^* 是由其边际收益和边际成本决定的,边际收益下降,意味着优化的游说努力程度将下降。所以 $x_C^* = x_C^*(x_F)$ 是一个减函数。

同样的道理,我们再看生产者集团对消费者集团游说努力的反应。在给定消费者游说努力程度 x_C 的情况下,生产者集团会决定自己的最优努力程度。所以有 $x_F^* = x_F^*(x_C)$。如果 x_C 上升,则关税下降,则国内价格会下降,于是生产者剩余减少,而且是边际生产者剩余将减少。在这种情况下,生产者游说努力的边际收益下降了,这也意味着其优化的游说努力程度将下降。所以 $x_F^* = x_F^*(x_C)$ 也是一个减函数。

如果二者的相互反应存在一个纳什均衡,以 x_C 为横轴,x_F 为纵轴,则均衡条件要求 $x_C^*(x_F)$ 比 $x_F^*(x_C)$ 更加陡峭,如图4—4(a)中的情况。否则如图4—4(b)中的情况,就会出现发散的情况,而得不到一个稳定的均衡点。

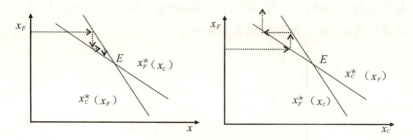

图4—4(a) 存在稳定均衡的反应曲线　图4—4(b) 不存在稳定均衡的反应曲线

例如,在某个 x_F 水平上,在图4—4(a)中,双方的反应会沿着箭头方向进行,最后趋向于均衡点。但在图4—4(b)中,双方的反应也会沿着箭头方向进行,最后趋于发散。

根据图4—4(a)中所表现的情况,我们来分析一下如果出现各种外部冲击,即反应函数给定参数如果发生了变化,纳什均衡所决定的双方的游说程度将发生什么变化,显然这种变化将最终决定关税水平。

例如,现在世界价格趋于下降,在关税制度下,世界价格的下降将带动国内价格的下降。在这种情况下,在给定的生产者游说力量x_F下,消费者集团由于价格变动而带来的边际收益上升,于是消费者集团将更有动力进行游说。这促使消费者集团的反应曲线向右移动。同时,对于生产者集团来说,在给定的消费者游说努力程度下,生产者因为价格变动而带来的边际收益下降,于是生产者集团进行游说的动力减小。这促使生产者集团的反应曲线向下移动。如图4—5:

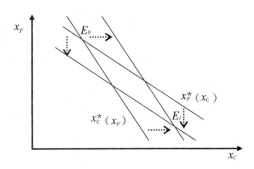

图4—5　世界价格下降后两个压力集团反应曲线的变化

从图4—5中我们可以看到,当世界价格下降后,两个压力集团的政治游说努力的纳什均衡由E_0变为E_1。在新的均衡点,生产者的游说努力程度x_F下降了,而消费者的游说努力程度x_C上升了。从公式(4.2)和(4.3)中我们知道,最终的关税是两个压力集团努力程度的函数,即$T = T(x_F, x_C)$,而且存在关系$T_F \equiv \dfrac{\partial T}{\partial x_F} > 0$;$T_C \equiv \dfrac{\partial T}{\partial x_C} < 0$,为了简便起见,我们可以设想函数关系

$$T = T(x_F, x_C) = x_F/x_C \tag{4.5}$$

现在在新的纳什均衡点,x_C上升了,x_F下降了,所以总的来说,关税将趋于下降。

根据以上的分析,当某种产品的国际价格下降时,压力集团的斗争似乎具有某种反贸易保护的特性,生产者集团的游说努力会下降,而消费者集团斗争的积极性将上升,最终会使关税水平下降。这种情况似乎与我们在日常经济生活中见到的情况有所不同。事实上,当某个产

第四章　贸易政策的国内协调

业面临国际市场的竞争压力加剧的情况下,其生产者集团的压力往往会上升,贸易保护主义倾向加强。因此,以上模型的结论与现实存在一定的距离。

为什么上面的模型会得出同现实情况相距甚远的结论呢?这主要是因为我们事实上假设了生产者和消费者利益集团的游说努力程度取决于其边际生产者剩余和边际消费者剩余。而用生产者剩余和消费者剩余概念直接表示生产者和消费者利益集团的利得实际上回避了一个问题:用生产者剩余和消费者剩余可以衡量两个利益集团的收入变化,但并不一定能够反映两个利益集团的效用变化。我们在分析中假设了利益集团在对其自身的剩余进行最优化决策,而事实上,利益集团往往是对自身的效用进行最优化决策。用前一种决策方式代替后一种决策方式实际上就是假设了两个利益集团的收入的边际效用不变。

在上面的分析中,我们潜在地假设了两个利益集团的收入的边际效用不变,也就是假设了利益集团都是风险中性的(risk-neutral)①。但是,在现实生活中,往往存在风险厌恶(risk-aversion)。在存在风险厌恶时,利益集团的财富的边际效用是递减的。这一点对于利益集团行动的逻辑存在重要的影响。

当价格上涨时,虽然生产者集团获得的边际剩余是上升的,但是随着总的生产者剩余的增加,每单位剩余的效用是递减的。当后者的力量足够强大时,也就是当生产者集团的风险厌恶度足够大时,每单位价格上涨带来的效用是递减的。同样的道理也适用于消费者集团。价格上涨虽然使消费者集团损失的边际剩余下降,但随着消费者剩余的减少,其边际效用上升,如果这种上升的程度足够大,则单位价格上涨导致的损失程度是递增的。

---

① 请参见 Varian(1992)。在该经典教材的第 11 章中可以看到,我们可以用效用函数的曲率衡量风险厌恶程度。Arrow-Pratt 风险厌恶度是衡量效用函数曲率,也是衡量风险厌恶程度的重要指标。如果以 w 表示财富或收入,u 表示效用。则风险厌恶度 $r(w) = -u''(w)/u'(w)$。显然,当存在风险厌恶时,即 $r(w)$ 大于零时,$u''(w)$ 小于零。

根据上面的分析,如果我们把生产者的效用和消费者的效用作为价格的函数,则可以看到,这两个函数不同于图4—2和图4—3的情况,而会是凹函数:

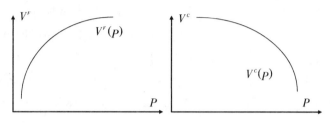

图4—6　生产者效用和消费者效用作为价格的函数

如果生产者和消费者利益集团是根据其效用最大化的原则而非收入最大化来决定其施加政治压力的努力程度,则双方的反应曲线将与图4—4(a)和图4—5中所体现的情况截然不同。两个反应曲线都会是正斜率的。

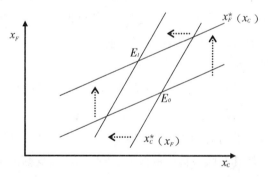

图4—7　世界价格下降后两个压力集团效用最大化决策反应曲线的变化

现在我们仍然假设世界价格下降,然后看看在这种情况下反应曲线的变化同图4—5有何不同。在图4—7中,生产者的反应曲线比消费者反应曲线更陡,否则将不会出现稳定均衡。当世界价格下降,在给定x_F的情况下,消费者的努力带来的边际效用是下降的,因此消费者集团将减少其努力程度,于是其反应曲线向左移动。而生产者在给定

x_C 的情况下,其游说努力带来的边际效用是上升的,因此会增加其游说努力程度。如图4—7 中所示,纳什均衡点将由 E_0 变为 E_1,x_F / x_C 将上升,从而导致均衡的关税水平上升。

显然在这种情况下,压力集团之间的斗争结果是具有保护主义倾向的。而图4—5 和图 4—7 所反映的两种截然不同的情况取决于一个重要的假设,即是否存在和在多大程度上存在风险厌恶。如果利益集团不存在风险厌恶,即是风险中性和风险喜好型的,则图 4—5 中所反映的情况将得以体现。如果各利益集团存在风险厌恶,但风险厌恶度较小,则结果仍会如图 4—5 中所示。只有当风险厌恶度足够大时,图 4—7 中体现的情况才会出现。

从这个模型中我们可以看出,当存在经济繁荣时,贸易保护主义倾向较低,其原因不仅仅因为经济繁荣缓解了市场压力,同时还可能因为在经济繁荣时,人们对风险的厌恶度较低,甚至是风险喜好的,于是政治均衡的结果是倾向于自由贸易的,如图 4—5 中所表现的那样。但是在经济萧条时,人们的风险厌恶度较高,这种保守的行为体现在政治均衡市场上,将带来贸易保护主义的倾向。如图 4—7 中所表现的那样。

另外,我们看到现在世界上传统产业的保护主义倾向比较严重,这可能同这些产业的生产者和消费者在面临这些产业的变动时,存在较大的风险厌恶度有一定的关系。而新兴产业,特别是目前的信息技术产品领域,人们的行为习惯,无论其生产者还是主要消费群体,在面临市场变化时,都具有风险喜好的倾向,于是其政治均衡的结果更加倾向于自由贸易。

当某产品的国际价格下降时,尽管存在使该产品关税上升的可能,但该产品的国内价格仍然会是下降的,不过其下降的程度不如国际价格。这一点是希尔曼(Hillman,1982)发现并证明的。希尔曼的这项研究是关于衰落行业的保护主义动机的。根据希尔曼的方法,决策者根据自己的目标函数进行优化决策以决定政策。决策者既关心政策对特定利益集团的影响,也关心对整体社会福利的影响。从我们上面的分析框架中,即使不用希尔曼的方法,也可以得到与其类似的结论。从直觉上来看,我们设想当世界价格下降时,生产者想要维护同原来同样的国内价格,必然要提高游说力度以提高关税。如果国内价格不变,两个压力集团的效用也不变,但生产者必须付出比原来更多的努力以进行游说以抬高关税,而提高游说努力程度的边际成本是递增的。因此,生产者将关税抬高到足以维持国内价格的水平,其肯定处于非优化的状态,付出了过多的游说努力。因此,均衡的关税水平必然会使新的国内价格低于原有的国内价格。从这一点上来看,结论还是令人鼓舞的。

第三节　政党和政府

在第二节中,我们将关税水平看做是压力集团的压力函数,而在现实的政治运作中,政策显然并非由压力集团直接决定,政党和政府也起着重要的作用。一种情况是数个政党都用一定的政策主张吸引各个社会群体的支持,最终的政策取决于不同政党各自的政策主张以及分别当政的可能性。另一种情况是政府是在任的,它希望通过一种最优政策以最大化其利益,而其利益取决于不同利益集团给其的支持,同时也取决于总体社会福利水平的高低。相对来说,后一种情况更加具有现实意义。

一、两党模型

西方社会实行政党制的国家,特别是实行两党制的国家,政党在进行竞选时往往对其上台后可能实行的政策进行许诺。这种许诺可以看做是达成一项社会契约过程中的报价,竞选可以看做是达成一个社会契约过程中的竞价过程。尽管这些许诺并不一定能够完全兑现,但如果这些许诺落空太多,政党的信誉难免会受到损害,从而丧失其基本群众,因此,许多政党在当选后还是会尽量去兑现其承诺的。

假设某个西方国家,存在两个政党,一个政党倾向于高关税,另一个政党倾向于低关税。同时,还存在着两个压力集团,一个集团倾向于高关税,另一个集团倾向于低关税。两个压力集团的存在对这两个政党的主张有很重要的影响。如果压力集团不存在的话,像前面所讨论的情况,所有的选民都是单兵作战的,那么这两个政党的政策主张也会向中间靠近变得没有多少区别,而且其政策主张都会与中位投票人接近。

但是,如果政党需要考虑压力集团,其政策主张的提出就要考虑更多的情况。在布若克和梅旨(Brock and Magee,1978)设计的一个框架中,他们认为一个政党提出政策主张的直接目的就是提高其当选的可能性。

为了提高其当选的可能性,其一,政党需要从支持它的压力集团那里获得更多的支持。例如,主张高关税的政党越是提出较高的关税主张,越是能够获得高关税压力集团的支持;反之,主张低关税的政党越是提出较低的关税主张,越是能够获得低关税压力集团的支持。这种支持,在布若克和梅旨(Brock and Magee,1978)的论文中主要表现为政治捐款,但实际上,支持的形式可能远多于政治捐款,实际上还可能包括直接的选票,特别是压力集团可以在社会上进行有利于其支持的政党的社会宣传,发表带有倾向性的研究报告或政策辩护声明等。但是无论采取政治捐款还是以造势的方式进行支持,压力集团都要付出成本和代价。即使是选票本身,压力集团越是要达成一致,其内部的协调成本也更高。

其二,政党需要减少反对它的压力集团对自身造成的压力,同时对对方实行分化。例如,主张高关税的政党如果一味地提高自己的关税报价,显然会更加加剧低关税集团的反对情绪,但是如果降低一些关税报价,一则可以减轻低关税集团对自己的反对压力,同时还可以减少低关税集团对主张低关税政党的支持。当然,这样做也是有代价的,因为这可能减少自己的基本群众即高关税集团对自己的支持力度。

其三,对于两个压力集团之外的群众来说,一般是主张低关税的。

他们不会为了低关税政策而组织起来进行游说,但是,往往会投票支持主张低关税的政党。这一点,使得两个政党的关税报价都不能太高。但是,这一规律同时也受到前两个规律的限制,也就是说,主张高关税的政党并不一定必然输,因为如果它能够获得足够的压力集团的支持,有充足的竞选资金,有更加完善的舆论攻势,往往可以争取相当一部分群众的支持。

以上三点对于两个政党的关税报价将分别产生一定的影响,上述第一点中所说明的规律将会使两党的政策主张分离,即主张保护和高关税的政党的关税报价高,主张自由和低关税的政党关税报价低。上述第二点中所说明的规律则会使两个政党的报价相互靠近。即高关税政党的关税报价不能过高,低关税政党的关税报价不能过低。而第三点则会使两个政党一般倾向于降低关税。

如果我们现在将政党竞选成功的可能性作为两党政策报价的函数,则有:

$$P^H = P^H(T_H, T_L) \tag{4.6}$$

上式中,P 表示概率,T 表示关税报价,H 表示高关税,L 表示低关税。我们把主张高关税的政党当选的可能性作为两个政党提出的关税报价的函数。显然,主张保护的政党的最优化目标是最大化 P^H,主张开放的政党的最优化目标是最小化 P^H。

由于存在上述三点规律的矛盾作用,我们对(4.6)公式中函数的两个一阶偏导数的符号是无法确定的。但是,对于这个函数的性质,我们还是可以窥得一些端倪。一个合理的假设是在其他政党关税报价不变的情况下,某个政党通过增加关税报价所能够获得的边际收益是递减的。这里指的收益就是政党当选的可能性。所以存在:

$$P^H_{HH} = \partial^2 P^H / \partial T_H^2 < 0; P^H_{LL} = \partial^2 P^H / \partial T_L^2 > 0 \tag{4.7}$$

对于交叉导数 $P^H_{LH} = P^H_{HL} = \partial^2 P^H / \partial T_H \partial T_L$,其符号也不能确定。现在为了说明的方便,假设其为正数。首先,这意味着低关税政党关税报价的增加将使得高关税政党提高关税报价的边际收益上升,于是,这会使得高关税政党更加有动力提高关税报价。所以,如果以 T_L 为横轴,T_H 为纵轴,高关税政党的反应曲线 $T_H^*(T_L)$ 是正斜率的①。其次,更高的高关税政党关税报价将会使低关税政党增加关税报价的边际收益下降,从而促使低关税政党降低关税报价。于是低关税政党的反应曲线 $T_L^*(T_H)$ 会是负斜率的。

现在我们设想一下,如果主张高关税的利益集团态度变得更有进攻性,两个政党的反应曲线会发生什么变化。一方面,高关税政党在其他条件不变的情况下,将提高关税报价的幅度以获得更多的资金和造势支持,这使得其反应曲线向上移动。而另一方面,在其他条件不变的情况下,低关税政党也会不得不提高关税报价,这使得其反应曲线向右移动。移动的结果可能导致两种情况,如图4—8:

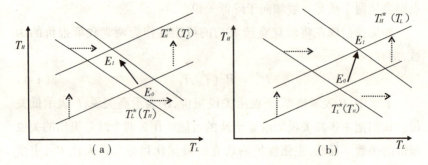

图4—8 两党关税报价博弈的纳什均衡点的变化

从图4—8中我们可以看出,当倾向于贸易保护的高关税压力集团变得更有进攻性之后,即使两个政党的反应曲线都有更加趋于提高关税的移动,但最终达到的均衡结果却是不确定的。在图4—8(a)中,纳什均衡点变化了之后,两个政党的关税报价出现了分离现象。高关税政党的关税政策主张更加高了,而低关税政党的关税政策主张更加低

---

① 坐标系无论以 T_H 还是 T_L 为横轴,$T_H^*(T_L)$ 都会是正斜率的。但在这里,我们确定以 T_L 为横轴。

了。当然,在图(b)中,两个政党的关税报价都上升了。当然这时的期望关税水平也会上升。而在图4—8(a)中,如果从 E_0 到 E_1,T_L 的下降幅度足够大,则期望关税水平是下降的。

尽管上述的分析并没有能够使我们得出单一的结论,更为确定的结论还必须建立在对 $P^H = P^H(T_H, T_L)$ 函数形式的具体估计上。但是,以上的分析仍然使我们得到了一个颇为有趣的信息:如果某个压力集团变得更为强硬,其最终的结果有可能会产生与这个集团事与愿违的均衡,两个政党的政策主张可能会差距更大,最终形成的期望政策值可能朝着对该压力集团不利的方向发展。

二、在任政府模型

在上面的例子中,我们假定的政治背景是一个两党制的政党制度。这虽然与一些国家的政治制度相吻合,但是与中国的政治制度相差太远。在世界上许多国家,政府并不是通过两党竞选而形成的。但是,无论哪个国家的政府,作为执政者,都会具有一些共性。那就是,政府都会一方面希望获得更多的来自不同利益集团的支持,同时也会希望通过提高整体社会福利水平获得普遍群众的支持。

每个政府都会或多或少地关心整体社会福利的提高,正如在第三章中已经讨论的那样,整体福利不是决定政策的唯一标准。但是,政府多少都会考虑整体福利问题。政治制度越具有民主的性质,政府越会考虑整体福利水平的提高。另外,政治竞争也是促使政府考虑整体福利水平的重要因素。当一个国家面临巨大的国际竞争压力,对于"落后就会挨打"的道理有深刻的认识时,其类似中国封建社会时期下的超稳态结构就难以维持,政府提高整体国力和福利水平的动力就会更加大。

另外,每个政府也都会寻求不同利益集团的支持,这种支持的形式可能是直接的政治捐款,也可能是支持现任政府政策的舆论造势或研究报告等。

政府的收益函数就是由以上两部分构成的,不同的国家的政府只是在考虑整体福利和特殊利益集团支持的权重上有所不同。政府决策的结果就是要使得这个收益函数最大化。

格罗斯曼和赫尔普曼(Grossman and Helpman, 1995a)在其论文《待价而沽的贸易保护》中以在任政府利益最大化为前提,分析了贸易政策形成的过程。在这个过程中,首先是各个压力集团向政府提供一个清单,在这个清单中列明不同的政策结果下,该利益集团愿意对政府提供的支持。在格罗斯曼和赫尔普曼的分析中,他们将所有的这些支持都以金钱来表示。当然,这个过程不是直接的,而是隐含在政治运作中的。因为几乎所有国家都规定直接的资助以影响政策是非法的或者必须是有限度的。但是,政府提供政策以换取支持,这是不言而喻的事情。

政府在面临这些政策报价单之后,就会以最大化自身收益为前提来决定政策。正如前面所说的,政府的收益函数是整体福利和利益集团支持的加权和。同时,各个压力集团也清楚,政府最终将以自身利益最大化的标准来确定政策。

最后均衡的结果是每个压力集团都在别的压力集团的政策报价单不变的情况下,其政策报价单是最优的。而政府是根据这样一组政策报价单而进行了利益最大化选择之后决定了最终的政策。

以上的这种问题被称为"共同代理问题"(Common Agency Problem)。许多压力集团以及普遍选民,都是在任政府的委托人,代理人只有一个。因此,在这种问题中,不仅存在委托人和代理人之间的矛盾,而且存在不同代理人之间的利益冲突。

下面,我们将格罗斯曼和赫尔普曼(Grossman and Helpman, 1995a)按照上述思路设计的一个模型简单介绍一下。我们先初步说明一下模型的设定,然后说明其得到的两个基本结论。对于其中的证明过程,这里就不做讨论了。最后,我们看看其结论具有什么样的意义。

假设存在一个小国,共有人口 N 人。每个人都具有同样的偏好但具有的要素资源不同。有的人只拥有劳动,有的人既拥有劳动,也拥有某种特定要素。他们共生产 $n+1$ 种产品,产品 0 是仅由劳动要素生产而成,在这里作为一个标量产品,其国际和国内价格均设定为 1。另外 n 种产品都是由劳动和某种特定要素生产而成,其国内价格为 p_i,其国际价格为 p_i^*,在这里 i 表示产品 $1,2,3,\cdots,n$。

每个人的效用函数可以表示如下:

$$u = x_0 + \sum_{i=1}^{n} u_i(x_i) \qquad (4.8)$$

x 在这里表示产品的消费量,由需求函数 $x_i = d_i(p_i)$ 决定。显然这一需求函数是边际效用函数的逆函数。x_0 是标量产品(Numerair)。

相应的间接效用函数可以表示如下:

$$V(p,E) = E + s(p) \qquad (4.9)$$

其中 p 是国内价格向量。E 是总支出。$s(p)$ 是消费者剩余,可以表示为:

$$s(p) = \sum_i u_i[d_i(p_i)] - \sum_i p_i d_i(p_i) \qquad (4.10)$$

下面我们再确定一下要素的报酬。劳动报酬作为标量产品的投入,假设具有规模经济不变,投入产出比为 1 的性质。劳动力资源如果足够多,可以确保这种标量产品的生产,则在完全竞争条件下工资率可以确定为 1。那么剩下的特定要素报酬的多少将由其生产的产品价格决定,对应 n 种产品,共有 n 个特定要素,每种特定要素获得的总报酬为 $\pi_i(p_i)$。

贸易政策在这里可以用关税或者补贴为例来表示。对于一个小国来说,外界的世界价格是不能用本国的贸易政策来改变的。所以,这里可以认为世界价格固定为外生变量。因此,贸易政策的直接后果就是国内价格的变动,因此,关税或补贴政策的幅度实际上就可以用国内价格直接表示。各个压力集团提出的政策报价单就是将不同的国内价格与相应的捐助金额对应起来。其捐助金额是:

$$C_i = C_i(p) \quad i = 1, 2, \cdots, L \tag{4.11}$$

由于并非所有的产业利益集团都可以有效形成压力集团,我们假设只有一部分产业成功地组织成为了压力集团。因此,在(4.11)式中,我们假定共有 L 个产业形成了压力集团。

政府通过实行贸易政策,征收了关税或者发放了补贴,而实际上无论通过关税获得的财政收入还是通过补贴需要支付的财政开支,最终仍然是要转移到老百姓身上或者由老百姓来承担。我们将这种收入或负担摊在每个人头上,就有:

$$r(p) = \sum_i (p_i - p_i^*) \left[d_i(p_i) - \frac{1}{N} y_i(p_i) \right] \tag{4.12}$$

(4.12)式实际上就是将产品的国内外价格差价乘以人均进出口量,从而表示人均税收或补贴。其中的产量 $y_i(p_i) = \pi'_i(p_i)$,因为价格提高 1 单位,劳动报酬不变,所以边际收益正好等于产量。

根据上面的分析,我们可以将每个产业特定要素所有者的总福利水平计算出来,由于只有形成压力集团的产业才有政治捐赠,所以我们无论其是否有政治捐赠,先计算每个产业包含政治捐赠在内的总福利水平。

每个产业的特定要素所有者获得的总福利水平为:

$$W_i(p) = \lambda_i + \pi_i(p_i) + \alpha_i N[r(p) + s(p)] \tag{4.13}$$

在(4.13)式中, λ_i 是该产业中的劳动拥有量,也就是劳动报酬。α_i 是其人口占总人口的比重。所以上面的式子所表明的是,每个产业的特定要素所有者获得的总福利来自于其劳动报酬、特定要素报酬、政府转移支付以及其作为消费者的消费者剩余。

同时,如果计算其净福利水平,则可以再将其政治捐赠 $C_i(p)$ 从 (4.13)式中减去,如果该产业没有形成压力集团,则可以定义 $C_i(p)$ 为 0。每个利益集团的目的在于最大化其净福利水平。

政府的收益函数由两部分构成,一部分取决于其收入的政治捐赠,另一部分取决于社会总体福利及其在政府心目中的地位:

$$G = \sum_{i \in L} C_i(p) + aW(p) \quad a \geqslant 0 \tag{4.14}$$

a 的大小表示的是政府对社会总体福利水平的重视程度,其中社会总福利,就是社会各产业的所有成员总福利的加总。

$$W(p) = \lambda + \sum_{i=1}^{n} \pi_i(p_i) + N[r(p) + s(p)] \tag{4.15}$$

整个政策产生的过程可以由一个两阶段的序贯博弈来总结。在第一阶段,各产业压力集团提出政策报价单,相对每种价格向量提出一个捐赠金额,也就是其捐赠计划。在第二阶段,政府根据各产业压力集团的报价以及自己收益最大化的原则来确定政策,从而也就是确定了最后的国内价格向量。均衡结果是,各产业的一组捐赠函数 $\{C_i^o(p)\}$ 和政府确定的政策结果。每个产业压力集团的捐赠计划,都是在给定其他产业的捐赠计划的前提下,同时考虑到政府也在进行收益最大化决策,自身产业成员收益 $W_i(p) - C_i(p)$ 最大化的结果;另外政府确定的政策结果,即在给定各产业捐赠计划的前提下,政府自身收益(G)最大化的结果:P^o。最终,这个结果会确定通过捐赠函数得到的具体捐赠金额。

上面的这个博弈过程也被称为"菜单拍卖问题"(menu-auction problem),Bernheim 和 Whinston(1986,转引于 Grossman, Helpman, 1995a)曾经对这一博弈的均衡特征进行过分析。格罗斯曼和赫尔普曼(1995a)应用了他们的成果,首先给出了在这样一个二阶段博弈中,子博弈精炼纳什均衡存在的条件。

如果把 p 作为政府可以选择的政策范围,即所有产品的价格都在允许的最高价和最低价之间。那么存在下列定理一:

定理一:($\{C_i^o\}_{i \in L}, p^o$)是上述的二阶段贸易政策序贯博弈的子博弈精炼纳什均衡的充要条件是:

(1)C_i^o 对于所有 $i \in L$ 是可行的。

(2)在 p 的范围内,p^o 使得 $G = \sum_{i \in L} C_i(p) + aW(p)$ 最大化。

（3）在 p 的范围内,对于所有 $j \in L$, p^o 使 $W_j(p) - C_j^o(p) + \sum_{i \in L} C_i(p) + aW(p)$ 最大化。

（4）对于每个产业 $j \in L$,都存在 $p^j \in p$,使得在 p 范围内最大化 $G = \sum_{i \in L} C_i(p) + aW(p)$,并使 $C_i^o(p) = 0$。

在定理一的基础上,格罗斯曼和赫尔普曼(1995a)进一步计算出了最终的均衡政策,即均衡的从价贸易税率或补贴率。结果如下:

定理二:如果每个压力集团提出的政策报价清单在均衡点附近是可微的,并且如果均衡点位于 p 内,则政府的贸易税或补贴满足:

$$\frac{t_i^o}{1 + t_i^o} = \frac{I_i - \alpha_L}{a + \alpha_L}\left(\frac{z_i^o}{e_i^o}\right) \qquad i = 1, 2, 3, \cdots, n$$

其中 $t_i^o = (p_i^o - p_i^*)/p_i^*$,是从价税率或补贴率。$\alpha_L$ 为属于压力集团的人口在所有人口中的比重。I_i 表示该产业是否形成了压力集团,如果该产业已经组织成为了压力集团则 I_i 为 1,否则为 0。

$z_i^o = y_i(p_i^o)/m_i(p_i^o)$,表示产量与进口量(出口则为负)的比例。这一比例可以衡量利益集团的相对利益砝码,从而表示该压力集团的政治动力。显然,如果产量很高,则国内价格每上升一个单位,该集团的利益就上升很多;同时,如果进口量很小,则在进口需求弹性不变的情况下,国内价格每上升一个单位,社会损失会很小。

$e_i^o = - m'_i(p_i^o)p_i^o/m_i(p_i^o)$,表示进口需求弹性(定义为正)或出口供给弹性(定义为负)。

从以上的定理二中我们可以看出均衡贸易政策的某些规律。首先,进口需求弹性或出口供给弹性无疑是影响政策的重要因素。如果弹性很大(绝对值),税收或补贴的程度就会很小,政策就越接近于自由贸易政策。

如果政府对社会整体福利的关心程度很高,则 a 的数字很大,那么这时 t_i^o 的绝对值就会很小,则社会越接近于自由贸易。

如果某个压力集团的游说政治动力大,即 $z_i^o = y_i(p_i^o)/m_i(p_i^o)$ 比较大,则更加易于获得有利于自己的政策。这个模型在此问题上的一个不足之处在于它没有将每个集团的人均利益砝码作为游说动力来考察。

在一般情况下,凡是组织起来了的行业,即形成了压力集团的行业,其 I_i 为 1,则 $\dfrac{t_i^o}{1+t_i^o} = \dfrac{I_i - \alpha_L}{a + \alpha_L}(\dfrac{z_i^o}{e_i^o})$ 为正,即可以获得关税进口保护或出口补贴,而没有组织起来的行业,则 I_i 为 0,则 $\dfrac{t_i^o}{1+t_i^o} = \dfrac{I_i - \alpha_L}{a + \alpha_L}(\dfrac{z_i^o}{e_i^o})$ 为负。

一个有意思的结论是,处于两个极端的情况,即所有行业都组织成为了压力集团,或者所有行业都没有形成压力集团,形成的政策都会是符合自由贸易的政策。因为如果是前一种情况, $\alpha_L = 1$,但每个行业中的 I_i 也等于 1,所以均衡税率为 0;如果是后一种情况, $\alpha_L = 0$,但每个行业中的 I_i 也等于 0,所以均衡税率也为 0。

单纯从均衡政策的结果来看,没有压力集团或普遍形成压力集团导致的政策都是社会福利最大化的最优政策。但是,如果考虑到行业压力集团的组织成本,或压力集团在向政府捐赠过程中需要规避法律限制的成本,则显然还是没有任何压力集团的情况更好。但是,如果某些压力集团的存在是不可避免的,同时我们再考虑到压力集团提供的政策报价清单也为政府决策提供了一定的信息,普遍形成压力集团也可以看做是一种次优选择。

三、游说与抉择模式的比较

从上面我们可以看出,如果社会上某些压力集团的游说活动是不可避免的,那么,使得其他利益集团也形成压力集团,则由于压力集团之间对于偏离社会利益最大化贸易政策的主张得以抵消,反而能够实现社会利益最大化的贸易政策。但是,压力集团的游说本身导致更多的"非生产性寻利行为"(DUP)①的出现,这种浪费如果大于游说带来的更多信息披露的好处,其结果仍然是不经济的。所以,制度设计②应该尽量使得压力集团在游说中浪费小,同时使之信息披露带来的利益大。

康格里顿(Congleton,1980,1983;参见刘东,1998)对于如何减少游说活动带来的社会损失提供了一个思路。下面,我们把他的思路和例子稍作改动,用来说明我们这里关于贸易政策决定机制的讨论。

现在假设有一个政策,涉及某项中间产品的进口问题。两个产业,一个是该中间产品的生产者,另一个是该中间产品的使用者,即最后制成品的生产者。这两个产业的规模相当,因此不像一般消费品的生产者和消费者那样政策决策过程完全偏向于生产者。生产者希望禁止进口,使用者希望开放贸易。为简化起见,我们假设,如果禁止进口会导致生产者收益100万元,而使用者损失100万元;反之如果开放贸易生产者将不能得到这100万元的收益,使用者也不会受到损失。也就是说,禁止进口的政策实施与否关系到100万元收益到底归哪个集团。

现在有三种决策机制,一种是两个集团的直接对抗。谁付出的宣传费用高,谁就会获胜,并最终取得有利于自己的政策。第二种决策机制是由一位社会总管来决定是否实施进口禁令。这位总管是根据其获得贿赂的多少来决定制定何种政策,哪个集团给予的贿赂多,哪个集团就可以获得更为有利的政策。与此同时,两个集团在给予贿赂时还必须花费一定金额来掩人耳目。比例,给1万元贿赂,还必须再花费1000元来隐瞒。第三种机制是由一个三人委员会来进行决策,当然这三位委员将按照少数服从多数的原则进行投票决策。这三个人也是分

---

① 这个概念是巴格瓦蒂最先提出的,类似于我们通常所说的寻租行为,在这里巴格瓦蒂更加强调了这种行为的浪费性。

② 在这里,贸易政策被看做是内生的变量,但产生贸易政策的游戏规则,即决策制度被作为外生的因素。但是,更为深入的分析还应该将制度内生化。

别按照自己能够收到的贿赂多少来决定到底投有利于何方的票。而这种贿赂也要有相当比例的掩人耳目费。

按照康格里顿的观点，以上三种方式中，第一种方式社会成本最大。因为两个利益集团为了争夺 100 万元的利益，为竞相增加开支以进行宣传，生产者出 50 万元，使用者可能愿意出 60 万，而生产者面对使用者的攻势，可能还会愿意进一步提高开支到 65 万……于是，双方竞相提高开支，使得最后开支都接近 100 万元。这种情况，形成了寻租理论中所谓的"租的耗散"（rent dissipation）。

第二种方式下，两个集团都竞相给社会总管以贿赂，最后双方给出的贿赂连同掩人耳目的开销也都会接近 100 万元。从两个集团的角度来说，他们的开支与第一种方式下的开支相当。但从社会经济成本上说，贿赂的钱是一种转移支付，社会损失的钱主要是掩人耳目的开销，因此，其导致的社会损失小于第一种情况。

在第三种方式下，两个集团分别只有能够争取到两个委员的支持就可以获胜。所以在这种情况下，其贿赂的金额不会轮番上涨，反而可能有下降的趋势。例如，生产者分别向三个委员贿赂（20 万，20 万，20 万），使用者则可以分别贿赂（25 万，25 万，0），照样可以争取到两个委员从而获胜，在这种情况下，生产者可以修正策略，选择（0，30 万，5 万），而使用者又可以针对其新的贿赂计划选择（5 万，0，10 万）……如此下去，双方的寻租开支可以越来越少。因此，在这种决策机制下，社会损失最小。

当然，康格里顿的想法有许多不足之处，例如他把贿赂看做只是转移支付，而没有考虑贿赂本身导致的不公平的再分配效应，他也没有看到公开宣传政策主张可能带来的信息披露的好处。但是他的分析给我们提供了一个思路，即多个决策者形成的集体决策机制，相对于由一个社会总管进行决策，能够更好地抑制贿赂，从而减少不同的利益集团的"非生产性寻利行为"（DUP）。

第五章　贸易政策的国际协调

第一节　国际协调的必要性与可能性

贸易政策的制定是国家主权范围的事情,但是,如果各国在制定贸易政策的时候不注意国际协调,那么国家间很容易产生政策战。特别是在大国之间,在具有规模经济效应和不完全竞争的产业中,各国之间的关税战、补贴战、汇率战将使得世界经贸秩序变得非常混乱。因此,一定程度上的政策协调对于维持一个稳定的国际经贸关系十分重要。

一、从企业战略竞争到政府的战略竞争

在第二章中,我们已经讨论了一些贸易保护的理由,特别是从图2—4 中我们可以看到,贸易各方为了通过关税改善贸易条件,最后陷入了关税战,显然,这会导致因犯困境的产生,使得贸易各方都受到损失。为了阐明企业战略竞争向政府间战略竞争转化的机制,我们从战略贸易政策的角度对贸易战再做进一步的说明。在这一节中,我们主要讨论生产税和生产补贴。

假设现在世界上有两个国家 A 和 B,分别有两个企业 a 和 b,同时我们假设存在两个产业或两个产品,分别是新产业和老产业。假设这两个产业都存在规模经济,因此从企业利润的角度来说单独由一个企业来占有一个产业比两个企业进入同一产业并分割世界市场要更有效益。两个企业进入市场的支付矩阵如表5—1:

表 5—1 企业对产业的选择

	b	
	新产业	旧产业
a 新产业	2,2	9,3
a 旧产业	3,9	1,1

在表 5—1 的支付矩阵中,我们采取划线法确定两个企业战略选择的纳什均衡,其结果是两个企业都会避免在同一个产业中撞车,从而对新产业和旧产业进行国际分工,在此基础上可以展开国际贸易。但是,显然上述博弈过程存在两个纯策略纳什均衡,一个是(9,3),另一个是(3,9)。而这两个结果对两个企业的意义是截然相反的。(9,3)对 a 有利,(3,9)对 b 有利。

值得注意的是,两个企业到底哪一个能够占据新产业,这是很不确定的。在新贸易理论中,无论是基于寡头市场结构假设的战略贸易理论,还是基于规模经济和差异化产品的垄断竞争贸易理论,其基础模型都不能确定多重均衡中到底哪一个能够成为现实中能够实现的均衡,除非放弃模型中的对称假设。不过在这个例子中,当两个企业都有可能进入新产业的时候,初始条件的稍微改变可能就会影响均衡的最后实现。

国际分工可以使两个企业或两个国家共同获利,但是贸易利益的分配却可能因两者在国际分工中的地位不同而大相径庭。新产业利润丰厚,而老产业利润较少。因此,两个企业都想要夺得新产业,而将老产业交给对方生产。

为了获得新产业,两个企业可能会向对手进行"威胁",声称自己肯定会去占领新产业。然而,在一般情况下,这种威胁的"可信度"(credibility)是很低的。因为,如果双方确实是有充分理性的,则一方对另一方的威胁将不予相信,除非对方采取行动确实改变了支付矩阵中的收益情况。对于企业来说，"破釜沉舟"之计，或可信的"承诺行为"（commitment）可能是一种有效的威胁，例如，a 企业可以通过事先对新产业的大量投资，形成新产业的生产线，而且使之不能向老产业转产，于是，一旦 a 企业进入老产业，其新产业的先期成本将成为一种浪费，最终使得老产业的成本上升，收益下降。如果其先期投入新产业的成本为 2，则其博弈支付矩阵变为（见表 5—2）：

表 5—2　a 企业的"破釜沉舟"

		b	
		新产业	旧产业
a	新产业	2,2	9,3
	旧产业	1,9	−1,1

在（表 5—2）中，a 通过使其生产旧产业的成本上升，从而使纳什均衡结果变为（9,3）这一唯一结果。这样，a 实质上通过减少自己的选择余地，反而获得了对自己最有利的结果。

"破釜沉舟"是通过企业自身的力量去改变支付矩阵，使自己一旦不实践"威胁"就会受到更大的损失，从而不得不实践"威胁"，从而增强了威胁的可信性。但是，如果对手也实施这样的行为呢？那样的话，任何一方可能都不会夺得全部的新产业垄断利润了。

从传统理论上来说，小国政府干预自由贸易会导致福利的损失。但是，如果世界市场是一个不完全竞争的市场，有规模经济效应的市场，那么，政府通过实施战略贸易政策，有可能帮助企业夺得市场上的垄断利润，从而导致该国福利水平的上升。

在上述的例子中，从政府的角度来说，如果实施某项干预政策能够帮助企业夺得新产业，从而夺得高额的垄断利润，则这种利润可能会大大高于干预措施带来的其他经济扭曲产生的损失。在这种情况下，干预措施则是有利于该国福利水平提高的。

例如,现在 A 国为了鼓励 a 企业进入新产业,决定采取干预措施。假设现在有两种干预措施。一种情况是 A 国可以对其希望淘汰的产业征税,例如对旧产业征税,幅度为 2。那么,在这种情况下,两个企业的支付矩阵情况会如表 5—2 一样。其效果相当于 a 企业自己实施了有效承诺。

另一种方法是 A 国对其希望扶持的产业——新产业给予扶持,例如给予幅度为 2 的补贴。那么,在这种情况下,两个企业的支付矩阵为(见表 5—3):

表 5—3　A 国对新产业实施补贴后的情况

		b	
		新产业	旧产业
a	新产业	4,2	11,3
	旧产业	3,9	1,1

从上面的情况看,A 国对新产业实施补贴同 A 国对旧产业实施生产税所产生的后果基本上是一样的,都使两个企业的博弈结果只剩下一个纯策略纳什均衡。不同的是,如果对旧产业实施生产税,a 企业最终会选择进入新产业,所以实际上生产税不会征收,其起到的作用无非是使 a 企业的进入新产业的承诺更为有效了。但如果是对新产业采取补贴政策的话,补贴会最终实施。a 企业获得了 11 的利润,其中 2 是 A 国国内的转移支付,其余的 9 是来自于世界市场的垄断利润。

如果 A 国实施干预政策,B 国也可能实施干预政策。实施干预政策的组合有四种:A 国实施生产补贴而 B 国实施生产税;A 国实施生产补贴同时 B 国也实施生产补贴;A 国实施生产税同时 B 国也实施生产税;A 国实施生产税而 B 国实施生产补贴。以上所有的生产补贴都针对新产业,而所有的生产税都针对老产业。补贴和征税的幅度都为 2。

这四种情况下,a、b 两个企业的博弈情况分别如(表5—4(a)、表5—4(b)、表5—4(c)、表5—4(d)所示:

表5—4(a)　A 国对新产业实施补贴,B 国对旧产业征税

		b	
		新产业	旧产业
a	新产业	4,2	11,1
	旧产业	3,9	1, −1

表5—4(b)　A 国对新产业实施补贴,B 国也对新产业补贴

		b	
		新产业	旧产业
a	新产业	4,4	11,3
	旧产业	3,11	1,1

表5—4(c)　A 国对旧产业征税,B 国也对旧产业征税

		b	
		新产业	旧产业
a	新产业	2,2	9,1
	旧产业	1,9	−1, −1

表5—4(d)　A 国对旧产业征税,B 国对新产业补贴

		b	
		新产业	旧产业
a	新产业	2,4	9,3
	旧产业	1,11	−1,1

在以上的任何一种政策对抗的组合中,a、b 两个企业都无法单独

获得新产业市场的垄断利润。最后形成的纳什均衡是两个企业都进入了新产业。如果将两国政府的政策制定作为博弈行为,事实上,两个企业之间的博弈就转化成了政府之间的政策博弈。

我们将上面的例子重新表述为政府之间的政策博弈。政府在干预(无论以生产税的形式还是以补贴的形式)与不干预之间进行选择。则两国政府之间政策战情况如表 5—5 所示（在这里我们用大写的 A 和 B 表示政府）：

表5—5　两国政府的政策斗争

		B	
		干预	不干预
A	干预	2,2	9,3
	不干预	3,9	6,6

在两国政府都不进行干预的情况下,双方获得收益的期望值均为6。但如果都干预,则各自只能获得 2 的收益。如果一方干预,另一方不干预,则干预方可获得新产业的利润,不干预方只能获得旧产业的利润。在表 5—5 的情况中,A 和 B 中先进行干预者能够获得更大的收益。这种情况显然会导致各国争相在各个领域中抢先进行干预,从而使干预措施盛行。

二、国家间政策斗争的囚犯困境和国际协调的必要性

在上面的例子中,我们看到企业的战略竞争行为由于政府实施战略贸易政策而演变为了国家之间(在这里以政府为代表)的战略博弈。图 5—5 中政府的博弈过程有两个纯策略纳什均衡。但是在图 5—5 的例子中,我们没有考虑到政府干预行为产生的福利净损失(Deadweight Loss)。

大国政府采取干预措施可以获得某些收益,我们把这些收益叫做

第五章　贸易政策的国际协调

"寻租"(Rent-seeking)收益,简写为 R。这些收益包括政府的战略贸易政策帮助企业夺得世界市场垄断利润的收益,也包括政府通过设置进口壁垒改善的贸易条件收益。显然,要获得这些收益就必须对世界市场具有一定的垄断力[1]。

但是,进行干预也需要成本,这种成本就是扭曲带来的福利净损失[2](Deadweight Loss)。我们将其简称为 D。

如果两国政府都不进行干预,那么两国都不存在扭曲导致的福利损失,但也不能够获得"寻租"收益 R。对于市场上的垄断利润,要么是由双方分享,要么各有50%的可能性获得。

如果双方政府均采取干预措施,则双方都将承担经济扭曲带来的福利损失,同时由于干预措施的"寻租"效应相互抵消,都不能获得"寻租"利益。

如果一方政府干预,另一方政府不干预,则干预方的贸易条件改善,或夺得垄断利润的概率上升,因此将获得"寻租"收益 R,同时也要承担由于扭曲带来的福利净损失。而不干预的一方由于贸易条件恶化或夺得垄断利润的概率下降,将损失相当于 R 的"寻租"收益,但不承担经济扭曲带来的其他福利损失 D。

如果现在寻租收益 R 大于其他福利净损失 D,以双方都不干预的情况作为基准,则双方博弈的情况表5—6所示:

表5—6 政策斗争囚犯困境

		B	
		干预	不干预
A	干预	$-D, -D$	$R-D, -R$
	不干预	$-R, R-D$	0,0

① 简单地说,这种垄断力可以用"勒纳系数"衡量,$(P-MC)/MC = 1/\varepsilon$,$\varepsilon$表示产品的弹性。如果要衡量进口产品的买方垄断力,$\varepsilon$表示进口产品的供给弹性。参见(Corden,1997)。

② 这里所谓"净损失",是在考虑"寻租"收益之前的净损失。

从表 5—6 中我们看到,两个国家博弈的纳什均衡为(干预,干预),其结果是双方都要承受经济扭曲的损失,但却都无法获得"寻租收益"。这一结果显然不如双方都不进行干预。

在这个政策斗争的例子中,我们看到两个国家单纯从自己的收益最大化角度出发考虑问题,最终的结果是双方的福利都受到了损失。单个国家的理性导致了各国共同的非理性结果。在国际政策斗争中,特别是大国,其制定的国内政策对其他国家都具有一定的外部性。"全球化"的重要特征就在于各国之间政策协调的必要性大大增强了。

如果两个国家达成协议,采取(不干预,不干预)的行为,则双方的福利水平都可以得到提高。因此,达成协议约束贸易干预政策是可以使双方共同获利的,符合帕累托优化标准。但是,贸易协议的达成可能是非常困难的,更重要的是协议的执行成本可能非常高,尤其是在静态博弈的情况下,协议双方即使达成协议,也没有动力来执行协议。

三、无限次重复博弈与永久性贸易安排

尽管随着各国经济联系的日益紧密,各国经济政策的协调变得越来越有必要,但是这种协调的难度是很大的。特别是,即使是有关国家就约束干预措施达成了协议,协议的执行也会由于囚犯困境而十分困难。

协议执行的难度主要在于如果一方违反了"不干预"的约定,而另一方遵守了约定,则遵守方反而会受到损失,而违约方不但不能因此受到惩罚,反而会因此获得好处。所以,要使得协议双方有维护协议的动力,必须使得违约方一旦违约,便会受到损失,而且其损失要大于其通过违约可能获得的收益。

对于双边协议来说,在一次性的静态博弈中,不存在这样一

种机制来惩罚违约者。但是，如果类似表 5—6 中那样的博弈过程要多次发生，则博弈者可能会为了避免今后受到损失而遵守协议。

在重复博弈中，我们可以考虑所谓"触发战略"（Trigger Strategy；吉本斯，1999），即双方采取这样的战略，一旦对方在某一阶段违约，则从此之后，自己将不再遵守协议①。

现在我们假设协议是有一个有效期的，这样协议订立后双方的行为就是一个有限次的重复博弈。我们设想如果这个协议的有效期为十年。在协议的执行期内，协议双方，例如 A 国会考虑到，如果在某年 A 国破坏协议，采取了贸易干预措施，那么在这一年中，它可能获得收益 $R-D$，并使 B 国受到损失 $-R$。但是显然从此之后 B 国将不会再遵守协议。因此，A 国从违约的次年开始将每年受到 $-D$ 的损失。如果 A 国觉得这种损失的现值大于 $R-D$ 的收益，A 国就会采取遵守协议不干预的行动。但是，如此下去，到协议的最后一年，即第十年的时候，A 国将会考虑到即使这一年不遵守协议，B 国已经不可能在第 11 年对 A 国采取报复行为，除非协议延期，否则在协议的最后一年，已经不存在一种对违约的惩罚机制。因此，A 国和 B 国在协议最后一年的博弈行为将与一次性的静态博弈的情况完全一样，也就是说，双方都会违反协议而进行政策干预。所以这个所谓十年的协议其实其真正的有效期最多为九年。

以上的逻辑同样可以用在分析第九年的情况。因为实质上第九年是双方执行协议的最后一年，反正第十年双方已经不可能再遵守协议，因此对第九年协议的遵守也就不会产生任何制约作用了，这样在第九年的博弈行为也可以归结为一次性的静态博弈，双方仍然无法走出囚犯困境。如此下去，事实上，直到第一年，双方都会采取不遵守协议的

---

① 对无限次重复博弈的分析可参照任何一本关于基础博弈论的教材，下面的分析主要参考了吉本斯（1999）的教材。

行为。有限次重复博弈的过程无非是静态博弈的简单重复,均衡结果仍然是囚犯困境。

从上面的分析看,对于双边协议来说,有限期限的自由化贸易安排是很难被遵守的,双方随时都会撕毁协议。从博弈论的角度看,在上述的例子中,走出囚犯困境的唯一可能是,达成永久性自由化贸易安排,从而使协议的执行过程是一个无限次重复博弈。

如果协议是一个永久性贸易安排,在协议执行中的任何一个阶段,如果协议一方违反协议,它都必须承受协议对方采用"触发战略"带来的损失。所以博弈方是否违反协议将取决于违约收益和违约损失之间的比较。例如 A 国如果在某一时期违约,如果对方采用触发战略,则 A 国在当期可获得收益 $R - D$,但从此之后每一期将损失 D。如果我们令折现因子为 δ,则所有损失折成现值为 $\sum_{t=1}^{\infty} \delta^{t} D$,即 $D\delta / (1 - \delta)$。将收益与损失比较,则净值为 $R - D - D\delta / (1 - \delta)$,也就是 $R - D / (1 - \delta)$。

从上面的情况可以看出,在无限次重复博弈下,博弈一方违约是否能够获得好处,取决于 $R - D / (1 - \delta)$ 是否大于零。如果这一数值大于零,则协议一方就具有毁约的动力。显然在这里,折现因子 δ 起着十分关键的作用。如果这一数字非常大,具体地说,如果 δ 大于 $(R - D) / R$,$R - D / (1 - \delta)$ 就会小于零,这时协议一方就不会撕毁协议,反之,如果 δ 小于 $(R - D) / R$,$R - D / (1 - \delta)$ 就会大于零,这时协议一方就会撕毁协议而采取贸易干预措施。

折现因子 δ 反映了行为者对未来收益的主观评价,如果折现因子 δ 大,说明行为人更加重视长期利益,于是行为人就倾向于遵守协议。反之,折现因子 δ 小,则表示行为者更加注重短期利益,在这种时候,协议就很容易被违反。但无论如何,永久性贸易安排为国际间政策协调提供了一种可能性,如果各国重视长远利益,政策协调是存在成功的可能性的。

从上面的分析结果我们可以看出,一个永久性的贸易安排比临时性的贸易安排更加具有现实意义。从这个意义上讲,世界贸易组织比临时适用的关贸总协定具有了更加稳固的基础。但是,永久性贸易安排仍然存在被撕毁的可能性,当协议各方更加重视短期利益的时候,国际经贸关系仍然可能再次陷入囚犯困境。当各国经济出现困难的时候,政府面临着现实的压力,可能会采取某些短期行为,于是在这种时候,世界贸易体系就会面临严峻的考验。当然,提高协议的有效性还可以通过提高违约者的损失程度得以实施,这一问题涉及争端解决机制,我们把它留在第八章进行分析。

第二节　国家集团与结盟战略

与双边关系不同,多边关系涉及的问题更加复杂,特别是不同的国家还可能由于某些利益的共同点而形成国家集团。这就使得多边领域的国际政策斗争显得更为复杂了。

一、国家集团

当众多国家作为博弈的博弈方在一个多边领域进行政策博弈时,一个很重要的现象就是其中的某些国家可能会结成联盟。

结成联盟的国家达成联盟的利益可能来自于几种情况。首先可能来自于内部自由贸易获得的贸易创造利益,这种利益是传统的关税同盟理论早已论述了的。其次来自于谈判中具有更大的舆论优势。例如在国际经贸政策论坛中发达国家采取一致的声调宣称劳动力自由流动的不现实性,从而使发展中国家要求劳动力自由流动的声音几乎难以听见。第三种利益的源泉是:联合经济体更加容易使用政策影响贸易条件。我们知道大国有能力利用贸易政策影响贸易条件,而小国缺乏这种力量,因此,越是大的经济体在政策谈判中的地位就越高。第四种利益是:大的经济联合体可以通过改变其他经济体面临的外部环境,从而影响其他经济体的决策,从而在政策谈判中掌握主动,这种作用是所谓"裹挟"机制,我们将在后面进行讨论。

如果 n 个国家(或单独关税领土)中的某些国家形成一个联盟 P,那么我们可以定义这个联盟所能够获得的最大收益是 $v(P)$。如果把 $v(P)$ 看做是所有可能的联盟上定义的一个函数,在多人合作博弈中,我们可以将其称为这个 n 人博弈的特征函数。如果有两个联盟 P 或 Q,当 $v(P \cup Q) \geqslant v(P) + v(Q)$,那么我们称这个特征函数具有超可加性。这就意味着 P 和 Q 结盟会使双方的收益比单个联盟行动更大。在这种情况下,联盟很可能会相互联合,形成更大的联盟。当然在极端情况下,这两个联盟分别可以只有一个成员。

但是,结成联盟也是有成本的。联盟国家进行内部协调的成本可能会很高,以致结成联盟之后的收益可能得不偿失。而且,维系联盟的一个重要问题是,在联盟获得了更多的收益之后,如何进行内部分配。这显然也会影响联盟的形成。

联盟形成之后,其最终的收益不完全取决于联盟自己的行动,还取决于非联盟方的行动。非联盟方如果不结成联盟,则在谈判中地位将有所下降。而一旦结成联盟,则会使原有的联盟的收益存在下降的可能。

在多边领域中,存在两种形式的国家集团。一种是作为最惠国待遇例外的国家集团,即关税同盟与自由贸易区。另一种是不能够作为最惠国待遇例外的集团安排,如凯恩斯集团、经济合作发展组织等。根据第二十四条而享有最惠国待遇例外的关税同盟和自由贸易区由于对非联盟国家实行了歧视性待遇,历来是在关贸与世贸体制中备受争议的问题(刘光溪,1996)。而不具有最惠国待遇例外的各种联盟则基本上没有受到指责。但是,实际上,后一种联盟方式往往对目前的多边谈判同样具有重要的影响。

二、投票权互换(Logrolling)问题

关贸总协定长期以来遵循的是"协商一致"的原则,一般来说,许多决定都是通过协商一致来做出的。世界贸易组织表示要继续坚持1947年关贸总协定的这种决策方式,在一般情况下尽量采用协商一致原则进行决策,只有在协商无法达成一致的情况下才采用投票的方式。

达成"协商一致"的成本尽管非常高,但是其结果一般是符合帕累托效率福利标准的。世贸组织在决策中,往往规定一个期限,在这个期限中进行磋商,以达成一致意见,只有在规定的期限内无法达成一致时,世贸组织才将决议付诸表决,而在这个规定的期限内,则不允许进行投票表决。

在对一个问题进行讨论时,如果在场的成员没有正式提出异议,那么就视为达成了一致意见,并做出了决策。如果无法达成一致意见而要进行投票时,则坚持一个成员一票的原则。只有欧洲联盟,其票数无论在任何情况下不得超过其成员国所拥有的票数。在投票表决时,一般情况下,部长会议和总理事会的决定都应该以多数表决通过,这里所谓的多数通过,指的是所投票数的多数,而并非指的是所有成员数的多数。只有在几种特殊情况下,才要求达到其他比例的票数来通过决议。例如,接纳新成员的决定必须经过2/3的成员多数通过;对协议进行解释的决定应该由成员的3/4多数通过。

用投票的方式来进行抉择虽然使集体决策的做出变得更加简便,减少了拖而不决、反复协调的时间,但是决策的执行难度反而可能增加了。反对者可能会由于利益受损而对世贸组织的决议采取消极的态度。特别是,世贸组织的许多决策带有制度建设的性质,偏离"协商一致"的原则很容易使世贸组织的制度建设出现失衡的现象。

一般来说,投票有可能是民主的一种决策方式,但并不必然完全符合民主要求。民主不仅要求体现多数人的意志,而且要能够保护少数

人的根本权益。但是,如果不采用"协商一致"的决策方式,少数人(在这里指世贸组织各成员)的利益就可能受到损害。在极端情况下,某种集体决策结果甚至有可能形成某些成员对另一些成员利益的剥夺,而使得整体利益下降。这样的决策结果显然远远背离了"双赢"或"多赢"的要求。

首先我们观察下面这个例子(Markusen et al., 1995):

假设世界上共有三个国家,对两个提案进行表决。它们的收益分别如下:

表5—7　促进总体福利增长的投票权互换

	A	B	C	世界净福利变化
议题一	+20	−5	−5	+10
议题二	−5	+20	−5	+10
议题一与议题二	+15	+15	−10	+20

如表5—7,议题一和议题二对三个国家的意义是不同的。议题一对 A 国有利,可以使之获利20;而会使 B 国和 C 国受到损失,分别损失5。议题二对 B 国有利,可以使之获利20;而会使 A 国和 C 国受到损失,分别损失5。显然,无论议题一还是议题二,都会促进世界净福利的增长,都可以使世界净福利增长10。但是,如果分别对议题一和议题二进行表决,按照简单多数通过的表决原则,无论议题一还是议题二,都不会得到通过。

但是,在上述的例子中,A 国和 B 国有相互交易投票权的可能性,我们可以把这种投票权的交换也看做是一种结盟的形式。A 国可以投票支持议题二,以换取 B 国对议题一的支持,这种情况就是投票权互换(Logrolling)。A 国和 B 国交易的结果可以使两个议题都得到通过,这样 A 国和 B 国就分别可以获得15的收益。

一揽子协议也可以看做是投票权互换的一种形式。在实际决策过程中,往往不是分别对两个提案进行表决,而是将两个提案捆在一起,作为一揽子协议进行接受。在上面的例子中,将议题一和议题二一揽子进行表决,显然对议题的通过起到了促进的作用。在这里 A 和 B 两个国家为了自己的利益,实际上通过议题的相互支持,形成了某种意义上的联盟。但是,他们的联盟对第三国 C 产生了外部性。C 国由于两个议题的通过而受到了损失,在多边体系中,这有可能导致 C 国对多边贸易体系的抵触,甚至有使多边体系产生瓦解的可能①。

无论如何,在表5—7 中,世界净福利仍然是增长的。可是,如果 A 和 B 两个国家仅仅考虑自己国家的利益最大化,投票权互换甚至可能导致世界净福利的损失。下面这个例子仍然来自马库森等的著作(Markusen et al. ,1995)。

表5—8 导致世界福利下降的投票权互换

	A	B	C	世界净福利变化
议题一	+20	−15	−15	−10
议题二	−15	+20	−15	−10
议题一与议题二	+5	+5	−30	−20

在表5—8 中,A 国和 B 国为了自己各自得到 5 的好处,不惜使 C 国受到 −30 的损失。A 国和 B 国互相支持有利于对方的提案,或者通过两个议题的一揽子捆绑接受,最后使自己福利水平上升,但使世界福利水平下降。可见,投票权互换的结果好比是两个国家结盟从第三国手上夺得了一部分利益,同时它既可能导致世界整体福利水平的上升,也可能导致整体福利水平的下降。

---

① C 国在受到了损失之后仍然可能不退出多边体制,其原因往往是因为如果 C 国退出多边体制,其由于脱离主流而受到的损失可能更大。

美国历史上著名的高关税法案,1930 年斯穆特-霍利(Smoot-Hawley)关税法案,就是通过投票权互换通过的一个典型议案。当时,各个产业阶层的代表通过互相支持对方的高关税建议,最后形成了一个全面增税的一揽子关税法案,使得平均关税水平达到50%。然而,这显然导致了整个消费者福利的损失。

从贸易理论上来说,合意的达成意味着双赢。可是,这仅仅意味着达成合意的各方之间的"双赢"或"多赢"。合意达成之后还可能产生外部性,对未参与合意却不得不接受结果的第三方来说,其他各方之间合意的达成反而可能意味着对自己福利的损害。

确保整体福利水平上升,同时确保各方从中都能够获得好处的唯一决策机制就是"协商一致"。"协商一致"的成本虽然很高,但是如果在"协商一致"的前提下进行"一揽子接受",投票权互换问题不但不会使得社会福利受损,反而可以减少"协商一致"的成本,提高"协商一致"达成协议的可能性。

如果遵循"协商一致"的原则,在上述的两个例子中,A 国和 B 国为了达成协议,将设法促使 C 国同意通过提案,其办法就是增加某个议题,例如议题三。只要议题三能够给 C 国带来一定的好处,足以抵消 C 国由于议题一和议题二带来的损失,C 国就会愿意支持将三个议案一揽子通过。

表 5—9   一揽子协议的"协商一致"

	A	B	C	世界净福利变化
议题一	+20	−5	−5	+10
议题二	−5	+20	−5	+10
议题三	−10	−10	+15	−5
一揽子协议	+5	+5	+5	+15

如果遵循"协商一致"的原则,一揽子接受就不会如同表 5—7 和 5—8 中的那样使某一方受到损失。协议各方会尽量去谋求协议议题

的平衡。在表5—9中,议题三被作为一个平衡利益的议题。尽管它自身并不一定能够导致世界福利的上升,但它有利于其他促进福利增长的议题的通过。当然,平衡议题经过仔细选择,其自身也可能导致福利的增长。

所以"协商一致"机制与"一揽子"的机制是密不可分的。没有"一揽子",许多议题的"协商一致"几乎不可能;而没有"协商一致","一揽子"往往可能成为部分成员谋求谈判利益的方法,从而使其他成员的利益受到损失。

关贸总协定乌拉圭回合谈判结束之后,一些对贸易自由化的收益分析显示,许多发展中国家,主要是最不发达国家在贸易自由化进程中收益甚微。自由化的利益主要是由发达国家,其次是新兴发展中国家获得。这使得一些发展中国家对世界贸易组织的进一步自由贸易谈判产生了抵触情绪。在多哈回合的谈判中,发展中国家的利益被特别强调,甚至整个回合被命名为多哈发展回合。从某种意义上说,这是世界各国寻求多边谈判议题平衡的一种努力。

三、"裹挟"机制

一位中国的 WTO 谈判者在他的著作中这样论述:

"……在经济全球化的大潮中,发展中国家在很大程度上是被裹挟着前行的。一个非常典型的例子是:WTO 建立后,美国极力推动达成《信息技术协议》,最终取消信息产品的关税,这一倡议显然是为了确立美国在这一领域的优势,起初发展中国家对此并不感兴趣,但当协议即将变成现实时,它们也不得不从更广泛的领域衡量利弊:加入协议,国内产业会受到冲击;不加入,自己的国家就会成为一个孤岛,被排斥在信息技术发展的主流之外。结果,所有主要的信息技术产品国家都选择了前者,包括中国,也做出了尽早加入该协议的决定。"(张向晨,2000)

《信息技术协议》(Information Technology Agreement,ITA)的达成过程是裹挟机制运作的典范。张向晨博士的论述已经言简意赅地将发展中国家面临的困境进行了描述。为了使得读者能够更加清晰地了解背景,我们将张海平博士对《信息技术协议》进行的介绍和分析引用如下①,在此基础上我们再进行理论分析。

对《信息技术协议》的介绍和分析

1. 谈判方法

信息技术产品谈判的始作俑者是美加欧日四大贸易伙伴。在乌拉圭回合结束时,四方已达成默契,在 2000 年前首先在四方内部实现四大类商品贸易零税率,这四类商品中包括化工产品、电信技术产品、半导体和汽车。1995 年四方的信息技术产品进出口均已超过国际该类产品贸易额的 50%。当四方认为时机成熟时,于 1996 年初决定向世界贸易组织提出该议题,先是在 1996 年 12 月的世界贸易组织新加坡部长会议上将参加方扩大到 29 个,再于 1997 年 3 月 26 日实现 40 个参加方在协议上签字,使得协议代表了全球信息技术产品贸易的 92.5%。这种推动谈判的做法与以往关税贸易总协定各回合关税减让谈判的做法不同。以往是在全体成员内部提出议题,各方提交减让清单,再依据"主要供应国原则"进行双边谈判,谈判结果多边实施,而乌拉圭回合结束后所进行的多个部门性谈判,特别是有关服务部门贸易自由化和此次《信息技术协议》的谈判则是由少数国家先拟定出草案,再向世界贸易组织提出,开放式地由各国自主决定是否参加。造成这种情况的原因在于该类贸易发展的极不平衡。四大贸易伙伴占全球该类贸易的 50% 以上,十大贸易方占全球该类贸易的 70% 以上。世界贸易组织在近两年谈判中实行新的谈判方法,即先拟定协议,由各方决定是否接受,当参加方代表的贸易额达到世界贸易额预定百分比时,协议生效。1997 年 2 月 15 日结束的全球基础电信服务谈判也正是采用这种谈判方法,当参加方的贸易额超过全球贸易额的 90% 后,协议生效。

---

① 经作者同意,我们对引用的文字做了一些必要的修改。

这种新的谈判方法将会在未来谈判中日益广泛地使用,其有利于谈判进程的加快和协议的达成。由于以后所进行的谈判将主要集中在非商品贸易领域,贸易格局往往呈现很不平衡的状况,而这种不平衡又正是这种新的谈判方法赖以存在的客观基础。发达国家将会依仗其在国际贸易中的优势地位,制定有利于自己的协议草案,在获得一定贸易比重国家接受后,使之成为世界贸易组织的合法协议,其他国家若再想就该议题同发达国家谈判,就只能被动地接受该协议,而无机会再与发达国家进行双边谈判。因此对于某些发展中国家而言,尽管目前该部门贸易量不算很大,但从长远考虑,与其在以后被动地接受已成为合法文件的协议,倒不如提前参加到协议文本的拟定和谈判中去,主动地提出自己的要求,保障合法权益。可以说这种新型的谈判方法也是促使更多的成员参加到有关谈判中去,增强它们对有关谈判的重视程度。

2. 削减方式

《关税贸易总协定》中,关税的减让具有广泛的含义:(1)削减关税并约束减让后的税率;(2)约束现行的关税水平;(3)上限约束关税,即将关税约束在高于现行税率的某一特定水平,缔约方的实施税率不能超过这一水平;(4)约束低关税或将关税约束在零。在历次商品贸易关税减让谈判中都只是将关税调低,而此次《信息技术协议》可以说是首次为全面实现该部门贸易自由化而制定出明确的关税最终为零的削减计划表,在2000年前分四个阶段全部取消关税。之所以能够做到这一点,也是由于该部门贸易发展极不平衡的缘故,使协议生效的参加方已经意识到信息技术产品对未来的重大意义;而且在40个参加方间进行关税减让谈判要快得多。另外就过渡期长短而言,仅在两年半的时间内就全部取消某部门商品的关税,速度之快也是空前的。相比而言,乌拉圭回合《纺织品服装协议》则是规定在十年内分四个阶段取消配额限制。完全依靠关税进行调节。从这里可以看出传统商品贸易自由化举步维艰,其原因在于这些劳动密集型的产业是广大发展中国家出口换汇的支柱产业,也正是发达国家极力保护的夕阳产业,发达国家与发展中国家在这些产品上具有尖锐的利益冲突,所以很难在这些部门实现全面的贸易自由化。而信息技术产品则是新近发展起来的,发展中国家在这个部门具有的利益暂时未显现出来,而发达国家则极力要求对这些"朝阳产业"实现贸易自由化,可以说发达国家已经将信息技术产品贸易作为其21世纪国民经济发展新的增长点。为了实现该部门自由化,发达国家迫不及待地提出协议草案,在取得主要贸易国的支持后,利用其在信息技术产品贸易领域的优势地位以及新的谈判方法使协议生效。在今后有关议题的谈判中,这种加快实现某部门自由化的做法将会日渐增多。对此发展中国家亦应有足够的重视,积极参加到谈判中去,主张自己的权益。

3. 参加方的定义

本次《信息技术协议》最引人注目的特点就是其对参加方的定义。1996年12月13日世界贸易组织首届部长级大会的宣言附件第9条明确规定:本协议所谓"参加方"应理解为世界贸易组织成员,或正在申请加入世界贸易组织的国家或单独关税区,只要在1997年3月1日前提交附件第2条所规定的文件。而此前进行的开放其他部门的谈判则严格限于世界贸易组织范围内,非成员国家(地区)只能以观察员身份参加,无法律约束力。此次正是这项对参加方的重新定义使中国台湾省作为非世界贸易组织成员而签署了协议文本。客观上讲,原因在于台湾省1995年信息技术产品进出口均名列世界第七,占世界该类贸易的5%。根据新的谈判方法只有在参加方代表的贸易量达到全球信息技术产品贸易额的90%以上时,协议才生效。由于中国台湾省所占贸易份额较大,若不将其包括在内,势必很难达到预定的90%的标准。但如果轻易许可台湾省这样的当时尚非世界贸易组织成员,而且又是极具政治性的地区,参与谈判,则将同世界贸易组织的基本组织原则相悖,还可能引发政治问题,这使得世界贸易组织陷于两难境地。在很大程度上是为了解决中国台湾省参加谈判的资格问题,世界贸易组织只能对协议中"参加方"二字重新加以界定,允许正在申请加入世界贸组织的非成员参加谈判。这种做法表明,在今后的某些议题谈判中,为了尽可能扩大协议的代表性与广泛性,有时将被迫突破世界贸易组织成员的范围,将非成员也纳入谈判中。这也体现了世界贸易组织范围管辖世界经济贸易的雄心,反映了其推动世界贸易自由化的宗旨和现实之间存在的矛盾。

4. 谈判趋势

以往关税贸易总协定贸易自由化谈判主要是集中各项议题,统一进行。于是依次举行了八个回合的谈判。可以看到,这种综合性的谈判往往旷日持久(乌拉圭回合谈判更是长达八年),只要就某个议题不能达成一致,整轮回合谈判就不能结束,这使一些原本易于达成协议的领域自由化进程受到阻延。另外,由于关税贸易总协定谈判可以实行跨部门交叉补偿机制,在一个部门上做出的减让可以要求对方在另一个部门予以补偿,这也是造成谈判中扯皮现象不断发生的原因之一。乌拉圭回合谈判基本解决了有关的传统商品贸易领域自由化问题。世界贸易组织成立后,除了监督乌拉圭回合谈判结果的执行外,工作重点开始转移到服务贸易部门自由化以及其他与贸易有关的议题上来。从《金融服务协议》到《全球基础电信协议》,再到此次《信息技术协议》,都是分部门个别进行,不仅效率得以提高,而且也有利于尽快达成协议,避免扯皮现象的发生。这种谈判形式也是由服务贸易自身特点所决定的。《服务贸易总协定》的国民待遇与市场准入是具体承诺而非普遍义务,这项规定使服务部门的开放更带有互惠性,发达国家将不再因发展中国家的反对而难于达成协议。可以预见这种个个击破的谈判形式将会取代原先综合性一揽子的谈判形式。从包括此次《信息技术协议》的近几次部门开放谈判也可以看到世界贸易组织的发展方向。其正从原先《关税与贸易总协定》仅管辖货物贸易自由化,向服务部门的开放努力;在推动贸易自由化的同时,开始着手削减国际投资中的各种壁垒。从原先的《与贸易有关的投资措施协议(TRIMS)》到由经济合作与发展组织(OECD)起草的《多边投资协议》①。同时,世界贸易组织也正在讨论有关劳工标准和环保标准等与国际贸易和投资关系不甚紧密的议题,希望插手各国的经济政策。可见 WTO 大有全面协调各成员经济政策之势。

引自:张海平,《打开信息时代大门的钥匙》,1998,对外经贸大学研究报告。

正如张海平所提到的,谈判"分部门个别进行,不仅效率得以提高,而且也有利于尽快达成协议,避免扯皮现象的发生"。这确实是分部门谈判的一大优点。但是,现有的分部门谈判方式也使得发展中国家在谈判中处于被动的局面。

从理论上来说,在交易双方具有自主意志和充分理性的前提下,贸易的达成必然是一项合意的达成,也就是说必然是经过了贸易双方的共同认可,一方愿买,一方愿卖。贸易的任何一方如果愿意进行交易,则必然表示对该方来说,交易比不交易要好。所以,合意的达成必然会使双方的福利都有所改善。因此,贸易的存在必然是有助于福利改善的,是双赢。当两个国家就市场开放进行谈判,谈判达成也是一种合意。如果谈判双方达成一项开放的协议,谈判双方既然都接受这个协议,那么必然意味着谈判双方都是认为开放比不开放好,因此,开放比不开放有助于福利改善,谈判的结果也是双赢。

简单看来,上述的推理过程似乎并没有什么问题,就此看来,既然发展中国家接受了《信息技术协议》,就必然意味着接受比不接受好,毕竟发展中国家是自主接受的,甚至是自愿参加的。如此看来,似乎发展中国家同意金融、电信和信息技术产品的开放,只不过是在世贸组织的开放体系中,获利较少,但多少仍是获利的,开放仍然是双赢或者多赢的。

———————————

① 该协议的谈判已经终止。

从现实的情况来看,目前对金融、电信和信息技术产品的开放到底将给我们带来什么影响,是否利大于弊,对不同的发展中国家可能还需要具体情况具体分析。况且,利弊如何,内因,也就是国家内部如何改革、如何应对是最关键的,所以很难做出非常明确的定量分析。但是,认为发展中国家接受《信息技术协议》、《金融服务协议》和《基础电信协议》就必然意味着发展中国家也是获利的,只不过获利较小而已,这种认识是站不住脚的。它是上述"合意必然双赢"这一逻辑所导致的认识,而这种认识实际上是偏颇的。

我们可以看看下面这个例子:

表 5—10 两国对是否开放的选择

发展中国家

发达国家		开放	不开放
	开放	5, −1	4, −3
	不开放	3, −4	0, 0

假设世界上存在两个国家集团,一个是发达国家集团,一个是发展中国家集团,现在对某个产业的开放问题进行谈判。两个国家集团决策结果构成的博弈方阵如表 5—10。在这种情况下,发展中国家集团有什么谈判的余地呢? 从发展中国家集团的角度来说,发展中国家集团倾向于不建立该产业的全球开放框架,也就是说倾向于(不开放,不开放)。发展中国家集团对该产业的开放会导致负收益,其原因可能是由于前面所说过的贸易条件效应、次优理论的效应、幼稚产业受冲击的效应等。但是,发展中国家集团抉择的结果又与发达国家集团的选择有关,如果发达国家不开放,发展中国家开放则会导致损失更大。最为关键的问题是,在发达国家开放的情况下,发展中国家无论开放和不开放均会受到损失,如表 5—10 中的情况。

在发达国家开放的情况下,发展中国家如果选择不开放,则损失为

-3，如果选择开放则损失为 -1。而发达国家选择开放是一个占优选择，是其必然选择的结果。在这种情况下，发展中国家如果仍然选择不开放，则损失更大，于是只好选择开放。

表5—10是"合意必然双赢"逻辑的一个反例。通过这个反例，我们证伪了"合意必然双赢"这一逻辑。发达国家集团和发展中国家集团都最终选择开放，但其结果是(5，-1)，其结果并非是对(0，0)的一个帕累托改善，因为发展中国家的福利恶化了，虽然发展中国家同意开放了。但其福利水平并没有比在开放协议达成之前有所改善。如果说发展中国家有改善，只能说是在发达国家开放的前提下，发展中国家开放比不开放要好。但发达国家集团的开放行为可能本身对发展中国家集团产生了外部不经济。

虽然表5—10所表现的是一个非合作博弈的过程，但是，这个过程正是双方进行谈判的基础。而在表5—10中，我们看到发展中国家毫无谈判的余地，除了接受开放，别无选择。而全球开放的结果在这里并没有出现双赢的局面。表5—10的例子，也是一个以单边行为或集团行为推动多边议题的过程。在例子中，我们之所以把国家集团作为博弈方，是因为发达国家联合起来采取共同行动，更有可能实施这种"裹挟"机制。

从上述的推理中，我们可以看到。单项协议逐步谈判并不一定会使福利必然发生帕累托改善。实际上，表5—10中所列举的情况很可能反映了发展中国家在《信息技术协议》中所面临的困境。事实上，在1997年12月世贸组织新加坡会议以前，直到当年11月召开的亚太经济合作组织(APEC)的会议上，发展中国家一直对《信息技术协议》的谈判是持否定态度的。但在1997年12月，发达国家最终炮制出了这一协议之后，发展中国家的态度不得不纷纷发生了转变，相继加入了这一协议。正因为这样，我们将这种情况称为"裹挟"机制。"裹挟"机制很可能会加剧世界贸易组织协议发展的不平衡局面。

发达国家利用上述的"裹挟"机制推动全球化向更加有利于它们

的方向发展,这是全球化发展到目前阶段的一个重要特征。发达国家集团、经济合作发展组织(OECD)在20世纪90年代中期大力推动的《多边投资协议》也曾经试图采取这种机制,将发展中国家"裹挟"进它们所设计的制度框架中。

但是,这里对"裹挟"机制的分析并非鼓励发展中国家对全球化持敌视的态度。事实上,发展中国家对于全球化的开放进程是别无选择的。如果对全球化持敌视甚至是破坏的心态,对现有的全球经济秩序持排斥的态度,采取"激进学派"的发展观点,那么就可能与发达国家的差距日益拉大。相反,如果对全球化采取积极的态度,并且维护全球化的平衡发展,则也有可能获得更大的利益,并且可能在全球谈判中占据相对较为主动的地位,这一点在下一节的论述中就会有所体现。另外,从第三章第三节的分析中我们可以看到,古典经济学静态分析认为,无论是自由贸易、资本自由流动、劳动自由流动,对于发展中国家的劳动者都应该是有利的,而对发达国家的劳动者不利。根据这个理论,全球化进程对于发展中国家内部的政治稳定的冲击是小于发达国家的,全球化对发达国家内部收入差距的拉大是束缚发达国家谈判者的重要因素。如果能够很好地利用这一点,发展中国家就有可能争取主动。

第三节　多边贸易体系的平衡健康发展

多边贸易谈判是全球化进程的必然产物。如果没有多边贸易谈判,全球化进程的顺利进行是不可想象的。试想有两个国家,它们的关税已经处于纳什均衡的时候,任何一个国家都不可能再自主地将关税降低到纳什均衡水平以下。因为,任何偏离纳什均衡的单边行为,都会导致自身福利的损失。这一点,已经从前面两节的论述中得到了体现。因此,在这种情况下,要想进一步降低关税,只能依靠合作,采取共同行动。

但是,什么样的共同行动才能保证各方的利益都能够得到增长呢?这个问题是多边贸易体系健康发展中的一个重大理论问题。多边贸易体系的发展存在着很大的危险,多边贸易体系的发展可能非常的不平衡,从而使某些国家在多边贸易体系的发展中福利减损,或者某些国家的某些阶层和利益集团的利益受到严重的损害,最终形成激烈的集团间对抗以致破坏了多边贸易体系稳定发展的基础。更为严重的是,由于次优理论所揭示的效应,某些多边经济改革的行为可能会导致福利减损,甚至是世界总体福利的减损。毕竟,多边贸易体系的改革不可能是一步走向完全的自由贸易,因此必然是一种渐进的部分的改革(Piecemeal reform)。某些改革措施的出台,某些贸易壁垒或经济扭曲的取消很可能会使整体福利水平下降。但是,从经济理论上找出避免次优理论效应的规律,这至今还是一个难题。因此,人们只能找出一个初步的规律,尽量避免在全球化进程和经济改革中陷入次优理论效应的困境。

一、关税谈判的拇指法则

正如我们在附在本章后的文章中指出的,世界贸易组织货物贸易各领域的开放程度存在很严重的失衡问题。有的领域开放程度大,如信息技术产品、石化等,有的领域开放慢,如纺织品服装等劳动密集型部门,而且后者的协议执行情况也是公认的较为不好(WTO 年度报告,2000)。2005 年,中国的纺织品被动出口配额在依据世界贸易组织纺织品服装协议取消之后,又在美国和欧洲的压力下,不得不重新使用。而多哈回合的谈判由于美欧之间关于农业保护的问题一直无法突破。总的来说,发达国家占有比较优势的产业的全球开放程度要远远高于发展中国家占有比较优势的产业。而这种对不同产业自由化的差别对待很可能导致次优理论预测的结果,使得世界整体福利下降。

从次优理论的观点看,各产品之间存在生产或者消费上的互相关联,因此不同产品市场上存在的扭曲之间也具有十分复杂的关联关系。在这种情况下,对某个产品降低关税,其结果不一定会使得福利程度上升。但是,我们也不可能将所有关税一下子全面取消。那么,能否找出一些办法,能够尽量避免关税减让的福利损失呢?

我们首先借助图形看看一个国家在关税减让上可能面临的问题。

现在有一个国家,是小国,生产和消费诸多产品,消费者具有相同的位似(homethetic)偏好①。现在有两个产品,产品1和产品2,都是可能进口的商品。具有如图5—1的补偿后超量需求曲线(参见 Vousden, 1990)。

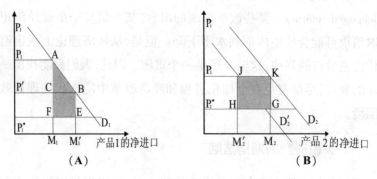

图5—1　关税减让中的次优问题

在这里,所谓超量需求曲线(excess demand curve),就是一个国家在各种价格上对某种产品的需求量减去其国内产量的净值的组合,也就是一国在这个产品上的净进口。而所谓补偿后(compensated),指的是在保证一定的效用水平下经过了调整的。在图5—1中,补偿后超量需求曲线用 D 表示,其形状与一般的需求曲线类似,都是从左上方向右下方倾斜的曲线。在这里,带星号的价格表示国际价格,其他的表示国内价格。

现在我们假设降低产品1的进口关税,国内市场价格将降低。从

---

① 这里主要解决一个可加性的问题,可参见第二章。

P_1 降低到 $P_1{}'$，在该产品市场上导致的福利变化是 ABEF，即（A）图中阴影部分。这部分面积是由于消费者剩余、生产者剩余和关税收入变化综合后的结果，即净福利损失（Dead Weight Loss，DWL）变化的结果。现在产品 1 和产品 2 相互之间具有一定的关联。比如说，两者是替代品。产品 1 价格的下降会导致产品 2 的需求下降，于是产品 2 的补偿后超量需求曲线会下降。从 D_2 下降到 $D_2{}'$。产品 2 的需求曲线发生变化当然可能导致消费者剩余和生产者剩余发生变化，但该种变化已经反映在产品 1 的福利变化中了，这里不应重复计算。因此，我们只需计算产品 2 关税收入的变化。显然产品 2 的进口从 M_2 减少到 $M_2{}'$，如果产品 2 本身的关税率不发生变化，则关税收入会减少 JKGH，即图（B）中阴影的面积。

从这里的情况可以看出，产品 1 的关税下降，产生的福利后果要比较 ABEF 和 JKGH 的面积。如果前者小于后者，则福利会产生净损失。关税下降产生福利损失，其原因在于原来产品 1 和产品 2 市场的扭曲有一定的相互抵消作用。现在降低市场 1 的扭曲，则可能产生次优问题，发生福利减损。

当然，这里分析的情况是替代品的情况。如果两个产品是互补品，则情况可能完全不同。因为产品 1 的关税降低，不仅减少了产品 1 市场的扭曲而增加了福利，而且带动产品 2 市场进口增加，消费增多，关税收入上升，则一举两得，有利无害。

怎么样才能尽量避免次优问题呢？从图形上看，如果产品 1 和产品 2 是替代品，我们应该设法尽量使 ABEF 的面积大，使 JKGH 的面积小。而 ABEF 的面积大，则反映出降低关税的产品其关税幅度非常高。JKGH 的面积小，则说明需要降税产品的替代产品的关税小。反之，如果产品 1 和产品 2 是互补品，我们则倾向于希望 JKGH 的面积大，即产品 2 的关税较高。①

——————————

① 对这一问题较为严格的正式论述可参见 Vousden，1990。

所以,我们可以简单地总结出一些关税降低避免次优问题的拇指法则。首先,应该尽量降低高关税产品。高关税产品下降,则其对应于ABEF的面积比较大,其结果越是有可能是促进福利增长的。其次,我们应该优先降低那些替代产品关税较小的产品的关税。再次,我们应该优先降低那些互补品关税较高的产品的关税。

在以上的分析中,我们都还假设产品2的关税不发生变化,如果产品2的关税也发生变化呢？如果产品2也进行关税降低,显然这时候,产品2本身也会产生一个类似于ABEF的福利增长,同时如果产品2是可能导致次优问题的替代品,则代表福利损失的面积JKGH显然也会随之下降。在这种情况下,发生总体福利下降的可能性越小。所以,第四条法则可以表述为,所有产品一起减让,发生福利损失的可能性较小。

以上的这些分析恰好从直观上说明了一国关税改革中避免次优问题的基本思路,同时也说明了关贸总协定和世贸组织在多年来进行关税减让的基本思路。

世贸组织认识到,削减高峰关税(tariff peak)是进行关税改革最可能获得效益的途径。在乌拉圭回合中,发达国家面临的高峰关税(以15%以上为标准),从7%降到5%。对于发展中国家来说,其关税仍然呈现两极态势。42%关税是零关税,而30%的关税约束水平仍然在15%以上(WTO秘书处,索毕成、胡盈之翻译,2000)。而后者,必定是世贸组织在今后谈判中重点减让的领域。

削减高峰关税显然是一种比较稳妥的改革方式,进行公式减让也符合上面我们所分析的拇指法则。1964年肯尼迪回合谈判中,谈判的部长宣言提出了"线性减让"方式。"考虑到近几年产品对产品谈判取得的成果有限,关税谈判……将在关税直线降低计划上进行,但允许有少数例外。直线降低幅度应相同……"(转引自汪尧田、周汉民,1992)。显然,多种产品共同减税,而非采用传统方法产品对产品减税,更有可能避免次优问题。线性减让在肯尼迪回合中取得了一定的成效,参加线性减税的谈判方将绝大部分工业制成品统一减税 50% ,大大推动了关贸总协定的关税谈判。

但是,线性减税引起了一些国家的不同意见。有国家认为高关税与低关税同幅度减税不公平。因为高关税基数大,低关税基数小,减税后,低关税国实际上保护程度下降更大,似乎是"打击了先进"。欧洲国家因此提出了"关税协调"(Tariff Harmonization)的主张,提出"高税多减,低税少减"。在东京回合上,瑞士提出的"瑞士公式"也反映了这种主张。显然,所有产品关税按公式均进行减让,同时高税多减,低税少减,也正好符合前面列举的拇指法则。

关贸总协定和世界贸易组织中还有一个问题,就是关税升级的问题。也就是由于随着关税的增值幅度,名义关税随之上升,从而导致关税有效保护率高于名义关税。这一点,在大部分国际经济学教材中都有分析。这里我们应该注意的是减少关税升级的另一理由:它符合前面所说的拇指法则。对于同一系列产品来说,制成品和半成品以及原材料具有一定的替代关系,显然原材料的价格上涨会导致制成品的价格上涨,反之亦然。既然是替代品,削减关税较高的制成品的关税,其替代品的关税又比较低,则其降税导致福利损失的可能性较小。

二、议题的捆绑和平衡

世贸组织与关贸总协定的一个很大不同就是其管辖领域已经远远超出了货物贸易的范围。在今后世贸组织的谈判中,关于新体制建设的谈判可能会比关于市场准入的谈判更加重要,至少是同样重要。所以,世贸组织不仅面临着一个不同部门开放的平衡问题,还面临着一个议题间平衡的问题。世贸组织不仅应该实现以市场换市场,还应该实现以议题换议题的平衡发展。

到目前为止,关贸总协定和世贸组织既进行过多个回合的回合式谈判,也进行了一些回合间的部门性谈判;既有一揽子的谈判,也有基于自愿的点菜单式谈判。对这些谈判方式,发达国家,特别是美国,往往根据不同的情况进行选择,以最大程度地实现其利益。

在东京回合以前,关贸总协定的谈判大部分采取的是一揽子谈判方式,在一个回合的谈判中,谈判结果一揽子接受,即要么全接受,要么全部不接受。在东京回合之前的肯尼迪回合中出现的《反倾销守则》已经表现出了"点菜单"的谈判特点。而东京回合则出现了一系列的"点菜单"诸边协议。在这个时候,一揽子的传统谈判方式受到了挑战。

在20世纪70年代以前,美国急于全面地推动全球贸易自由化进程,在肯尼迪回合中提出全面线性减让关税就反映了它的这种要求。在70年代全球经济出现滞胀的背景下,东京回合的谈判出现了困难。美国转而开始倾向于部门开放和点菜单谈判方式。这样,美国等发达国家把发展中国家许多并不感兴趣的议题纳入了关贸总协定。由于这时谈判是采取的"点菜单"适用的方式,发展中国家觉得反正自己有权不签字,因此压力不大,对这些议题的纳入也就不那么反对。

然而,等到乌拉圭回合,美国重新强调一揽子原则,推动将原来的许多"点菜单"方式谈成的协议,经过进一步谈判,纳入了多边一揽子接受的框架。

乌拉圭回合之后,美国推动部门谈判,再加上服务贸易本身谈判的特征,又出现了一系列自愿参加的部门开放协议。一种意见认为,美国由此将放弃一揽子的谈判方式,美国国内有些声音也认为一揽子谈判方式已经过时。但是,我个人很怀疑美国真正会放弃一揽子谈判方式。在新一轮回合中,一揽子谈判仍然会发挥相当重要的作用。交替使用两种谈判方式对于实现发达国家的利益是最有效的。对于许多发展中国家不愿意讨论的议题,不愿意开放的部门,发达国家很可能使用先"点菜单"、再"一揽子"的方式来处理。

对于发展中国家来说,由于其经济发展水平所决定的较低的谈判地位、较差的谈判能力,"点菜单"和"一揽子"两种方式都很难达到发展中国家的谈判目的。

"一揽子"的谈判方式虽然在一定程度上能减少议题扩展和部门开放的不平衡问题,但是,较为迅速和全面的开放和比较激烈的政策变革,对许多发展中国家来说感到难以承受,不符合其渐进的要求。而"点菜单"适用虽然表面上具有一定的自主性,但实际上又由于前述的"裹挟"机制,议题扩展和部门开放的不平衡问题更加严重。

　　在服务贸易的谈判中,发展中国家的这种困境显得极为明显。发展中国家反对在服务贸易中实现全面的、自上而下的(up-side down)①自由化,实际上强调渐进。这一主张在乌拉圭回合服务贸易的谈判中得到了一定的承认。乌拉圭回合确立了服务贸易在具体市场准入义务上的谈判是采取非全面的、自下而上(bottom-up)②的谈判方式。但是,这种部门性的自愿开放并没有使发展中国家得到多少实惠,基于这种部门开放的谈判方式,乌拉圭回合后开放进展最大的两个领域,即金融和电信领域,恰恰是发展中国家最薄弱、最担心的两个领域。

　　《服务贸易总协定》的第四部分的标题是"Progressive Liberalization",我们见到的所有的中文译本都翻译为"逐步自由化"。这里中英文之间意义的细微差别似乎反映了发达国家和发展中国家的不同理解。发达国家所需要的是不断提高(successfully progressively higher)和不断扩展的自由化。发展中国家所希望的是渐进的(Gradual)和部分的(Piecemeal)的自由化,是与发展中国家经济发展水平相适应的自由化。在《服务贸易总协定》的第十九条中,第一款和第二款实际上分别体现了这两种要求。但是,在目前的谈判力量对比下,发展中国家的要求可以作为原则在协议中被写上一百遍,却很难真正实现。

　　对于发展中国家来说,也许一个更好的办法是采用全面开放和单项部门开放之间的某种中间方式,也就是"一揽子"接受和单项议题

---

　　①　即原则上所有部门都开放,各国就不开放的部门提出豁免清单,或称否定清单。

　　②　原则上并不要求所有部门开放,各国仅就开放的部门提出清单,即肯定清单。

"点菜单"之间的中间方式。

关贸总协定长期以来是一个以市场换市场的场所。在世界经济体系的构建过程中,我们也可以把世界贸易组织看做是一个以议题换议题的场所。将部分议题捆绑起来进行谈判,在相互关联的议题中进行一揽子接受(small package),对于发展中国家可能较为有利。将与贸易有关的投资措施与跨国公司行为守则结合起来,将劳工标准和劳动力自由流动结合起来,将知识产权与技术自由转让结合起来,将劳动密集型产品和汽车、化工结合起来……在相关议题内进行一揽子接受,这对于防止世贸组织的失衡发展具有一定的意义,同时也不像全面一揽子谈判那样难以取得成果。

附录:论世界贸易新体系形成过程
中的不平衡发展趋势[①]

进入 20 世纪 90 年代以来,在政治和军事上,世界的两极对抗格局结束,多极格局形成并不断发展;在经济上,世界各国开始普遍认同市场机制是合理配制资源的基本机制。在这种背景下,世界经济的全球化和自由化趋势[②]得到了迅速的发展。与此同时,多边贸易体系也正在急剧演变,多边框架从商品贸易自由化领域开始向要素流动自由化领域扩展,并正在走向国家经济政策的全面协调,从而把各国分散的市场经济体系融合起来,有望形成一个新的世界贸易体系,或者说一个真正意义上的世界市场经济体系。

但是,在新的国际经济环境中,多边贸易体系在发达国家的主导下,正在很不平衡和很不稳定的状态中发展。这种情况不仅使 60 年代

---

① 作者发表于《国际贸易问题》1997 年 10 月刊。

② 《自由化与全球化——当今世界发展的两大潮流》,联合国贸发会议秘书长提交第九届贸发大会的报告。

以来建立国际经济新秩序的成果逐渐丧失,而且有可能破坏多边贸易体系发展的可持续性。可以预料,在今后的 30 到 50 年间,是经贸领域中国际立法活动最频繁最活跃的一段时间。在这一段时间里,维护多边贸易体系的健康发展将直接决定着未来世界经济秩序的走向。

一、新体系形成过程中存在着不平衡的发展趋势

多边贸易体系即将迎来它的 50 岁生日,但是,它的迅速发展可以说还是近几年的事。在这世纪之交的时候,多边贸易体系的发展是十分关键和重要的,它将奠定未来全球制度安排的基础。目前多边贸易体系的发展稍微偏离正确的轨迹,就可能导致未来全球制度安排截然不同的结果。所以,对于现在多边贸易体系发展进程中的一些不良倾向,我们应该有足够的认识。而当前多边贸易体系发展的不良倾向主要就是表现在它的不平衡发展趋势上。

(一)新兴领域的自由化程度高于传统领域,特别是劳动密集型产业的自由化程度

一般说来,传统领域中的南北差距比较小,特别是在劳动密集型产业部门,发展中国家具有一定的比较优势。因此,这个领域的自由化,对于发展中国家的出口利益来说具有重大的意义。事实上,对于这种各国生产水平差别不大,而且又有利于发展中国家发展的部门,理应优先进行自由化。但是,劳动密集型产业长期以来竟被作为所谓的"敏感部门"而被多边贸易体系特殊对待,游离于多边体制之外。纺织品和服装、鞋袜、皮革等敏感商品一直受到众多的关税与非关税壁垒的约束。发展中国家的比较优势因此而受到约束。

迫于道义上的压力,发达国家也表示要尽快使这些"敏感商品"自由化。可事实上,多年来,这些敏感商品不但没有得到自由化,其限制程度反而相对有所提高。以纺织品领域而言,从 1961 年的《短期纺织品贸易协定》(STA)到 1962 年的《长期纺织品贸易协定》(LSA),直到 1974 年开始的四个《多种纤维协定》(MFA),限制措施越来越完善,限

制范围越来越广。当然,如果没有这些多边安排,发达国家的双边限制可能会更加恶劣。但总的来说,这种限制大大削弱了发展中国家在贸易自由化进程中所获得的利益,这是非常不公平的。

在乌拉圭回合谈判中,各国终于表示要使纺织品回归多边贸易体系,达成了一个《纺织品与服装协定》。这项协议规定了一个非常长的过渡期,表示到 2005 年使纺织品与服装部门完全回归。在这样长的过渡期内,发达国家本应完全可以使纺织品领域的要素密集度逆转,向其他产业部门转移过多的劳动力,通过资本和技术要素的投入获得新的竞争优势。可是,发达国家在执行这个协议的时候,仍然拖拖拉拉,以致世贸组织新加坡部长会议的宣言中不得不用了很长的篇幅来敦促各国积极执行这个协议。

相对于劳动密集型部门的自由化,发达国家对新兴部门的自由化要热心得多。姑且不谈服务贸易领域,单就货物贸易领域来说,以美国为首的一些发达国家提出要在 2000 年前就全部取消信息技术产品的关税,使信息技术产品部门实现自由化。这个期限比纺织品全面回归的期限还要早 5 年,这就可以看出在当今多边贸易体系中各部门的自由化进程是如何的不平衡。

新兴部门是发达国家占有比较优势的部门,新兴产业对于发展中国家来说,一般都属于幼稚产业。在这些部门,南北差距非常大。如果过早实行自由化,同时不给予发展中国家充分的保护手段,不向发展中国家转移技术,南北技术差距就会进一步拉大,发展中国家就会在技术上增强对发达国家的依附性。正因为这样,我们强调多边贸易体系各部门的自由化进程应该平衡发展,对于新兴部门的自由化尤其不应该急于求成。

(二)《与贸易有关的知识产权协议》(TRIPS)规定了前所未有的高标准的知识产权保护水平,但技术转让的公平规则与自由化规则却不能出台

技术产品,特别是无形资产的交易成本一般来说是比较昂贵的。市场主体减少交易成本的方式一般来说有两种:一种是扩展企业,进行

内部化;另一种方式是通过法律明晰产权,以减少交易成本。而后一种方式就产生了知识产权。产权的明晰可以有助于交易成本的减少,但为了使产权明晰也必须付出成本,这种成本主要是立法成本、执法成本和法律监督的成本。如果这些成本过大,产权的明晰就失去了意义。另外,知识产权法鼓励知识创新的利得如果小于其阻止技术扩散的损失,它的存在就是不经济的。正因为这样,知识产权的国际立法不能过松,也不宜过严,而应该与全球的法律合作水平、经济发展水平相适应,超前立法反而会阻碍经济发展。

《与贸易有关的知识产权协议》就是一个超前立法的典型,它对知识产权的保护大大超过了《世界知识产权组织公约》以及大量其他国际公约的保护水平。这给处于经济发展初期的发展中国家增加了法律成本,并加大了技术转移的难度。因此,这个协议的不合理成分很大,今后执行的难度也会很大。

签订全球性的知识产权协议的目的应该是为了使知识产权的地域性向全球性方向扩展,从而促进国际技术交流,为技术贸易自由化打下基础。可是,《与贸易有关的知识产权协议》除了提高知识产权的国际保护水平之外,在促进技术交流的自由化方面,仅仅在其第40条中就许可合同中的反竞争行为做了一个十分笼统的规定。而在多边立法领域中,我们也根本看不到在这方面的其他立法动态。这与发达国家和跨国公司的技术保守战略是完全一致的。那么,是不是发展中国家没有有关促进技术转让的呼声,或者没有做这方面的努力呢?其实,早在1975年,联大第七届特别会议正式授权贸发会议发起了《国际技术转让守则》的谈判。该守则对技术提供者采取的限制性商业惯例进行了一定的约束。但是,经过20年的谈判,该守则迟迟不能通过。1995年,考虑到该守则草案刚开始制订时的情况已经发生了很大的变化,贸发会议秘书长认为谈判进程应该正式终止[①]。起码的促进正常技术交

---

① 联合国贸易与发展会议文件,TD/CODE/TOT/60,1995 年 9 月 6 日。

流秩序的公平规则谈了 20 年仍然不了了之,而高水平的保护知识产权协议却能得以通过,这充分表明经贸领域的国际立法几乎完全操纵在发达国家的手上。

(三)《与贸易有关的投资措施协议》(TRIMS)取消了发展中国家用以对付限制性商业惯例(RBP)的手段,而约束限制性商业惯例的国际规范却不能出台。《多边投资协议》(MAI)扩大了资本的自由度,对跨国公司的约束和对东道国的保护措施却远远不够

在投资领域,国际立法的不平衡发展趋势尤其明显。《与贸易有关的投资措施协议》在世贸组织协议中是属于多边货物贸易协议下的一个小协议,仅仅涉及与货物贸易有关的一些投资措施,也没有规定超过 1994 年关贸总协定的原则和规范,但它的意义却不同一般。它不仅使多边贸易体系向投资领域开始扩展,而且大大加剧了投资领域中国际立法的不平衡。

与贸易有关的投资措施是一项政府行为,它是由东道国政府实施的针对外国直接投资行为所采取的一些措施。东道国采取这些措施除了要对外资进行宏观管理之外,另一个重要的目的就在于抵消外资的限制性商业惯例所造成的不良后果,是发展中国家对付限制性商业惯例(RBP)的一个法宝。虽然,乌拉圭回合协议中所界定的与贸易有关的投资措施确实对贸易产生了扭曲作用,但它在很大程度上是为了使因限制性商业惯例而扭曲的贸易再纠正回来。所以,仅仅约束发展中国家的政府行为,而对国际资本的限制性商业惯例不做进一步的规范,无疑对发展中国家十分不利,也不利于国际贸易秩序的良性发展。

目前,关于限制性商业惯例的国际规范仅有 1980 年联合国制定的一个《关于管制限制性商业惯例的公平原则与规则的多边协议》,但是该协议是自愿执行的,而且如果跨国公司的某些内部做法不妨碍第三者在市场上的竞争条件,协议就不予过问。因此,该协议并没有起到多大作用。1977 年,联合国经社理事会所属的跨国公司委员会开始起草《跨国公司行为守则》,该守则对跨国公司的经营行为制定了一定的规

范,对东道国给予跨国公司的待遇也进行了规定,对各方权利和义务的规定比较平衡。经过 1983 年、1984 年、1985 年和 1986 年的多次会议,跨国公司委员会提出了一个草案。但是,对于该草案的讨论长期没有结果。1992 年跨国公司委员会撤消后,在非正式磋商中,有关各方得出结论:现阶段不可能达成一致意见①。这样,国际社会至今没有形成任何对跨国公司具有约束力的统一行为规范。

但是,在促进资本自由化、保障国际资本安全方面,除了已有的世界银行体系下的多边协议,其他各种双边、区域性协议,以及《与贸易有关的投资措施协议》之外,国际社会正在酝酿更大规模的立法活动。其中最为典型的是经济合作与发展组织(OECD)即将推出的《多边投资协议》(MAI)。这个协议在很多方面将完全突破原有国际投资法的一些基本原则与规范,并将制订"高标准"的投资保护水平。该协议涉及的投资范围不仅包括直接投资,而且包括间接投资,甚至包括抵押、质押、留置等从债权、财产请求权、行为请求权、知识产权、建设合同及交钥匙工程合同项下各种请求权等。在投资待遇上要求获得国民待遇、最惠国待遇甚至所谓"国际法上的标准"待遇。在征用补偿问题上,要求获得即时、充分、有效的补偿。在争端解决机制上,完全抛弃了卡尔沃主义,建立了具有相当约束力的争端解决机制。这些问题长期以来在国际法领域内一直存在争论,而《多边投资协议》根本不顾及发展中国家的看法,做出了完全一边倒的决定。《多边投资协议》一方面是发达国家集团闭门造车的结果,另一方面又是一个"开放"协定,其他国家也可以参加,但无权就协议框架进行谈判。虽然该协议是经合发组织自己发起的协议,但该组织成员国分别占国际资本输出和输入的 85% 和 65% 以上,其他国家如果不参加该协议,就必须忍受投资转移的损失。实际上,许多发展中国家在这种两难选择中,可能不得不接

---

① 王林生:《跨国公司经营与实务》,对外贸易教育出版社(现对外经济贸易大学出版社)1994 年 2 月版,第 268 页。

受它,最终导致该协议成为一个全球性协议,或者进入世界贸易组织框架(作者注:该文发表前后,《多边投资协议》的谈判已经引起了社会各界的广泛关注,对该协议的态度几乎成为了全球化进程中不同阵营划分的重要标志。在巨大的社会压力下,发达国家内部对该协议产生了严重的分歧。经济合作发展组织(OECD)决定停止该协议的谈判)。

资本国际流动是生产力发展的必然产物,使国际资本得到全球范围内的法律保护是资本自由流动的必然要求。从生产力角度来说,这种趋势具有相对的进步性,但从生产关系角度来说,这种情况又是十分复杂的,需要我们在理论上做进一步的分析,这里笔者暂不赘述。但是,国际资本在全球范围内自由度和安全度得到提高的同时,对国际资本的国际管理机制却不能建立,对国际资本的不正当竞争、法律规避等行为不能做起码的约束,这肯定是不合理的。以契约自由为理由来阻止规范跨国公司行为的国际立法活动也是完全站不住脚的。对国际资本采取放任的态度将损害国际投资发展的可持续性,加剧国际投资法发展的不平衡态势。

(四)发达国家力图将劳工标准纳入多边贸易体系,但对劳动力流动的问题却采取实用主义的态度

劳工标准是目前国际经贸领域争论的一个热点问题。广大发展中国家对国际公认的劳工权利是予以承认的,它们大多支持国际劳工组织(ILO)在这方面进行的努力。从理论上讲,劳工标准可以促进劳动力的合理市场化,是具有进步意义的。关贸总协定第20条"一般例外"的第5项"有关监狱劳动产品"实际上早已部分地将此问题纳入了多边贸易体系。但从目前的情况来说,如果将核心劳工标准纳入多边贸易体系,将不可避免地导致发达国家对发展中国家的贸易保护主义。对此,各方面学者尽管有各种分析,但笔者认为由此产生贸易保护主义的主要原因将是发达国家和发展中国家在立法和执法水平上的巨大差异,从而使发达国家由于其法律优势而增加新的保护手段。

劳动力的市场化与劳动力的国际自由流动是两个紧密相连的问

题。但是,发达国家在对待劳动力流动的问题上,似乎远没有对劳工标准、资本自由移动等问题那样热心。它们采取实用主义的态度有选择地提出与它们利益相关的问题进行讨论,但并不期望建立一个劳动力流动的全面框架。在劳动力的问题上,它们关心的是资本是否能够在东道国自由雇用劳动力,管理人员能否自由安排、自由出入境,但是对于一般劳工在各国之间自由流动、获得工作机会、受到劳动保护等问题却是避而不谈的。即使是早已纳入谈判议程的服务贸易的自然人流动,其谈判的难度似乎也要大于其他议题。如果说,资本要素丰富的国家有权自由输出资本并要求其他国家遵守劳工标准,而劳动要素丰富的国家在一定程度上也应该有权自由输出劳动力,要求降低劳务壁垒、提高在劳务输入国的劳动保护标准。

(五)自由化减少了发展中国家从国际商品协定和普惠制中获得的利益。发达国家在不断扩展自由化领域的同时,却拒绝将普惠制原则扩展到新的领域

贸易的自由化加剧了竞争,初级产品的贸易条件仍然在不断恶化。人们对一直承担着维护初级产品价格之使命的国际商品协定已经丧失了信心,在日益激烈的竞争中,初级产品出口国往往更加寄希望于通过降价竞销,扩大市场份额。20 世纪 90 年代以来签订的国际商品协定中,绝大部分都已经放弃了维护价格的使命,甚至没有再包括经济条款。只有《1995 年国际天然橡胶协议》设立了一个 55 万吨的缓冲存货。这说明,国际商品协定已经基本上丧失了应有的作用。

普惠制的优惠幅度在关税水平普遍下降的背景下早已经大打折扣了,而发达国家推出的某些新方案仍然不能与普惠制的基本原则相一致,手续上也十分繁琐,这导致受惠国享受普惠制待遇的出口只占其对给惠国应税货物出口的四分之一左右。发达国家急切地将自由化推向了它们具有比较优势的服务、投资等领域,但它们并没有打算将原来在货物贸易领域中实施的所有做法推广到新的领域,这导致了新的不平衡。普惠制的目的在于促进发展中国家的产业升级和出口多样化,服

务贸易领域虽然不能照搬普惠制的具体做法,但完全可以在一定程度上贯彻普惠制的原则,以促进发展中国家的服务出口。发展中国家的这些要求有助于使普惠制恢复生命力,但是却得不到发达国家应有的同情①。

二、发达国家在新体系的构筑过程中牟求长期利益的策略与方针

某些西方发达国家显然已经充分认识到:目前的多边谈判活动可能将决定未来全球制度安排的走向,因此,它们充分考虑到了当前谈判结果的长期影响。正因为这样,对于有些议题,尽管它们自己的某些人士也觉得有些操之过急、不太现实,但在建立基本框架时仍然不遗余力地积极推进,并力图将发展中国家尽快纳入其体系。为此,它们采取了一系列的策略与方针。

(一)通过单边立法行动,利用立法优势影响多边领域

国际法的主要渊源虽然是国际条约和国际惯例等国际规范,但国内法的一些原则与规范对国际法也是有一定影响力的。应该承认,发达国家的国内立法水平在技术上要明显高于发展中国家,许多多边领域的法律规范在很大程度上受到了这些国内立法完善的国家的影响。例如,世贸组织的《反倾销协议》,在很大程度上可以说是对欧盟机制和美国机制的协调。

发达国家在占据法律优势的情况下,有意识地利用它们的这种优势,影响多边立法进程。特别是在它们订立的某些涉外经济法规中,往往将多边领域中尚未规定的一些内容详加规定,并将其作为样板向多边领域推销。例如,欧盟在制订新的普惠制方案时,将是否违反核心劳工标准作为取得普惠制待遇的条件,从而增加了多边领域在这方面进行讨论的压力。

---

① 本段参见联合国贸易与发展会议文件,TD/B/SCP/12,1995 年 8 月 22 日。

（二）先通过小范围讨论取得一致后,利用占优势的谈判地位,强行向多边领域推广

至少在谈判议程和议题的确定上,西方国家在多边体系中并没有遵循多边的原则。当它们意识到其提出的某些方案难以得到广大发展中国家认同的时候,经常抛开发展中国家,先在小圈子里自搞一套,然后再对其他国家各个击破。一个典型例子是经合发组织正在制定的《多边投资协议》。发达国家设计的一些协议对发展中国家是不利的,或者有可能是不利的,但它们一旦生效,不参加协议的国家就可能要因为贸易转移和投资转移而遭受更大的损失,于是,一些国家只好做出"次优选择",无可奈何地接受这些协议。这样,发达国家小圈子谈判的产物就被多边化了。目前,以 OECD 国家为代表的发达国家正在酝酿继续用这种方式影响多边体系的发展,在税收等领域设计国际协调机制,然后向全球推广。

（三）在建立多边框架时,选择可以增强其竞争优势的新议题进行谈判,避开不利的议题

正如前文所述,多边领域中各议题和各领域的进展是不平衡的,这种不平衡在很大程度上是由于发达国家极力推动有关议题的谈判,而对另一些议题采取拖延战术而导致的。发达国家在提出议题时,充分考虑到了在这些领域建立国际规范将在何种程度上影响其国际竞争力,而发展中国家往往缺乏这方面的研究,因此在面临新议题时往往只能采取要么坚决拒绝、要么言听计从的态度,也缺乏提出有利于自己的新议题的能力。这样,发达国家在很大程度上主导了多边体系发展的趋势。

（四）将西方的价值观灌输到多边贸易体系,并影响多边体系的发展

西方国家具有强大的宣传优势,在两极格局瓦解之后,更是具有了某种政治上的优势。它们在提出各种议题时往往片面地强调其进步性的一面,而掩盖其不公平的一面,从而给发展中国家造成政治上和道德

上的压力。例如,发达国家把环保标准提高到不切实际的程度,形成对发展中国家的环境壁垒;打着维护人权的旗号推行劳工标准;以促进全球福利增长为理由超前推行贸易与投资自由化。另一方面,在拒绝对跨国公司实行有约束力的行为规则时,它们的理由则是维护契约自由。这说明,西方国家在看待多边贸易体系的发展问题上,完全以其自己的价值观为转移,并正在将这种价值观强行向发展中国家推销。

(五)通过民间机构和非政府国际组织影响多边贸易体系

西方各国政府实际上扶持了甚至控制了一些民间组织和非政府国际组织,通过它们施加影响,以"中立"的面目影响舆论。有时,还由这些民间组织直接行动,增强发达国家的谈判地位。例如,通过民间机构推行自愿实施的环境标志,一方面可以增加发展中国家的出口成本,削弱其竞争力;另一方面又由于其是一种非政府行为和非强制行为,很难被认定为一种贸易保护主义措施。这样,发达国家在就全球环境标准进行谈判时,实际上就取得了更有利的谈判地位。

西方国家就是这样,充分利用其经济、舆论宣传、法制建设、研究能力等各方面的优势,控制着国际经济秩序的发展。

三、促进多边贸易体系健康发展的对策

世界经济的全球化趋势和自由化趋势具有两面性。从生产力角度而言,全球化趋势和自由化趋势是生产力超越国家界限迅速发展的产物,世界贸易体系的形成与发展是全球生产一体化趋势的必然要求。而从生产关系角度来说,这些趋势会提高国际资本在全球范围内自由营运的能力,从而提高其获取剩余价值的能力,并可能导致世界经济南北发展不平衡现象的加剧。但是,总的来说,世界经济全球化和自由化趋势是进步的趋势,如果世界经济的一体化进程能够稳步均衡发展的话,那么,这种趋势对于发展中国家和发达国家都是有利的。

我们认为在世界贸易新体系的形成过程中存在着不平衡的发展趋势,西方国家在目前的国际经济秩序中占据了优势地位,但这并不意味

着发展中国家要逃避或阻碍世界经济一体化趋势的发展,恰恰相反,发展中国家应该在世界经济一体化进程中发挥更大的作用,促进世界经济一体化进程的健康发展。在目前的国际经济环境中,发展中国家必须逆水行舟,知难而进,勇敢地迎接挑战,而不是退缩、封闭。对于中国来说,一方面应该通过各种途径,团结广大发展中国家,影响多边体系的走向;另一方面要深化改革,尽快提高国家竞争力和产业竞争力,迎接全球竞争的挑战。

(一)要建立和完善发展中国家的协调机制

尽管西方国家自己也存在着不同的意见分歧,但它们在世界经济制度安排的根本问题上是一致的。它们的协调机制是非常完善的,这主要包括西方七国协调机制和经合组织(OECD)的协调机制。发展中国家也有必要建立进一步的协调机制,协调统一立场。特别是现在发展中国家内部经济力量的差别正在拉大,各自的利益要求时有冲突,不加强协调机制,很容易被发达国家分化,从而形成对发展中国家整体不利的体制。目前,77 国集团加中国模式是一种很好的协调机制,有必要进一步加强和完善,经常而且定时地进行磋商。在 77 国集团加中国部长会议下,应该像经合组织那样,集合比较强大的谈判战略研究力量,使 77 国集团加中国成为发展中国家开展国际谈判的参谋部和协调部。另外,也有必要加强与非政府间国际组织的协调与合作,例如第三世界网络组织等。

(二)要了解和分析发达国家之间不同的立场和观点

发达国家内部也不是铁板一块,在某些问题上也存在分歧,其中某些发达国家的意见还可能与广大发展中国家的意见相近或一致。例如,在对待《多边投资协议》的问题上,加拿大就认为其所定的标准过高,不切实际;在对待劳工标准问题上,英国和德国就不如法国、美国和比利时那么积极①;在关贸总协定的发展历史上,美国作为"尊法派"代

---

① Paul Wear(1996),*Social Clauses in International Trade*,Journal of World Trade。

表,其提出的某些意见也是符合发展中国家利益的。所以,我们有必要认真了解、研究和分析各方的立场,最大范围地争取支持和同情,提高谈判地位。

(三)要尽量促成不同议题的平衡发展

应该认真研究不同议题之间的相互联系,认真研究各种规范可能产生的影响,从总体上争取多边贸易体系的平衡发展。例如,要把知识产权的保护与技术转让的自由化联系起来;要把投资自由化与约束不正当国际竞争联系起来;针对发达国家加强劳工标准与贸易之间联系的主张,适时提出降低劳务输入壁垒的主张;针对发达国家加速技术密集型产品自由化的主张,提出加速劳动密集型产品自由化的主张。另外,应该通过有关渠道强调世界贸易组织成员议事日程的多边化,不能搞突然袭击,不能随意改变部长会议的议事日程;除区域经济集团协议外,对部分世贸组织成员之间的其他经贸协议,也应该进行审查;要提出把"平衡发展"作为多边贸易体系的一个基本原则。

(四)要加强国内立法

立法竞争是当今国际竞争的一个重要内容,要加速我国的法制建设,建立适应于社会主义市场经济体系的法律体系。要注意国内法与国际法之间的补充、协调。要以迎接大开放的姿态来考虑法制的建设。

(五)关键在于通过深化改革提高竞争力

世界经济全球化是历史趋势,不可避免,中国经济面临更加激烈的国际竞争也是历史发展的必然。目前,开放的压力越来越大,开放对改革的要求也越来越高;不开放或者小开放,搞"经济孤岛"、"信息孤岛",我们就会被世界所淘汰;竞争力还没有培养起来就过度开放,我们同样会被竞争所淘汰。开放是必然的,而且是大开放,因为中国至少已经承诺在 2020 年要实现贸易与投资的自由化。

目前,我国周边的一些发展中国家在开放与发展方面已经走到了前面,韩国的电子产业和汽车产业、印度的信息产业特别是软件技术,发展非常迅速,已经具有了相当强的国际竞争力。回想起 1992 年小平同志的讲话,我们深切地感受到时间确实已经十分紧迫了。在努力维护国际经济秩序平衡发展的同时,更重要的是要抓紧时间培养国家竞争优势和产业竞争优势,而培养竞争优势的根本途径还在于深化改革,真正彻底地贯彻小平同志的思想,真心实意地建设社会主义市场经济。改革要深化,要加速,绝对不能停滞,在今天的国际环境下,我们的改革停滞一年,今后我们就会为之付出十年、二十年的代价。只有通过不断的改革提高我国的国际竞争力,中华民族才能在 21 世纪屹立于世界民族之林。

第五章 贸易政策的国际协调

第六章　区域经贸政策协调

从 20 世纪 80 年代末以来,国际经贸关系发展的一个重要特点就是区域经济一体化(Regional Economic Integration)浪潮持续高涨。区域经济一体化、跨国公司全球生产一体化和世界贸易组织主导的多边贸易与投资自由化进程,共同构成了当今世界经济全球化趋势的重要内容,而其中的区域经济一体化进程直接关系到全球经济格局甚至政治格局的演变,所以尤其引人注目。区域经济一体化和区域经贸政策协调是当今世界各国之间经贸政策协调最重要的一种形式。在上一章中,我们已经提到区域经济集团的建立会影响多边经贸政策协调,在这一章中,我们就此进行进一步讨论。

所谓"一体化",其英文为 Integration,源于拉丁文 Integratio,其原意有"更新"的意思,后来有将各个部分结合为一个整体的含义。港台地区的文献中也把它称为"整合"。在经济领域,最开始是用"经济一体化"来表示企业间通过卡特尔、康采恩等形式结合成的经济联合体。20 世纪 50 年代初,人们开始使用"国际经济一体化"的概念,来表示将各个分立的国民经济结合成更大范围的经济体,也就是各个国家在经济上结合起来,形成一个经济联合体的态势或过程。区域经济一体化乃是指两个或者两个以上国家或地区相互取消贸易障碍、进行某种程度的合作与协作,形成区域经济集团,以促进参与国和地区之间的贸易与经济发展。经济学家巴拉萨认为,经济一体化的概念"既被定义为一种过程,又被定义为事物的一种状态"(Balassa,1961)。

区域经济一体化进程主要发生在相邻区域的国家与地区之间,但近年来随着区域经济一体化进程的深入发展,一些空间距离相隔遥远的国家之间也出现了超出世贸组织框架内的承诺水平,相互取消贸易壁垒,开展经济政策协调和合作的态势。对区域经济集团内成员的待遇高于对非成员的待遇,是区域经济一体化重要的特征,也是其最为引起争议的一点。

理论上,区域经济一体化可以被分为横向区域经济一体化、纵向区域经济一体化和混合型区域经济一体化。横向区域经济一体化主要发生在经济发展水平相近的国家和地区之间;而发达国家与发展中国家之间的区域经济一体化则被称为纵向区域经济一体化。许多区域经济一体化组织既包括横向的区域经济合作也包括纵向的区域经济合作,因此属于混合型的区域经济一体化组织。

第一节　区域经济一体化的内容与形式

一、区域经济一体化的内容

从现有的区域经济集团的发展来看,区域经济一体化的内容主要有以下几个方面:

(一)贸易与投资的自由化

贸易自由化是区域经济一体化的基础。传统的区域经济一体化主要是通过取消货物贸易的关税与非关税壁垒来进行的。近二三十年以来,服务贸易的自由化成为了区域经济一体化的重要内容。服务贸易的自由化主要是通过各国对服务贸易市场的准入和相应给予国民待遇的方式来进行的。

另外,在区域范围内,促进资本的自由流动,保障资本安全,也成为一体化进程的一部分。投资的自由化不仅要求各国取消投资壁垒,而且要求在控股比例、开业要求、相关政策等各方面取消歧视性政策,逐步扩大给予外资国民待遇的范围。另外,还要求给予外资在汇出利润、货币自由兑换等方面的保障;尽量不实行国有化,在必须实行国有化的情况下,保障外国投资者得到合理的赔偿。

为了保证贸易与投资自由化,一些区域经济集团在人员往来等方面也逐步取消壁垒,以实现人员自由流动。

（二）经济与技术合作

在这里,经济与技术合作主要指的是为了促进区域经济的一体化进程,政府间在具体经济或技术领域进行的项目性合作。例如加强情报交流,建立共同的信息网络和数据库,合作进行人力资源开发,在能源、交通、资源保护、电讯、旅游等各方面进行合作等。在发达国家与发展中国家组成的纵向区域经济一体化组织中,发达国家对发展中国家进行的经济技术援助往往是合作的重要内容。

（三）政策协调

政策协调包括集团内各国之间在经贸政策以及社会政策方面的协调与趋同,也包括其对外立场的协调。政策协调可能包括商品标准的统一与协调、海关通关标准的统一与协调、原产地规则的统一与协调等内容;也可能包括贸易政策的统一与协调、农业政策的统一与协调、货币与金融体系的统一与协调甚至社会与政治制度的协调。不同阶段的区域经济一体化组织,其政策协调的程度也有很大的差别。

（四）建立超国家组织

许多区域经济集团都建立有超国家的机构,以作为区域经济一体化的组织基础。一般来说,这些超国家的机构包括区域集团合作的最高权力机构、执行机构、咨询机构和争端解决机构。有些一体化程度较高的区域经济集团,还可能建立具有一定立法权力的超国家组织机构。

二、区域经济一体化的形式

区域经济一体化形式的划分主要以一体化程度的高低为标准。按照一体化程度划分,从低到高主要有以下几种形式:

（一）优惠贸易安排（Preferential Trade Arrangement）

这是区域经济一体化最初级和最松散的一种形式。在优惠贸易安排的成员之间，通过协定或者其他形式，对全部商品或者一部分商品规定其特别的关税优惠。但是，优惠贸易安排并不一定涉及全部的商品领域，其优惠幅度也并不一定达到完全取消关税和非关税壁垒的程度。

值得注意的是，在目前的文献中，有时候有另一种含义，即特指发展中国家之间根据关贸总协定和世界贸易组织授权条款建立的相互给予优惠待遇的协议。

（二）自由贸易区（Free Trade Area）

这是指签订有自由贸易协定的国家组成的区域经济一体化组织，在成员方之间废除关税与数量限制，使区域内各成员方的商品可完全自由移动，但每个成员方仍然保持对非成员的贸易壁垒。现代意义的自由贸易区往往还要求实现服务贸易一定程度的自由化。自由贸易区不要求成员方建立共同的对外关税，但是从理论上说，没有建立统一对外关税的自由贸易区，容易引起关税壁垒的规避。例如相邻的甲国与乙国组成一个自由贸易区，彼此之间没有贸易壁垒，但甲国对非成员的关税为50%，乙国对非成员的关税为10%，那么在转运成本较低的情况下，希望输往甲国的商品就可能由乙国输入再转而输往甲国。这种情况导致甲国的关税流失，或者不得不加强对原产地的边境检查，从而提高行政成本并在客观上对两国间的自由贸易产生一定的限制。

（三）关税同盟（Customs Union）

指两个或者两个以上的经济体，完全取消关税和其他贸易壁垒，并对非同盟国家实行统一的关税率而缔结的同盟。关税同盟的一体化程度比自由贸易区更高，而且由于同盟成员之间必须实行统一的关税政策，因此它已经具备了明显的超国家的性质。

（四）共同市场（Common Market）

所谓共同市场，除了要求其成员之间完全取消关税与非关税壁垒，并且建立对非成员的共同关税之外，共同市场之间的生产要素也可以自由流动。

（五）经济同盟（Economic Union）

所谓经济同盟，就是成员之间不但商品和生产要素可以完全自由流动，建立对外共同关税，而且要求成员间制定和执行某些共同经济政策和社会政策，逐步废除政策方面的差异，使之形成一个统一的经济实体。在经济同盟这个阶段，成员国还可能实行某种形式的货币同盟，甚至采用共同的货币。

（六）完全经济一体化（Complete Economic Integration）

这是经济一体化的最高形式。在这个阶段，区域各国在经济、金融和财政等政策上，完全统一化；在成员方之间完全废除商品、资金、劳动力等自由流通的人为障碍；并且各成员的社会、政治、防务等方面的政策也趋于一致。

应该指出的是，现实中的区域经济一体化形式是纷繁复杂的，以上对区域经济一体化形式和阶段的划分只是一种理论上的总结。在现实中，一个在主要方面属于较低级阶段的经济一体化组织也可能在某些方面实施某些较高级的区域经济一体化组织通常实施的一体化措施。

表6—1　区域经济一体化形式特征一览表

合作特征	优惠贸易安排	自由贸易区	关税同盟	共同市场	经济同盟	完全经济一体化
全部关税取消	否	是	是	是	是	是
设立共同壁垒	否	否	是	是	是	是
对生产要素流动不加限制	否	否	否	是	是	是
统一国家经济政策	否	否	否	否	是	是
统一协调社会与政治政策	否	否	否	否	否	是

第二节　区域经济一体化的基本理论

区域经济一体化理论中最重要的理论当属范纳（Viner）和李普西

(Lipsey)的关税同盟理论,许多有关经济一体化利弊得失的研究都是建立在关税同盟理论的基础上的。近年来,随着欧洲货币一体化进程的发展和东亚共同货币问题的探讨,货币同盟理论也得到了广泛的关注。

一、关税同盟理论

范纳(Viner)和李普西(Lipsey)的关税同盟理论是最早系统论述以关税同盟形式出现的区域经济一体化组织的经济效果的理论。这一理论不仅促进了国际贸易理论的发展,对整个经济学有关政策变革的理论也产生了重要的影响。

按照范纳的观点,完全形态的关税同盟应具备三个条件:一是完全取消关税同盟成员之间的关税;二是对关税同盟外的国家实行统一的关税;三是通过协商的方式在成员国之间分配关税的收入。

(一) 贸易创造效果(Trade Creation Effect)

关税同盟成立以后,成员方之间取消关税壁垒,商品实现自由流动,于是一成员方境内企业生产的一些成本较高、价格较高的产品将被其他成员方生产的成本较低、价格较低的产品所取代。贸易将在低成本成员与高成本成员之间进行。这种贸易在成员方之间存在关税的情况下有可能由于贸易壁垒的阻碍无法发生或者很少发生,而成员方之间贸易壁垒的取消使得新的贸易产生,这种效果被称为贸易创造效果。贸易创造效果使得产品的生产从关税同盟内生产成本较高的地方向生产成本较低的地方转移,有利于资源的合理配置,因此可以促进关税同盟内各成员方福利水平的提高。

为了说明贸易创造效果,我们来看看一个简单的例子。假设在一个由三个国家组成的世界里,在给定的汇率下,A 国生产某产品的成本是 35 元,B 国生产某产品的成本是 26 元,C 国生产某产品的成本是 20 元。首先我们假设在没有关税同盟的情况下,三个国家相互之间的关税税率都是 100% 。显然在这种情况下,该产品的国际贸易不能发生。

因为即使是生产成本最低的 C 国,其输往 A 国的产品的含税价格也高于 A 国本地生产产品的国内价格。

现在如果 A 国与 B 国形成一个关税同盟,两国之间取消贸易壁垒,对外形成统一的关税,假设该关税税率仍然保持在 100%,那么国际贸易就会在关税同盟内产生,B 国生产的产品将会以零关税进入 A 国,从而取代 A 国本国产品的生产。通过建立关税同盟,原本没有贸易的 A 和 B 两国之间产生了贸易,A 国放弃了以 35 元的高成本生产产品,转而以 26 元的低成本进口 B 国的产品,社会资源得到了优化配置。与此同时,A 国的消费者也得以享受低价格的产品,扩大了消费利益。从 B 国的角度来说,通过贸易创造发挥了其比较优势,扩大了出口,因此也有福利的增加。从 C 国的角度来说,在这个简单的例子中,其福利水平没有受到影响。但是,如果我们考虑到 A 国和 B 国通过资源优化,提高了收入,可能增加从 C 国的其他产品的进口,这样 C 国的福利也能有所提高。

(二)贸易转移效果(Trade Diversion Effect)

一般情况下,区域经济集团各成员之间贸易壁垒在撤除的同时,对非成员仍然保留一定程度的壁垒,关税同盟也是这样。在关税同盟内部取消关税壁垒的同时,对外仍然保持统一的关税。关税同盟内部的贸易自由化进程伴随着对非成员方的贸易歧视。这种歧视往往可能成为降低世界福利水平,甚至关税同盟成员方福利水平的原因。关税同盟理论中的贸易转移效果就是这样一种可能导致福利水平下降的效果,它指的是关税同盟一成员方在关税同盟建立前从生产成本较低的非成员方进口,在关税同盟建立后转而从生产成本较高的同盟内其他成员方进口。这种使得贸易流向发生转移的效果源于关税同盟贸易自由化的歧视性。

我们仍然假设在一个由三个国家组成的世界里,在给定的汇率下,A 国生产某产品的成本是 35 元,B 国生产某产品的成本是 26 元,C 国生产某产品的成本是 20 元。现在我们假设在没有关税同盟的情况下,三个国家相互之间的关税税率都是 50%。与上面的例子不同,在没有建立关税同盟的情况下,国际贸易将在 A 国与 C 国之间发生,C 国的产品进入 A 国后的含税价格是 30 元,低于 A 国本国产品 35 元的成本,因此 A 国将从 C 国进口。

现在如果 A 国与 B 国形成一个关税同盟,两国之间取消贸易壁垒,对外形成统一的关税,假设该关税税率仍然保持在 50%,那么国际贸易就会在关税同盟内产生,B 国生产的产品将会以零关税进入 A 国,从而取代 A 国从 C 国的进口。由于 B 国的生产成本高于 C 国的生产成本,从全球资源配置的角度看,生产资源的配置变得更加不经济了,因此会导致全球福利的下降。单纯从 A 国的角度看,一方面其消费者现在面临的产品价格是 26 元,低于原来 30 元的价格,因此可以获得一定利益;另一方面该国原来的不含税进口价格是 20 元,现在变为 26 元,其贸易条件恶化了。因此,A 国最终的福利影响是不确定的,也就是说,A 国在参加关税同盟后由于贸易转移效果,其福利甚至可能有所下降。

(三)关税同盟的其他效果

1. 强化竞争,提高资源使用的效率

通过在关税同盟境内取消贸易壁垒,关税同盟内不同成员方的企业将面临更为直接的竞争。竞争将起到优胜劣汰的作用,同时促进企业更加改善经营管理,提高企业的竞争力,并且促进优质资源向竞争力强的行业和企业流动。

2. 实现规模经济

关税同盟建立以后,同盟内的市场成为一体,因此有助于企业获得更大的市场规模,获得规模经济效应。

3. 刺激投资和技术创新

竞争的加剧和市场规模的扩大都能够促进投资和技术创新。与此同时,关税同盟内一体化的市场将对同盟外的投资者也产生吸引力。为了规避关税同盟对外的关税,非成员方将更有动力向关税同盟内进行投资。

4. 提高要素流动性，合理配置生产资源

许多关税同盟在取消关税的同时，也逐渐放开生产要素的流动壁垒，进入共同市场的阶段。要素流动限制的放开将更加提高资源配置效率。

5. 减少海关行政开支和减少走私

同盟内贸易壁垒的放开将大大减少海关征收关税和缉查走私的行政开支。

6. 提高对外谈判的地位

关税同盟各成员统一对外关税的同时也伴随着其对外贸易与关税谈判立场的统一。一体化的市场将提高其对外谈判的地位。

（四）加入关税同盟的利弊比较

对于关税同盟的静态利弊分析往往建立在对于关税同盟贸易创造效果和贸易转移效果的比较的基础上。如果贸易转移效果比较大，则建立关税同盟更有可能导致福利的下降。从上面我们对两种效果的分析，可以看到：

1. 建立关税同盟前各国的关税越高，产生贸易创造的可能性越大，而贸易转移的可能性越小。例如，在上面的例子中，在事先关税为100%的时候，我们看到了贸易创造效果，而事先关税为50%的时候，则有贸易转移效果产生。

2. 建立关税同盟后对同盟外的关税越低，贸易转移产生的可能性越小，因此提高福利的可能性越大。例如，在上述贸易转移的例子中，如果对同盟外的关税从50%降到30%以下，则贸易转移效果将不再出现。

3. 关税同盟的成员数越多，贸易转移的可能性也越小。如果成员数多，则对各种产品来说，其世界生产效率最高的国家属于关税同盟的可能性就大，所以贸易转移的可能也就越小。

4. 关税同盟成员的经济结构竞争性越强互补性越弱，产生贸易创造的可能性越大。如果关税同盟经济结构竞争性较强,建立同盟之前其贸易被壁垒所阻碍的程度高。同盟内取消壁垒之后,专业化分工的效应将更加明显,贸易创造的程度高。

另外有两个衡量关税同盟(以及其他经济一体化形式)利益的标准在学术界有不同的看法。

5.关税同盟成员的地理距离

克鲁格曼等美国经济学家认为关税同盟和经济一体化的成员的地理距离越近,运输成本越小,通过区域经济一体化所获得的利益相对也大。而巴格瓦蒂则认为在某些情况下,一国与距离较远的国家建立经济一体化组织反而可能获得更大的利益。

6.关税同盟成员在建立同盟前经济联系的紧密性

克鲁格曼认为关税同盟和经济一体化组织之间在建立同盟之前经济联系越紧密,贸易量越大,建立关税同盟后获得利益的可能性也越大。对此,巴格瓦蒂也提出了反对。

尽管关于贸易创造与贸易转移效果之间的比较和争论一直在学术界和政策制定者们之间进行,但是,贸易转移的危害似乎有可能被夸张了。早在关税同盟理论提出不久,米德就提出,如果关税同盟对外的贸易壁垒采取配额的形式,而不是采取关税的形式,那同盟成员从非成员的进口很可能就不会被取代,因为配额将其进口的量予以了固定。肯普和万(Kemp and Wan, 1976)进一步发展了米德的思想,他们提出,即使是贸易壁垒采取关税的方式,如果幅度得当,使得同盟成员与非成员的贸易量不减少,那么从总体上讲,关税同盟就能够提高所有同盟成员的福利而不使非成员的福利水平下降。可以说,肯普和万的理论强化了关贸总协定第24条的理论基础。

(五)次优理论

范纳(Viner)和李普西(Lipsey)的关税同盟理论对经济学的一个重要贡献是其提出了次优理论(Theory of second best)。

在范纳以前,经济学界一般认为,在一个经济体中,满足经济福利最大化的条件越多,该经济体的效率就越高;或者说,阻碍经济福利水平最优化的扭曲越少,该经济体就会越接近福利最优化水平。而从关税同盟理论来看,这种认识是错误的。在我们上面的例子中,当贸易壁垒部分撤除的时候,也就是经济扭曲减少的时候,世界和 A 国的经济福利水平都有可能下降而非上升。也就是说,经济扭曲并不是越少越好。一个经济体中没有任何经济扭曲,该经济体可以达到福利水平最优化;当经济体中存在扭曲的时候,扭曲较少的情况并不一定是次优的状况。

按照范纳的理论,在全球经济体系中实行部分的带有歧视性的贸易自由化有可能反而不利于世界经济福利的改善。从一国的角度来说,歧视性地取消对外贸易壁垒也可能导致该国福利水平的下降。范纳的次优理论对国内政策改革的实践也具有很重要的启示。当我们制定政策进行市场化改革的时候,并不是自由化措施越多,改革的效果就越好。

东非三国的区域经济合作

区域经济一体化可以发生在发达国家之间,也可以发生在发展中国家之间,或者发生在发达国家与发展中国家之间。理论上讲,经济水平相近的国家之间的一体化过程被称为横向一体化过程,而经济水平相差较大的国家之间的一体化过程被称为纵向一体化过程。

在二十世纪五六十年代,西欧的一体化进程取得了突破性的发展,与此同时,许多新获得独立地位的一些发展中国家也争相建立区域合作组织。这一段建立区域经济集团的高潮被称为第一次区域经济一体化浪潮,以区别于 20 世纪 80 年代后期开始的第二次区域经济一体化浪潮。在第一次区域经济一体化浪潮中,虽然发展中国家之间也成立了许多区域经济一体化组织,但大多成效有限。

肯尼亚、坦桑尼亚和乌干达在独立不久于 1967 年成立的东非共同体(East African Community, EAC)集中反映了发展中国家之间开展区域经济合作的困难。东非共同体的目标是建立东非共同市场,实现自由贸易,建立共同对外关税,协调货币与财政政策。不过,这个共同市场并不包括一般共同市场应该包括的劳动和资本的自由流动。东非共同体还建立了东非开发银行,建立了超国家的组织机构,并在交通电信领域展开了广泛的合作。

肯尼亚和乌干达早在1917年就组成过关税同盟,1923年,同为英国殖民地的坦桑尼亚加入了该关税同盟。而且它们曾经采用过共同的收入税机制,共同的货币。一般人认为,有如此好的合作基础,在新获得独立主权之后,这些国家之间的合作将会非常顺利。

然而,三个国家之间的合作很快出现了问题。肯尼亚在三国之间属于工业化程度较高的国家,而且发展速度快于其他两国。1967年到1977年之间,肯尼亚的年均实际GDP增长为7.5%,相应的,坦桑尼亚和乌干达增长速度为6.3%和2%。制造业开始迅速往肯尼亚集聚。坦桑尼亚和乌干达的工业制成品原来主要从发达国家进口,贸易转移效果使得它们丧失了大量关税收入。坦桑尼亚和乌干达两国对肯尼亚出现了大量贸易逆差,而东非开发银行的资金也大量被用于迅速发展的肯尼亚的制造业。与此同时,政治分歧使得经济合作变得更为艰难。坦桑尼亚尼雷尔倾向社会主义,认为肯尼亚是在走资本主义道路。1971年,乌干达发生政变,阿明武力夺取了政权,而尼雷尔给被推翻的乌干达总统奥波特提供了庇护。三国之间的严重分歧最终导致了东非共同体于1977年解散。

20世纪90年代以来,三国之间的区域经济合作重新趋于活跃。但是,一个新的问题是,非洲区域经济合作的组织五花八门,各国的成员身份多重并存,而不同的合作组织之间规则冲突严重。坦桑尼亚、乌干达和肯尼亚三国共同组建了东非合作委员会(EAC),同时又都是东南非共同市场(COMESA)的成员,都是跨国界创议组织(CBI)成员。坦桑尼亚还是南非开发共同体的成员(SADC)。国际货币基金组织的研究发现,由于各区域合作组织确立的目标、战略和采用的规则差别很大,许多非洲国家的贸易制度呈现出混乱的状态,反而阻碍了贸易与投资。

二、货币同盟理论

所谓货币同盟,指的是参加国之间采用一种强化的固定汇率制度,以致参加方之间货币汇率的固定达到不可逆转的程度,甚至可能达到采用同一货币的程度。可以说,货币同盟的建立是国家之间经贸政策协调的一种高级形式。

(一)各种汇率制度

为了较好地理解货币同盟,这里我们将现实中的主要汇率制度做一个简要的介绍。

表6—2　各种汇率制度

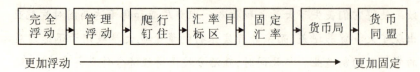

不同国家货币之间的汇率在理论上可以分为浮动汇率和固定汇率两种。在浮动汇率制度下,国家货币当局对汇率不做干涉,汇率完全由市场调节。在固定汇率制度下,政府货币当局将汇率固定在一个水平上,当市场供求使得汇率偏离预定的水平时,货币当局将采用干预措施,使其稳定在预定的水平上。在实践中,政府对市场的干预手段和程度存在差异,因此具体的汇率制度将表现为多种形式。

比理论上的完全浮动汇率制度存在更多政府干预的汇率制度是管理浮动(Managed Float)制度。在这种制度下,货币当局可以随时对汇率进行干预,并且其干预的程度由货币当局灵活掌握,而不存在预先公布的干预幅度限制。有的时候,这种干预是由多个国家联手进行,这被称为协调管理浮动。

爬行钉住(Crawling Peg)汇率制度下,货币当局定期调整汇率的目标基准值,在目标基准值不变的期间,货币当局保证汇率稳定在目标基准值周围一个较小的区域,但目标基准值是定期进行调整的。

汇率目标区(Target Zone)是指货币当局除了规定一个汇率的目标基准值以外,还规定一个上下的幅度,货币当局保证汇率在这个幅度范围内运行。与爬行钉住汇率制度不同的是,一般来说,这种制度下的目标基准汇率不是定期调整的。事实上,汇率目标区制度下汇率的浮动性取决于汇率目标区的范围到底有多广。一些经济学家建议理想的汇率目标区应该有上下各10%的波动幅度,这显然是比一般的固定汇率制度的浮动性要大很多。不过,如果汇率目标区的浮动幅度较低,例如1%,则基本上可以看做是固定汇率制度。

即使是作为固定汇率制度,当政府稳定汇率的手段不同时,其汇率的固定性,特别是市场对汇率固定性的预期和信心也会有很大不同。在一般的固定汇率制度下,政府稳定汇率的主要手段是通过积累一定的外汇储备,货币当局进行本币与外汇之间的平准买卖,从而稳定汇率。显然,当政府掌握的外汇储备有限的时候,这种固定汇率制度有可能无法维持。

货币局(Currency Board)制度,也被称为联系汇率制度,是一种更稳定的固定汇率制度。在这种制度下,一国货币当局发行的所有基础货币都必须有固定比例的外币作为相应支持。在这种情况下,货币当局所维持的固定汇率具有很高的稳定性。比较典型的货币局制度包括我国香港地区的联系汇率制度。

货币同盟(Monetary Union)可以被看做是最高形式的固定汇率制度。在这种情况下,汇率的变化基本已经不可能。目前的欧元区就是一个典型的货币联盟。

(二)货币同盟的利弊

不同国家和地区或者经济集团实行货币同盟,往往会带来一些经济利益。这些利益总的来说有:

1. 节约外汇交易成本。以欧元为例,据估算,欧元的实施将给欧元区带来节约外汇交易成本的利益约为整个欧盟收入的 0.25% 到 0.5% 之间。

2. 减少不确定性带来的成本。当汇率存在波动或者波动的可能性的时候,风险的存在可能会使得实际的贸易流减少。当汇率波动的风险完全消失之后,实际经济活动将更加活跃。

3. 更为方便的国际货币计量单位。当各国采用同一货币作为计量单位,换算变得没有必要,这也会促进交易的进行。

建立货币同盟的代价主要来自两个方面。从微观层面来说,建立货币同盟特别是采用统一货币有可能会产生一些过渡成本,这主要是来自流通货币转换过程中所带来的一些不便甚至混乱,以及相应的转换所需要的行政成本。从宏观上来讲,货币同盟使得同盟成员之间实际上必须实行统一的货币政策,当各个区域的宏观经济状况不一致的时候,货币政策独立性的丧失可能会加大各成员宏观调控的难度。

(三) 最优货币区

在什么情况下,不同的国家和地区之间应该实行固定汇率甚至货币同盟等货币一体化措施? 一个以固定汇率为特征甚至形成货币同盟的区域经济体应该以多大范围为最优? 这是所谓的最优货币区理论所要解决的问题。最为经典的最优货币区理论主要有蒙代尔理论和麦金农理论。

蒙代尔理论认为两个或者两个以上的国家和地区,如果其经济结构比较相似,同时相互之间的生产要素特别是劳动力要素的流动非常充分,这些国家和地区之间就应该实行固定汇率,或者形成一个货币同盟。

我们假设有两个国家或者地区,甲国主要生产 A 产品,乙国主要生产 B 产品,两国之间生产要素不能流动。现在假设世界上对两种产品的需求由于某种外在的因素发生了一个突然的变化,原来对 A 的需求转为对 B 产品的需求。这种外在的需求冲击可能对两个国家的宏观经济造成一定影响,例如会使得甲国出现失业和通货紧缩,并出现贸易逆差;而乙国出现更为充分的就业和通货膨胀,并出现贸易顺差。面对这种情况,甲国和乙国会有不同的宏观调控要求。当两国之间的货币存在固定汇率或者采用单一货币的情况下,甲国的扩张性货币政策会使得乙国的经济更加过热;而乙国的紧缩性货币政策会使得甲国的经济更加萧条。但是,如果采用浮动汇率,两国就可以分别根据自己的情况采用不同的货币政策。

显然,如果两个国家的经济结构比较类似,生产的是类似产品,出现上面那种需求转换的可能性就会比较少,在这种情况下,两国实行货币同盟就比较有利,一方面能够节约微观层面的货币兑换成本和汇率风险成本,另一方面两国失去货币政策独立性所带来的损失也不大。但是,值得我们注意的是,当区域经济一体化发展到一定阶段的时候,区域内部可能会实行专业化分工,区域内不同国家和地区的经济结果往往会是互补的而不是相似的,在这种情况下,实行共同货币导致的货币政策独立性和灵活性的代价可能较大。按照这种逻辑,一个最优货币区甚至往往应该小于一个国家的范围。在现实中,这种矛盾也是客观存在的。例如在 1998 到 1999 年,英格兰银行不断地提高利率,以图扼制英国东南部地区通货膨胀的苗头;而与此同时,英国的其他地区特别是苏格兰地区,还处于高失业的状态。这种不同地区宏观调控的不同需要使得有人甚至主张苏格兰应该发行自己独立的货币,从与英格兰组成的英镑货币同盟中摆脱出来。

但是上面的所有分析都是建立在一个假设前提的基础上,也就是各地区之间的生产要素的流动性是很差的。如果各地区之间的生产要素的流动性很好,特别是劳动力可以充分流动,不同地区的通胀和失业的矛盾就比较容易得到解决,无非是失业较多的地区的要素向通胀地区流动,问题就可以得到解决,而不必依靠浮动汇率来保持不同区域货币政策的灵活性。因此,按照蒙代尔的思想,最优货币区的范围取决于劳动力等要素流动的充分性。从区域经济一体化的层次划分来看,实行货币同盟应该在区域经济集团达到了共同市场阶段,实现了生产要素的区域内自由流动之后再进行。

与蒙代尔理论强调要素流动性对最优货币区范围的影响不同,麦金农理论强调的是贸易的开放程度对最优货币区范围的影响。假设我们有一个国家,该国贸易的开放程度很高,也就是说,其可贸易品的生产在所有产品中的比重很大。如果现在它实行的是浮动汇率,那么它通过货币贬值改善国际收支的作用会有多大呢?当该国实行货币贬值的时候,首先,进口产品的国内价格会上升;接下来,因为作为替代竞争品的进口商品的价格上升了,该国自己生产的进口竞争品的价格也会上升;再接下来,该国生产的出口品的国内价格也会上升,这是由于货币贬值导致了对该国出口品需求的上升。无论如何,该国的国内价格将普遍上涨。该国生产的产品中可贸易品的比例越大,导致的价格上涨越普遍,如果该国的所有产品都是可贸易品,则国内通货膨胀的幅度会与汇率贬值的幅度相当,而其国际收支将不会得到改善。因此,在这种情况下,维持浮动汇率制度变得没有意义。

相反地,如果一个国家的产品中的可贸易品比重不是很大的时候,本币贬值对国内的通货膨胀的影响就会很有限,在这种情况下,本币贬值的效果将更多地反映为改善国际收支,在这种情况下,浮动汇率的存在就比较有意义。

根据麦金农的理论,一个更为开放的经济体更适合实行固定汇率制度。特别是,如果两国之间贸易非常充分,建立固定汇率制度甚至实行货币同盟就往往是利大于弊的。一方面,两国之间的贸易充分使得单一货币或者固定汇率节约的微观交易成本比较多;另一方面,在这种情况下,维持两国间浮动汇率带来的宏观政策灵活性也意义不大。从这个意义上讲,区域经济内实现共同货币安排应该在其充分贸易的基础上实施。

第三节 区域经济一体化与世界贸易体系

区域经济一体化是否有利于全球福利水平的提高,是会促进还是会阻碍全球经济一体化的发展,这是一个理论界非常关心的问题。尽管这个问题并没有确切的答案,人们意识到区域经济一体化进程和世贸组织体系下的全球经济一体化进程某种程度的协调是有必要的。这主要体现在世贸组织对区域经济一体化的一些规定上。

一、区域经济一体化和全球经济一体化:有关经济理论的简要综述

范纳的关税同盟理论讨论的主要是关税同盟的静态效果。在存在贸易转移的情况下,区域经济一体化有可能降低全球的福利水平。但是,另一个同样重要的问题是,区域经济一体化进程和全球经济一体化进程,从动态发展路径的角度看,其相互之间的关系是什么? 以巴格瓦蒂的话说,就是区域经济一体化到底是可以促进全球经济一体化发展的重要组成部分还是阻碍其发展的绊脚石 (building block or stumbling block)? 为了讨论的方便,这里我们所说的全球经济一体化特指在多边贸易体系下所有世贸组织成员以多边最惠国待遇为基础的贸易自由化进程。

考察这个课题又可以从两个不同的问题考虑。

第一个问题是,如果区域经济一体化和全球经济一体化相互之间不存在互动的关系,这两种进程哪一种更可能较快地达到全球贸易自由化从而实现最优化的福利水平。通过多边谈判的方式在全球范围内同时推动贸易自由化进程的好处是:由于不存在不同国家之间歧视性的贸易减让,因此可以避免贸易转移带来的不利影响。但其缺点是由于谈判的多方性,往往很难在短时间内达成一致,因此贸易壁垒的下降速度可能比较慢。区域经济一体化进程的效果和效率如何则取决于其

是否有严重的贸易转移,其是否会不断地扩展。不过,如果区域经济集团的成员范围能够不断扩展,即使在开始的时候其贸易转移效果比较明显,随着成员的增加,贸易转移的可能性也会下降,最终可能比多边的全球经济一体化谈判进程更快地达到全球的贸易自由化目标。不过,关键的问题是,区域经济集团是否会不断增加成员而扩展其范围。

对于区域经贸集团是否会不断地扩大成员范围,巴格瓦蒂(Bhag-wati,1993)从政治经济学的角度做了一些基本的分析。从成员方政府的角度看,巴格瓦蒂认为有些国家的政府可能会认为该集团的市场已经很大,没有必要再增加新成员。实际上,有时候,对于一些具有庞大国内市场的国家来说,甚至可能会觉得没有必要与其他一些国内市场规模较小的国家结成区域经贸集团。美国在历史上曾经对开展区域经济合作很不热心,也许就出于这种原因。对于区域经贸集团内的利益集团而言,情况可能会比较复杂。有的出口型行业可能会希望吸收更多的成员国,这样它们可以获得更多的无贸易壁垒的市场;但如果新的成员国存在这些行业的竞争对手,它们可能就会抵制区域经贸集团成员的扩大。对于非成员国内的利益集团,它们可能为了避免受到贸易转移的损害,会推动其政府寻求加入某些区域经济集团。

鲍德温(Baldwin,1995)认为,由于非成员希望尽量减少区域经贸集团对它们形成的歧视效果,区域经济集团会存在一种骨牌效应,非成员的企业在面临成本劣势的情况下,会极力游说其政府加入区域经济集团,从而导致区域经济集团不断扩大。如果鲍德温的观点是对的,区域经济一体化由于其具有的灵活性以及其快速扩展的能力,不失为一种通向全球贸易自由化目标的理想途径。

当然,区域经济一体化和全球经济一体化两个进程往往是存在相互联系的。区域经济集团的谈判过程往往会影响全球经济一体化的谈判过程,反过来,后者也会对前者产生影响。所以,第二个值得研究的问题就是,这种相互影响是正面的还是负面的。在这方面,克里斯娜(Krishna,1998)和列维(Levy,1997)都认为,区域经济一体化会阻碍多边贸易体系下全球贸易自由化谈判进程。当各个国家可以选择其实行贸易自由化的谈判伙伴,并相互给予高于多边水平的优惠待遇时,全球多边谈判的动力将会大大降低,甚至使得原本可以达成的多边安排变得不可能。

正是由于区域经济一体化对全球经济一体化可能造成的不利影响,关贸总协定和世界贸易组织一直试图对区域经济一体化进程进行规范。

二、世贸组织关于区域贸易协定的纪律

世贸组织是一个贸易组织,因此对区域经济一体化的规范原则上仅限于贸易领域,对于资本的流动、劳动的流动以及货币的一体化,世贸组织仅限于对其"与贸易有关的"问题(trade related)进行谈判、加以规范。因此,世贸组织对区域经济一体化主要仅对其关税同盟及其以下层次涉及的内容进行规范。学术界已经意识到,经济同盟和货币同盟中要素自由流动,经济监管制度的统一化以及货币同盟等内容也可能对贸易产生影响;甚至有可能出现一些一体化组织,虽然已经实现了许多经济监管制度的统一,实现了一定程度的要素流动以及货币一体化,却没有实现关税同盟和商品贸易完全自由化,因此仅仅就世贸组织有关关税同盟和自由贸易区的规定对其进行审查,可能并不能够确定其完全符合世贸组织的规定。这个问题也许会在今后世贸组织的实践中体现出来(Matsushita et al., 2003)。

由于世贸组织主要管辖贸易,其对区域经济一体化的关注主要是区域贸易协定(Regional Trade Agreements, RTAs)。有时候,有关文献中也使用优惠贸易区这一术语(Preferential Trade Areas, PTAs)。不过,从法律上,空间的邻近都不是 RTA 或者 PTA 的要件,事实上,世贸组织框架下不少 RTA 是在空间距离相隔遥远的国家之间签订的。

世贸组织协议内的区域贸易协定(RTA)可以分为四种情况:第一种是 1994 年关贸总协定第 24 条项下的自由贸易区(Free Trade Area,

FTA）。第二种是 1994 年关贸总协定第 24 条项下的关税同盟（Customs Union,CU）。第三种是服务贸易总协定第 5 条项下的经济一体化（Economic Integration）。第四种是授权条款第 2 条 C 款项下发展中国家相互之间达成的优惠贸易协定。在这四种区域贸易协定中，自由贸易区是最为普遍的。

表 6—3　向关贸总协定和世贸组织提交的关于
目前仍生效的区域贸易协定的通知

	加入	新成立	总计
关贸总协定第 24 条（自由贸易区）	2	114	116
关贸总协定第 24 条（关税同盟）	6	7	13
授权条款	1	20	21
服务贸易总协定第 5 条	2	42	44
总计	11	183	194

注：截至 2007 年 3 月 1 日。

资料来源：世贸组织网站 www. wto. org。

（一）管辖机构和审查机制

　　传统上，关贸总协定对区域贸易协定的审查是通过建立不同的工作小组针对不同的协议分别进行的。1996 年，世贸组织建立了一个专门的常设机构来统管对区域贸易协定的审核。这个机构被称为区域贸易协定委员会（Committee on Regional Trade Agreements,CRTA）。2006 年 7 月 10 日，世贸组织通过了《关于区域贸易协定的透明机制》[1]，以完善区域贸易协定的通知和披露机制。这一机制目前处于临时适用的状态，它将在多哈回合结束后与多哈回合谈判结果共同正式实施。

　　根据关贸总协定第 24 条第 7 款 a 项，决定加入这类协定的成员应该立即（promptly）通知世贸组织。有学者认为，该条款实际要求世贸组织成员对区域贸易协定进行事先通知（Matsushita et al. ,2003）。但

---

　　[1]　WTO 文件 TN/RL/18。

事实上,许多的区域贸易协定都是在其达成生效后才通知世贸组织的。在 2006 年达成的《关于区域贸易协定的透明机制》中,各成员被要求尽早披露和通知,通知应该不晚于区域贸易协定的优惠待遇在其成员之间的适用。

在关贸总协定第 24 条项下自由贸易区和关税同盟的通知应该提交给世贸组织的货物贸易理事会,在服务贸易总协定第 5 条项下的区域贸易协定应该提交给世贸组织的服务贸易理事会。这两个理事会将分别将有关通知转送区域贸易协定委员会(CRTA)进行审查。不过,货物贸易的审查是强制性的,但服务贸易的审查则是选择性的,也就是说服务贸易理事会有可能不将有关通知转发 CRTA 进行审查。有关授权条款下发展中国家相互之间的优惠措施,由世贸组织的贸易与发展委员会接受通知,而且该委员会一般不将有关通知转交 CRTA 进行审查,而是自己直接进行审查。

另外,对区域贸易协定的审查也可能由争端解决机构在面临具体案件的时候进行。一般来说,争端解决机构并不对区域贸易协定的合法性进行全面的判断,而是仅就其具体案件涉及的具体内容做出判断。

(二)外部贸易条件

根据关贸总协定第 24 条的规定,对于一个涉及货物贸易的区域贸易协定,该协定的成员除了要尽及时通知的义务以外,还必须使协定满足两个条件,即通常所说的外部贸易条件(external trade requirement)和内部贸易条件(internal trade requirement)。这里我们先简要介绍一下外部贸易条件。

针对自由贸易区的外部贸易条件主要体现在关贸总协定第 24 条的第 5 款 C 项:"…duties and other regulations of commerce … shall not be higher or more restrictive than the corresponding duties and other regulations of commerce existing in the same constituent territories prior to the formation of the free-trade area …"相应的中文是:"税收及其他商业规章…… 不得高于或更严于该自由贸易区成立之前在其构成领土范围

内相应的税收和其他商业规章的水平。"这一段的意思实际上是要求自由贸易区成立之后,其对外的贸易保护程度不能得到提高。这种贸易保护可能是以关税的形式体现,也可能是以非关税壁垒的形式体现。以关税衡量的保护水平是比较明确的,但是以其他商业规章面目出现的非关税壁垒却存在相当的模糊性。一个目前尚没有得到很好解决的问题是原产地的问题。即使自由贸易区成立的时候可能不会改变其对非成员的关税和大部分非关税壁垒,但原产地规则的变化是不可避免的,而且鉴于自由贸易区的特征,在现实中,其成员方往往会采用比原来更为严格的原产地规则,对此,世贸组织目前尚没有更为明确的规范加以禁止。

针对关税同盟的外部贸易条件主要体现在关贸总协定第 24 条的第 5 款 A 项:"… duties and other regulations of commerce … shall not on the whole be higher or more restrictive than the general incidence of the duties and regulations of commerce applicable in the constituent territories prior to the formation of such union …"相应的中文是:"税收及其他商业规章 …… 总体上不得高于或更严于该同盟成立之前在其构成领土范围内相应的税收和商业规章的通常水平。"根据这个规定,当关税同盟成立后,新的对外关税和规章不必与原有的关税和规章逐项比较,只要其总体上高于原有的水平即可。至于如何从总体上进行这种评估,在《关于 1994 年关贸总协定第 24 条的解释的谅解》中进行了更为详细的规定,这里就不详细介绍了。

在关税同盟建立的时候,为了统一对外关税,有的成员可能需要降低关税,有的可能需要提高对外关税。如果这种对外关税的提高使得该成员对其他世贸组织成员的义务有所减损,则该成员可能需要向世贸组织其他成员提供相应补偿。在关贸总协定第 24 条第 6 款中,对这种补偿做出了规定。

(三) 内部贸易条件

根据关贸总协定第 24 条第 8 款,无论是自由贸易区还是关税同盟,对于原产于其境内的产品,都必须撤除涉及"几乎所有贸易"(substantially all the trade)的"税收和其他限制性商业规章"(duties and other restrictive regulations of commerce)。在关贸总协定和世贸组织的实践中,对于什么是"几乎所有贸易"和"其他限制性商业规章"的界定,一直存在歧义。

（四）涉及服务贸易的区域贸易协定

在服务贸易总协定中,涉及服务贸易的区域贸易协定没有区分自由贸易区和关税同盟,这当然是因为关税同盟的概念很难应用到服务贸易上去。服务贸易总协定第 5 条的标题直接使用的是"经济一体化"(Economic Integration)。

服务贸易总协定对于区域贸易协定没有使用类似于关贸总协定第 24 条第 5 款的外部贸易条件,不过如果世贸组织成员在成立一个涉及服务贸易的区域贸易协定的时候需要修改其原有的服务贸易承诺表,服务贸易总协定第 5 条规定了一个类似于关贸总协定第 24 条第 6 款的补偿机制。

服务贸易总协定对于涉及服务贸易的区域贸易协定的规范主要体现为内部贸易条件。首先,区域贸易协定必须涉及"大量的部门范围"(substantial sectoral coverage)。根据第 5 条的有关注解,所谓"大量的部门范围"必须从部门的数量、受影响的贸易量和提供方式等方面来理解。特别地,区域贸易协定不得将某一服务贸易提供方式进行事先的排除。

另外,服务贸易总协定第 5 条还要求涉及服务贸易的区域贸易协定在协定涉及的区域范围内取消非国民待遇的歧视。

第四节　当前区域经济一体化的进程与特点

区域经济一体化进程在第二次世界大战以后得到了迅猛的发展。在这一节里,我们简要介绍一下世界主要的区域经济集团的发展进程,并总结当前区域经济一体化进程的主要特点。

从图6—1中我们可以看出,区域贸易协定的数量在近年中有大幅度的上升。有些国家,例如智利、加拿大等,对与其他国家达成区域贸易协定尤其积极。近年来,中国在签订对外自由贸易协定方面也表现出了很大的积极性。这些协定往往不仅出于经济的考虑,还日益成为各国影响地缘政治、开展经济外交的重要工具。

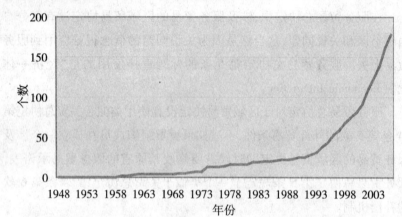

图6—1 生效的区域贸易协定的通知的个数

资料来源:www.wto.org。

一、欧洲一体化进程

欧洲一体化进程是区域经济一体化的典范。它经历了从优惠贸易安排到经济同盟的各个阶段,而且实现了一定程度上政治制度与社会政策的协调,今天仍然在不断深化和发展,这对其他地区的区域经济合作乃至世界范围内的一体化进程都有一定的借鉴意义。

欧洲统一的思想最早可以溯源到古罗马时期,之后一直存在不同形式的欧洲统一思想。这种思潮到第二次世界大战结束的前后,已经日益具体化和明确化。1944年3月,戴高乐提出在共同经济基础上建立一个"动脉为英吉利海峡、莱茵河和地中海"的"西方集团"。1946年9月,丘吉尔在演讲中提出以法德和解为基础成立"欧洲合众国"。

1950 年 3 月,阿登纳提出建立"欧洲政治联盟",作为美苏之外的第三种力量。

到 20 世纪 50 年代,欧洲的一体化进程终于走向了实践。从外部的因素看,美国对西欧联合的支持对欧洲的一体化进程起到了重要的推动作用。为了扶持西欧并使其能够抗衡苏联,美国于 1948 年通过《对外援助法》,对以西欧为主的其他国家和地区进行援助,这也就是"马歇尔计划"的法律形式。在"马歇尔计划"中,美国要求将西欧作为一个整体进行援助,为此欧洲 16 国于 1947 年 7 月 12 日召开欧洲经济会议,并成立欧洲经济合作委员会。与此同时,在"马歇尔计划"的执行中,还设立了"对等基金"制度,建立了欧洲支付同盟。

促使欧洲走向联合的关键一步是以法德合作为核心的欧洲煤钢联营的形成。法国和德国长期以来为争夺欧洲的霸主地位,数百年间战争不断。法德边界的鲁尔、萨尔和洛林地区是煤炭和铁矿资源丰富的地区,形成了西欧煤钢重工业地带。由于该地区重要的战略意义,法德之间在几次战争中都对该地区进行了激烈的争夺。因此,法德战后和解的关键就在于避免这一地区继续成为战争的导火索。1950 年 5 月 9 日,法国外长舒曼建议就欧洲国家的煤钢资源进行共同规划,并提出今后迈向欧洲联邦的可能性。1951 年 4 月 18 日,法国、联邦德国、意大利、比利时、荷兰和卢森堡在巴黎签订欧洲煤钢联营条约。1953 年,这些国家之间按计划取消了煤、铁矿砂和钢铁的关税。舒曼计划的成功实施使得法德之间的战争隐患排除,并使得欧洲联合进程迈出了最具实质意义的一步。

1957 年 3 月 25 日,上述六国在罗马签订了两项条约,一是建立欧洲经济共同体(European Economic Community,EEC),二是建立欧洲原子能联营,通称《罗马条约》。1958 年 1 月 1 日,《罗马条约》生效。《罗马条约》规定了建立关税同盟,实现人员、服务、资本等的自由流动,建立共同的农业和运输政策,协调社会政策等行动计划。1967 年 7 月,欧洲经济共同体、欧洲煤钢联营、欧洲原子能联营合并,称为欧洲共同体(European Community, EC),简称欧共体。

20世纪70年代,欧共体接受了英国、丹麦、爱尔兰等国家加入。1979年3月,欧共体开始实施建立欧洲货币体系的协议,主要是建立用于记账和结算的欧洲货币单位ECU;建立目标汇率区制度,从而使得汇率相对稳定;建立欧洲货币基金,以加强干预外汇市场和提供贷款的能力。

1993年1月1日,欧洲统一大市场基本建立。货物、服务、资本以及劳动力等的自由流动基本实现。根据1992年2月签署的欧洲联盟条约,即《马斯赫里克特条约》,1993年1月1日,欧洲共同体正式改名为欧洲联盟(European Union, EU),简称欧盟。随着欧盟的成立,欧洲的一体化进程开始走向经济、政治和社会的多元联合。

根据欧洲联盟条约,欧盟要实现统一的货币和欧洲中央银行体系。1998年,欧洲中央银行在德国的法兰克福成立。1999年1月1日,欧元诞生。2002年1月1日,欧元正式流通,有12个国家用欧元取代了其原有货币。与此同时,欧盟条约在共同的外交政策、共同的防务政策和共同的社会政策方面都做出了规定。

欧盟经过不断扩展,目前已经拥有27个成员。2004年5月1日,10个东欧国家成为欧盟成员,大大扩展了欧盟的版图。2007年1月1日,保加利亚和罗马尼亚加入欧盟,成为最新成员。土耳其、马其顿和克罗地亚作为候选国家,也将在今后加入欧盟。

二、北美自由贸易区

美国在第二次世界大战后的相当长一段时间内的经济外交活动主要致力于建立关贸总协定和世贸组织框架下的多边贸易体系。但是在20世纪80年代,一方面,欧洲的统一化进程使得美国开始感到了竞争的压力;另一方面,1981年11月,美国提出的开展新一回合关贸总协定多边谈判的建议被欧共体和发展中国家拒绝,这使得美国开始寻求开展双边和区域的贸易自由化进程。1985年9月,美国签署了其第一个全面的自由贸易协定,在这个协定中,美国和以色列规定取消相互之间的货物和服务贸易壁垒,并对知识产权的保护进行了规定。

加拿大是美国最大的贸易伙伴。1965年,两国曾经签订过一个关于汽车领域的贸易协定,但全面的自由贸易协定在相当长时间里一直没有提上议事日程。1988年,两国终于达成了一个自由贸易协定,并于1989年1月1日开始正式实施。这个自由贸易协定的范围不仅包括货物贸易的自由化和服务贸易自由化,还包括能源方面的合作与开放以及放松投资领域限制的内容。

1993年9月,美国、加拿大和墨西哥签订了北美自由贸易协定,从而于1994年1月1日正式成立了北美自由贸易区(North American Free Trade Area,NAFTA)。这一协定规定了关税和其他贸易壁垒的取消,对农产品和纺织品贸易壁垒的取消给出了较长的过渡期限,在银行和保险等服务领域规定了自由化进程,对投资的开放做出了规定,对知识产权的保护也做出了规定。

除了建立北美自由贸易区以外,在1990年6月,当时的美国总统老布什提出了"美洲事业创议"(Enterprise for the American Initiative,EAI),提出贸易自由化、投资创造和减轻拉美债务国负担的三大目标。在成立北美自由贸易区之后,美国力图将其扩大到南美,期望在2005年建立包括34个国家在内的美洲自由贸易区(Free Trade Area of the Americas)。目前,这一进程受到了以委内瑞拉为首的国家的激烈反对,其谈判进程已经搁浅。

三、亚太经济合作

早在20世纪60年代初,由日本、印度和泰国等国家有关人士组成的亚洲地区经济合作专家小组就曾经提出过关于亚洲国家经济合作的构想。1963年,日本政府提出了"太平洋经济合作方向"的报告,提出加强亚太合作的愿望。1965年,日本著名国际贸易学家小岛清首先提出了"太平洋共同市场"和"环太平洋自由贸易区"的设想,以后有关太平洋地区合作的建议不断提出。但是,鉴于政治与经济条件的不成熟,这些倡议都没有得到积极的响应。

　　进入 20 世纪 80 年代以后,太平洋经济合作开始有了转机。1980年,日本、美国、加拿大、澳大利亚、新西兰、韩国、东盟国家以及一些南太平洋岛国的代表在澳大利亚首都堪培拉举行了"太平洋经济合作会议"的首次会议。这是一个由政界、学界和商界人士联合组成的半官方的区域经济合作组织。

　　1989 年 11 月,在澳大利亚总理霍克的倡议下,亚太经济合作组织(Asia-Pacific Economic Cooperation,APEC, 简称为亚太经合组织) 得以正式成立并举行了第一次部长会议。美国、日本、加拿大、澳大利亚、新西兰、韩国以及东盟当时的 6 个成员国共 12 个成员参加了这次会议。这次会议使得亚太经济合作从民间和半官方合作推向了官方的政府间合作。在此以后,亚太经济合作组织每年召开部长会议。在 1991 年举行的汉城部长会议上,中国、中国香港地区和中国台湾地区的代表正式参加了会议,从而使得该组织的成员扩大为 15 个。在这次汉城会议上,确定亚太经济合作组织的目的是促进地区发展,促进和加强已经开放的多边贸易。

　　在 1993 年以前,亚太经合组织的活动主要局限在讨论经济和技术合作的方法等内容。1993 年 11 月,在当时的美国总统克林顿的建议下,亚太经合组织在美国西雅图召开了第一次非正式首脑会议,从而使得亚太经合组织的地位迅速提高了。美国的目的在于通过亚太经合组织,提高其在迅速发展的亚太地区的地位。西雅图会议也使亚太经合组织的主要活动转为推进贸易与投资自由化方面,因此是亚太经合组织发展过程中的一个转折点。不过,亚太经合组织至今不是一个正式的自由贸易区,成员之间不实行高于世贸组织开放水平的优惠待遇。在西雅图会议上,墨西哥和巴布亚新几内亚加入了亚太经合组织。

　　1994 年 11 月,亚太经合组织在印度尼西亚的茂物举行了第二次首脑会议,智利在茂物会议上加入了亚太经合组织。这次会议提出了"茂物宣言",确定发达成员在 2010 年以前,发展中成员在 2020 年以前实现贸易与投资自由化。虽然这一目标是非约束性的,但亚太经合组织对茂物目标的态度是非常严肃的。1995 年在大阪会议上,进一步明确这一目标已经进入行动的阶段。此后,亚太经合组织的历次会议都致力于促进茂物会议提出的目标的落实,并为促进世界贸易组织的多边谈判开展了工作。在 1998 年,秘鲁、俄罗斯和越南加入了该组织。至此,亚太经合组织共有 21 个成员,此后,根据 1997 年温哥华会议的要求,亚太经合组织进入十年巩固期,期间不再接受新成员。

在 2006 年越南河内举行的首脑会议上,各成员共同通过了河内行动议程,并商讨了如何推动世贸组织的多哈回合谈判。值得注意的是,美国在 2006 年河内会议上提出建立亚太自由贸易区的倡议,但这一倡议没有能够得到广泛的支持。在河内会议的有关宣言中,仅仅提出将这一建议作为长期目标加以研究。尽管亚太经合组织近期转变为亚太自由贸易区的可能性并不大,但是,亚太经合组织成员之间早已经存在很多双边以及次区域的自由贸易区,而且新的自贸协定层出不穷,这使得该地区的区域经济合作呈现出复杂的局面。

四、当前区域经济合作的特点

(一)新的区域贸易协定大量出现

从 20 世纪 80 年代出现区域经济合作的第二次浪潮之后,区域经济合作的热潮持续高涨。进入 21 世纪以来,新的区域贸易协定大量涌现。截止到 2007 年 3 月 1 日的 194 项向世贸组织提交的至今生效的区域贸易协定通知中,2000 年以后的通知有 113 项。

(二)双边的区域贸易协定大量增加

一个值得注意的现象是,近年来的区域贸易协定大量出现双边协定,由两个国家或地区之间组成自由贸易区。这种现象可能是由于多边的多哈回合谈判进展缓慢,促使许多国家转而寻求更有效率的方式进行贸易自由化。

(三)区域集团内的合作领域由货物向服务和投资领域扩展

目前服务贸易的自由化已经成为区域经济合作的重要内容。许多区域经济集团也就投资领域的开放做出了规定。

(四)"跨地域"和"多重"区域集团大量出现

一方面,一些"超区域"经济合作正在开展,例如欧盟与欧洲自由贸易联盟组成了欧洲经济区,从 1994 年开始启动。以欧盟和东盟为核心组织了包括中国在内的两年一度的亚欧会议。另一方面,出现了"次区域"经济合作组织。所谓"次区域"经济合作组织往往涉及一片区域,而该区域并不一定包括合作组织成员的全部疆域,例如我国参加的大湄公河次区域经济合作和图们江经济合作。另外,一些区域经济合作组织内部又存在一些更为紧密的经济合作组织,例如亚太经合组织内包括北美自由贸易区、东盟以及澳新自由贸易区等。这些都使得区域经济合作呈现出多重性。

(五)区域经济合作组织的成员主体身份出现多元化

在传统的区域经济合作组织中,其成员往往很少再参加其他的区域经济合作组织。目前,参加多个区域经济合作组织,或者与世界上许多国家达成自由贸易协定,已经成为一种普遍的现象。

(六)区域经济合作的形式多样化

除了传统的自由贸易区和关税同盟等形式,区域经济合作正以更加丰富的形式开展。例如我国参加的大湄公河次区域经济合作、亚太经济合作组织、上海合作组织、亚欧会议、中非首脑会议等合作机制都包括了一定的经济合作的内容,但是并不以具有约束性的歧视性贸易优惠措施为基础,这些丰富多样的区域经济合作形式也正日益发挥其作用。

五、中国的区域经济合作

到 2007 年 3 月 1 日,中国目前已经向世界贸易组织通报的我国参加的区域贸易协定包括中国与东盟之间的优惠贸易安排,中国加入的《曼谷协定》(现已改名为《亚太贸易协定》),中国内地与香港地区的更紧密经贸关系安排,以及中国内地与澳门地区的更紧密经贸关系安排。两个更紧密经贸关系安排都是以关贸总协定第24条下的自由贸易区以及服务贸易总协定第5条下的经济一体化安排分别向世贸组织进行通报。而中国与东盟之间的优惠贸易安排和《亚太贸易协定》都是根据授权条款以发展中国家之间的优惠安排形式做出的通报。

目前中国已经达成的需要向世贸组织进行通报的区域贸易协定还包括中国与智利以及中国与巴基斯坦分别达成的协定。目前,中国与智利的区域贸易协定已经于2006年10月开始实施。中国与巴基斯坦的区域贸易协定已经于2006年11月达成。

中国目前还在与澳大利亚、新西兰、新加坡、冰岛、海湾合作委员会等国家和组织进行区域贸易协定的谈判。与韩国、印度等国的自由贸易谈判也有可能在近期启动。

另外,我国参加的大湄公河次区域经济合作、亚太经济合作组织、上海合作组织、亚欧会议、中非首脑会议等合作机制都包括了一定的经济合作的内容,其中某些机制也有可能进一步深化,向建立自由贸易区的方向发展。

随着中国经济的迅速发展,中国的制造业已经日益显示出其竞争优势,制造业的投资在中国显现出集中和集聚的态势。一方面,中国需要更多的出口市场,另一方面中国对原材料和能源的进口需求也将不断扩大。通过签订区域贸易协定的方式进行贸易自由化,一方面是中国进一步开拓国际市场,促进中国企业走出去的要求;另一方面对于改善中国的地缘政治环境也有重要的意义。目前,美国、加拿大、智利等国家都在全球范围内广泛地开展区域贸易协定的谈判,在这种形势下,中国在积极推动世贸组织多边谈判的同时,以区域贸易协定的方式进行贸易自由化是很有必要的。

第七章 双层经贸政策协调机制

在第三章和第四章中,我们介绍了国内经贸政策协调的有关理论和问题。这两章把国家内的不同利益集团作为行为主体,探讨这些不同的集团是如何相互作用形成经贸政策的。第五章结合世贸组织谈判的一些具体问题,我们讨论了国际经贸政策协调的有关理论和问题,在该章中我们把国家作为利益最大化的决策主体,讨论国际经贸政策是如何通过谈判而形成的。特别是,我们还在第五章中分析了美国等发达国家的一些谈判策略。在第六章中,我们侧重讨论了区域经济一体化进程中的经贸政策协调问题。在本章中,我们要在前面几章论述的基础上,讨论国内经贸政策形成和国际规则形成机制之间的相互作用问题。在这里我们将经贸政策的形成看做是两个层面决策机制的相互影响过程。国内的经贸政策形成机制与国际谈判机制是相互影响的。我们一方面要了解,国际谈判是如何影响国内政治力量的对比,从而改变国内政策均衡;另一方面我们也需要了解国内利益集团的变化又是如何影响国际谈判的。

第一节 利益集团与国际经贸谈判

一、从贸易战到贸易谈判

普特兰(Putnam, 1988)曾经指出,外交活动与国内政治往往是紧密相连的,这种在国际关系领域早已经为大家所认识的联系说明,国际关系可以被看做是一个双层的博弈过程,两个博弈过程之间的关系是互相联系的。普特兰的这一看法被很好地反映在格罗斯曼和赫尔普曼的论文《贸易战与贸易谈判》中(Grossman and Helpman, 1995b)。

格罗斯曼和赫尔普曼的这篇论文实际上是其之前的《待价而沽的贸易保护》的一个扩展。所不同的是,在这里,贸易政策的形成不仅取决于一个国家国内政治的均衡,而且取决于其他国家国内政治的均衡结果。模型中假设国际博弈发生在两个国家之间。

格罗斯曼和赫尔普曼把这种双层的博弈分为两种情况。一种是政府之间不存在协调机制的情况,这种情况被称为"贸易战"。在这种情况下,政府之间的博弈是非合作的,各方在进行决策时,会忽略本身的决策对国外利益集团和政客的影响,而是将其行为看做给定的。而各国的利益集团的政治贡献取决于其本国政府的政策。在这种情况下,能够将利益集团组织成游说压力集团的产业,其保护程度将会比较高。一般来说,在一个产业中的特定要素的利益砝码相对于一般选民比较高的时候,即该产业产量与进口量之比比较大的时候,其进口关税水平会偏高。而当外国出口供给弹性和本国进口需求弹性比较大的时候,保护程度会相应较低。

在另一种情况下,各国政府之间可以进行谈判以决定贸易政策。这种情况被视为"贸易谈判"的情况,以区别于"贸易战"的情况。在这种情况下,贸易保护程度不仅仅取决于本国产业的政治力量,而且取决于国外相应产业的政治力量。格罗斯曼和赫尔普曼的这篇论文技术性较强,模型比较复杂。为了更为直观地说明贸易谈判与国内政治之间的关系,我们在下面用一个简单的例子来进行说明。

二、国际经贸谈判改变国内政治均衡

在第三章的第一节,我们以一个例子说明了利益集团在国家政策制定过程中的作用。特别是小利益集团在政策产生过程中比大利益集团更能形成集团压力,影响决策者,具有更强的游说力量。贸易保护的政治经济学认为,这种小利益集团左右决策的现象是各国偏离最优福利状态,形成贸易保护政策的重要原因。在上述的例子,某产品的生产者形成小利益集团,消费者是大利益集团。但是,如果生产者是由成千上万个厂商组成的,那么它们形成压力集团,采取集体行动的可能性就很小了;生产者数目越少,其垄断加价能力越大,其形成压力集团,采取集体行动的可能性也就越大。所以,市场的垄断或寡头控制对消费者造成的是双重的损害,一方面是超出边际成本定价给消费者造成损失,另一方面,越是垄断行业越有可能通过游说获取政府的政策支持和保护,从而对消费者造成进一步的损害。

在产品市场上形成的均衡,无论是存在垄断的情况下形成的均衡,还是在寡头情况下形成的古诺纳什均衡①,相对于完全竞争的情况,其结果都是使生产者的利益更大,消费者的利益受损。事实上,在政治市场上存在着类似的现象:生产者的市场集中程度越高,其采取集体行动的平均收益越大,成本越小,其结果是能够形成更有利于生产者的均衡政策。

现在我们假设 A 国的 X 产业由于上述原因形成了一个贸易保护政策,也就是意味着 A 国 X 产业生产者与消费者之间的政策斗争存在一个有利于生产者集团的均衡。问题是,当 A 国政府开始对外进行谈判的时候,这种政治均衡能否有所改变呢?

当 A 国政府与另一国家,例如 B 国政府进行贸易谈判的时候,只有在双方能够相互开放市场的情况下,才可能形成促进贸易的协定,在一般情况下,我们不可能期望一国对外开放市场而不要求其他国家对自己开放市场。如果 B 国希望 A 国的 X 产业对 B 国开放,那么它也必须对 A 国对等地开放某个市场,这个市场是 A 国具有一定竞争力,而

---

① 贝特朗(Bertrant)纳什均衡的情况具有一定的特殊性,在两个以上寡头存在的情况下,形成的均衡与完全竞争的情况下相同,但这一结论与经验验证相去甚远。

B国原来保护的市场,例如Y产业的市场。

事实上,B国之所以对其Y产业存在贸易保护措施,其形成机制很可能与A国中X产业保护措施的形成机制类似。也就是说,A国由于其国内政治均衡,形成了X产业的贸易保护,从而使B国具有优势的X产业无法进入A国;同样的道理,B国由于其国内政治均衡,形成了Y产业的贸易保护,从而使A国具有优势的Y产业无法进入B国。在两个国家没有进行贸易谈判或者不可能进行贸易谈判的情况下,双方各自的国内政治均衡使得各自的贸易保护将无法取消。这也是贸易保护通过单边行为难以取消的重要原因,我们可以称之为贸易保护不能通过单边行为取消的政治经济学原因①。

如果A国和B国开始进行贸易谈判,或者具备了贸易谈判的可能性,这时会产生什么影响呢?对于A国来说,原来的政治均衡是取决于X产业的生产者和消费者之间的斗争,作为小利益集团的生产者具有主导政策的优势。在原来的政治均衡中,Y产业的生产者集团并没有发挥特别的作用,因为Y生产者集团对X产品国内价格的下降与否没有特别的利益关系,它们与普通的消费者一样,难以组织起来反对X产品的贸易保护。但是,当A国和B国之间开始进行贸易谈判,或者具有了贸易谈判和互相开放市场的可能时,Y产业集团的利害关系就变得很不一样了。

作为具有出口竞争力的A国Y产业,它们意识到,如果能够打入B国市场,将大大促进其获利,但B国Y产品市场的开放必然需要A国向B国也开放市场。如果A国坚持对X产业进行贸易保护,可能B国也不会对A国开放Y市场。在这样的情况下,A国X产业的贸易保护就严重地阻碍了Y产业集团利益的实现。Y产业对X产业开放与

---

① 在前几章,我们实际上也看到了贸易保护难以通过单边行为取消的其他原因,例如贸易条件效应、囚犯困境等。但值得注意的是,贸易条件效应和囚犯困境往往是大国不能取消贸易保护的原因。而贸易保护的政治经济学原因则对大国和小国的贸易保护都具有一定的解释力。

否的关心就不仅仅只是作为消费者的关心了。所以,在 A 国 Y 产业集团就成为了 X 产业开放的鼓吹者。这样,新的政治均衡就可能出现,有关 X 产业保护的贸易政策就会在两个小利益集团之间进行政策斗争,而不是在一个小利益集团和一个大利益集团之间进行斗争了。新的政治均衡更有可能使 X 产业倾向于开放。

同样的故事也必然发生在 B 国,B 国原来形成的 Y 产业的保护,也可能由于 X 产业的反对而实行对外开放。这样 A 国以 X 产业的开放换取 B 国 Y 产业的开放。双方因此都实现了新的政治均衡,获得了更好的政策结果。

对外经贸谈判在促使国内政治均衡发生变化的同时,也大大减少了政府实行开放政策的政治压力。例如在 A 国,如果政府开放 X 产业,X 产业的生产者必然将举出很多理由,以说明政府的开放是如何不明智。他们会以保护幼稚产业、扶持战略支柱产业、保护民族经济等诸多理由来论证政府的决策是多么的愚蠢、幼稚,甚至是多么的卖国。然而,当对外谈判开始进行时,国内舆论就可能发生变化,因为 Y 产业可能将站出来为开放辩护。他们会以提高消费者利益、促进信息交流、增进竞争等一系列理由来支持开放,而政府的压力也大大减轻。

在多边的谈判下,各方通过这种以市场换市场的机制,实现政策优化的可能性也更大。

从上述的例子我们可以看出,一国开放局面的形成,在很大程度上归功于具有出口竞争力的产业对开放的支持。具有出口竞争力的企业是进口防御型企业贸易保护主张的主要反对者。在国际贸易史上,被作为自由贸易里程碑的英国"反谷物法同盟"运动就是这样的一个例子。

英国乃至整个西方社会贸易自由化的先声可以说是 1786 年的英法《爱登条约》(Eden Treaty)(Kenwood and Lougheed, 1999, P62)。这个条约的签订仅仅发生在亚当·斯密的《国富论》发表之后的 10 年。在这之后,自由贸易者与贸易保护主义者之间发生了激烈的斗争。当时,支持贸易保护的阶层主要是农场主和土地贵族,而支持自由贸易的阶层主要是纺织业工场主。

两个利益集团的斗争主要体现在围绕《谷物法》的政策之争。在农场主的推动下,英国制定了针对小麦进口的高关税,并形成了被称为《谷物法》的立法。这一立法在很大程度上损害了纺织业的利益。一方面,高额的谷物价格使消费者难以有更多的财力购买工业制成品;另一方面大量的土地被用来生产谷物,可以用来养羊的草地则十分有限①,这也阻碍了纺织业的发展。而更为重要的是,英国的纺织品出口由于英国农业的保护而受到很大的限制。一方面,其他欧洲国家在没有出口收入来源的情况下无力从英国进口纺织品;同时,在英国高关税保护农业的情况下,其他欧洲国家也不愿意单方面地降低纺织品的关税。

综合上面的因素,纺织品工业基地、曼彻斯特的工场主们联合起来,开始极力宣传自由贸易。他们组织"反谷物法同盟",竞选议员,形成了著名的"曼彻斯特学派",还创办了著名的《经济学人》杂志。经过长期的斗争,终于于1846年最终废除了《谷物法》,取得了自由贸易的重大胜利。1860年,"反谷物法同盟"领袖科伯登代表英国政府与法国签订了《科伯登条约》,基本取消了英国的关税,并且引入了"最惠国待遇"条款,极大地推动了自由贸易的发展(Kenwood and Lougheed,1999,P65)。

英国自由贸易的历史体现出一个规律,即如果要实行开放政策,贸易保护的力量往往需要另一个具有相关利益的产业来进行平衡制约,而对外经贸谈判以及多边谈判机制,有利于这种平衡的形成。

对于中国来说,加入世贸组织之所以引起了如此广泛的关注,在一定程度上与我们近年来体制性改革遇到的一些困难与阻力有关。加入

---

① 传统的研究认为,圈地的活动减少了农业劳动力的需要,增加了失业。但另外一些研究则认为,圈地并非像原来的想象那样全部都是强迫的,有的反而是农民自愿的。圈地有时候还增加了整理和维护土地的劳动力的使用,因此,圈地是"土地使用合理化必须之步骤"(参见黄仁宇,1997中文版)。

世贸组织给我们带来了开放和改革的动力和压力,从而使我们突破原有的渐进改革的某些弊端,实现改革开放的整体推进。从这个意义上来说,加入世界贸易组织是我国改革史上的又一里程碑。

"以开放促改革"的思路也受到了很多反对加入WTO的人们的批评。其中一种意见认为,引入外来压力和机制无异于引狼入室,与石敬瑭无异。这种认识确实有失偏颇。从我们这一节的论述来看,所谓引入外来压力,并非挟洋自重,多边谈判的一个作用是改变国内的政治均衡,从而使消费者能够得到来自不同方面的信息,使政府得到不同方面的意见,其最终发生作用的是国内不同集团之间的相互辩论和斗争,而其结果是提高了整体福利水平。

全球化与"消费者主权
（Consume Sovereignty）运动"

为什么在全球化的研究中,"消费者主权运动"会占据重要的地位呢?社会学家也在研究"消费者主权运动"和消费文化的发展,特别是美国消费文化对全球的入侵(Waters, 1995, P139)。然而,对"全球化"与"消费者主权运动"之间的经济联系一直缺乏严密的阐述。一种可能的情况是,全球化使消费者自主的能力大大增强了,而这种能力的增强在很大程度上与出口竞争行业的宣传有关。在封闭条件下,产品生产者和消费者之间总是处于不对称的地位,"买的不如卖的精"。生产者采取集体行动的协调能力强,对产品和服务的内在信息掌握全面,而消费者则无力形成行动,也缺乏对产品信息的全面掌握,这样就无法真正形成"消费者主权"。但是,当一国开始对外开放后,出口竞争行业为了促进进口保护行业的开放,往往会大力宣传对消费者利益的保护,以消费者利益为武器打击进口保护行业。这种宣传往往会促使消费者掌握更多的信息,并且激发其权利意识。因此,"消费者主权运动"的兴起与"全球化"过程引起的各国国内利益集团的力量和关系的变化有密切的联系。

三、利益集团力量的动态变化和一国对外经贸谈判立场的变化

当对外谈判促使各国国内政治出现了新的均衡之后,各个利益集团的力量将出现变化,从长期来看,这种变化可能又会改变国内政策斗争的力量对比。问题是,这种对比将朝着一个什么方向发展?

哥德斯藤(Goldstein,1998)是这样认为的:

"……国际协定可以起到锁定(Lock in)国内领导人偏好的政策的作用。在自由贸易体制下,参与其中的经济体将根据变化了的货物和服务价格进行调整。有的进口竞争型生产者将被淘汰,就业将会转移到那些要么不受世界贸易影响要么从继续开放中获益的部门。经过一段时间,更多的集团将能够组织起来以维护其对世界市场的进入。更多的生产者将依赖于廉价中间产品的进口以维持其产品低价。总之,破坏贸易协议的经济成本经过一段时间将得以提高。"

"类似地,破坏多边协议的政治成本也将随时间的推移而提高,一个国家的毁约变得日益困难,因为其小小的变动将影响日益增多的更多部门和国家的利益。……"

哥德斯藤的这一观点显然是偏向乐观的,按照他的观点,当一国对外开放后,进口竞争型行业,也就是对外竞争力较弱的行业将萎缩,其中的劳动力或资源将向其他行业转移。这样,这些行业规模的下降也将减弱这些行业的游说能力。从而使他们想要寻求保护和阻止开放的能力越弱。

然而,哥德斯藤的这一推理并不是十分严密,至少是需要完善和澄清的。我们知道,当一个行业规模缩小时,虽然其能够用于游说的财力削弱了,但是,规模的缩小也有利于其采取集体行动,"外敌当前",其统一协调的成本减少了,"搭便车"的可能性也小了。所以,其影响政策的能力是否减少仍是一个不确定的问题。

影响政策能力较强的行业往往是这样的行业,一方面其总体规模较大,另一方面其市场结构倾向于垄断,至少是寡头。这样,它一方面有较多的财力影响政策,另一方面其采取集体行动的难度较小。所以,我们强调"小集团"游说能力强,并非强调其经济规模小,而主要是强调其主体个数少。越是倾向于垄断的行业,其相互统一行动的能力越强。从这一角度看,实行了开放之后,进口竞争型企业的游说能力是否会进一步降低,关键还要看其国内市场结构发生了什么变化。如果其国内调整的结果趋向于垄断加强,这些行业的游说能力反而可能增强,其破坏对外协议的能力也会增强。

从19世纪末和20世纪初全球自由贸易体系崩溃的历史来看,各国经济体系中垄断程度的提高与自由贸易体系的瓦解是有一定联系的。在这一轮全球化的过程中,这一问题仍然是影响全球化进程的关键所在。

除了行业规模的变化和行业结构的变化对利益集团影响政策的能力会产生影响之外。要素的流动也会对利益集团的政策影响能力产生作用。韩德强(2000,P92)就国际资本对其在东道国政策的影响进行了一段敏锐的评论:

"……我们不禁要问:为什么已经在很大程度上失去意义的汽车业高关税没有受到舆论的打压?而偏偏是有意义的电信初装费会成为过街老鼠呢?这其间的奥秘,可能只有从跨国公司角度才看得清楚。汽车的高关税的一大部分已经通过技术转让费、转移定价费以及正常利润分配落入到德国大众、法国雪铁龙、美国通用等跨国公司手中,而且中国汽车业的主导权也已经很难说是属于中国人。而电信的初装费却只有中国电信能享受,跨国电信公司们只能眼看着中国电信实力的壮大。因此,跨国公司们开始关心中国老百姓的腰包了,它们的某些代言人开始巧妙地借用业已形成的竞争万能论来攻击中国电信,必欲拆之而后快。"

姑且不论以上引述的内容和观点是否正确,但它提出了一个值得研究的现象,即资本流动对利益集团政策影响力的作用。相比于汽车业,电信业的市场集中度要更高,按理说电信行业的舆论宣传和政策影响力应该更大,可为什么电信行业对有利于自己的政策的辩护能力显得如此之弱呢? 相比之下,汽车行业却显得从容得多。

当以规避贸易壁垒作为投资目的之一的资本进入一国某个产业,例如汽车产业,这种外国资本本身就可以享受到了贸易壁垒保护的利益,因此其反而成为了东道国贸易壁垒的维护者,其资本母国的汽车产业对打开资本东道国贸易壁垒的要求也大大减少了。在这种情况下,东道国就很难以这个产业的开放作为重要砝码与资本母国进行谈判。于是东道国其他产业对该产业的开放要求也会随之降低。其结果是该产业更加便于维持一个较高的壁垒。

利益集团力量的变化,特别是其组成压力集团的能力的变化,能够影响一国政府对贸易保护的态度,同时也影响着该国对外经贸谈判时所持的态度。农产品贸易的国际政策环境的演变过程反映了这一点。安德森和速水佑次郎(1996)认为,穷国一般倾向于对农业征税,其原因是对农民利益的平均损害绝对量较小,而对工业利益的提高则相当大。反之,富国对农业倾向于补贴,其原因是补贴对工业利益的损害平均绝对量小,而对农业集团的利益相关者的利益提高幅度相对较大。正是因为这样,当一国经济发展,由穷而变富的过程会伴随这一国家对农业的政策会由征税的政策逐渐向补贴的政策发展。法国、韩国、日本等国家农业政策的演变过程似乎都说明了这一规律。安德森和速水佑次郎(1996)担心的一种趋势是亚洲其他新兴经济体,随着其经济的发展和产业结构的升级,其农业也会呈贸易保护主义倾向,其对多边贸易体系中农业谈判的态度也会趋于保守。使农民能够更多地影响公共政策是应该的,但通过贸易保护主义来保护农民的利益也许并非是最优的选择。盛斌(2002)发现,中国现有的关税等贸易保护政策并不具有改善居民收入分配、减少贫困和维护社会底层人口利益的功能,而这一点与西方国家有关的经验验证结果有显著差别。如果事实确实如此的话,这未尝不是一件好事。按照巴格瓦蒂的关于政策的——对应的理论,贸易保护显然不是实现收入调节的最优工具。

第二节　多边贸易体系中的新议题与
不同集团的态度

多边贸易体系正在不断扩展,许多新议题不断出现,成为国际经贸谈判领域争论的热门话题。在多边谈判中,我们应该意识到发达国家的不同利益集团对于不同议题的态度是不同的,利用好这种不同,有助于我们在谈判中争取最多的同盟者。例如,对于类似《多边投资协议》的多边资本自由流动框架和高标准的劳工标准,目前中国官方的态度都是持反对意见的。在发达国家,其劳工组织对于资本自由流动是持反对态度的,而对于劳工标准纳入世贸组织是持积极支持态度的。于是,这些劳工组织在前一个议题上可以成为我们的同盟者,而在后一个议题上则与我们难以持相同态度。认识到这种差别,能够使我们的对外谈判建立在更加广泛的外交努力基础上,从而更为有效。

一、多边资本自由流动问题

西方发达国家长期以来一直在探讨形成一个全球统一的资本自由流动制度框架的可能性。其中最为有名的一次努力就是 20 世纪 90 年代中期开始的就《多边投资协议》(Multilateral Agreement of Investment, MAI)进行的谈判。通过这一协议,发达国家主要期望达到两个目的:一个是通过降低甚至消除各国的投资壁垒,从而使资本在全球范围内的流动获得更大的自由;另一个目的是提高各国对外国资本的待遇水平,原则上使外国资本获得国民待遇。

从第三章的理论分析中(图 3—4)我们可以看到,资本丰富国家,主要是发达国家,它们的资本所有者,是资本自由流动最大的受益者。通过获得在东道国的高收益以及在东道国的高标准保护,它们可以获得在母国难以获得的利润,成为多边资本自由流动制度的最主要的支持者。

从图3—4中我们还可以看到,资本输入国的资本所有者的利益会由于资本自由流动而受损。但是,这一结论完全是建立在古典理论基础上的。也就是说,如果资本流动的原因仅仅是由于利息差异,并且所有资本市场都是完全竞争的,那么,资本流动会使得资本输入国的资本利息下降,从而损害其民族资本的利益。但是,如果我们考虑到资本流动还可能有别的原因,也就是,资本还可能由于扩展其特定优势而进行流动,那么资本缺乏国家的资本所有者也可能会由于为了获得其在国外可能具有的特定优势利益而输出资本,从而资本缺乏国的资本所有者对资本的自由流动可能不持反对意见。

资本缺乏国的资本所有者对资本自由流动不持反对意见的另一种可能是,由于资本市场的不完善,资本缺乏国的利息率并不能够反映其资本缺乏的程度,资本缺乏和资本过剩的现象同时存在。因此,资本全球自由流动的制度安排一方面可能增加资本缺乏国中某些产业特定资本要素的国际出路,另一方面可能促进资本缺乏国国内资本市场的完善。所以,资本缺乏国的资本所有者甚至可能对资本的全球自由流动持赞成态度。

至于劳动所有者,资本缺乏国的劳动所有者在一定程度上是资本自由流动的获益者。但是,如果考虑到要素的特定性问题,资本缺乏国的某些产业会受到冲击,这些行业的特定劳动力要素也会面临转行的压力,从而可能产生损失。同时,资本丰富国通过输出资本,其劳动所有者的工作机会可能会减少,从而受到损失。

从上面的分析,我们可以看出,对于资本的自由流动,资本缺乏国,主要是发展中国家,其劳动者和资本所有者的利益变化有一定的不确定性,但资本输出国不同利益集团的态度相对较为鲜明。资本输出国的资本所有者是资本自由流动的坚定支持者,而其劳动者是资本自由流动的坚定反对者。

《多边投资协议》的谈判过程在很大程度上反映了上述的各方态

度。虽然协议的谈判是在属于经济合作与发展组织的发达国家之间进行的,但当经济合作发展组织征询发展中国家意见时,各发展中国家大多持观望态度。一方面,促进资本的流入有助于其经济建设;另一方面,外国资本的流入可能会对民族产业产生冲击。这种观望,实际上反映了其国内资本所有者和劳动者利益的不确定性。

然而,即使没有《多边投资协议》的谈判,发展中国家早已经对外国资本的流入表现出了相对开放的态度,甚至是一种争夺的姿态。《多边投资协议》的作用在于使得发展中国家的外资政策更加具有稳定性,对外资开放的领域更加广泛。发展中国家对《多边投资协议》的担心不是来自于对资本流入本身的担心,而是担心自己对外资的管辖一旦要受制于一个多边协议,可能对外资的控制和管理不能得心应手,缺乏灵活余地。发展中国家在20世纪60年代盛行的"卡尔沃主义",就是要求东道国政府对外资具有绝对的管辖权,甚至具有征收和国有化的权利。目前,尽管从名义上讲,外资仍然受东道国的属地管辖,但是,这种管辖在很大程度上受到双边投资协议的制约。值得指出的是,类似《多边投资协议》的多边经贸协议对各国政策的制约往往反映为对政府直接行政干预手段的制约,例如政府征收、数量限制、准入审批等,对于宏观调控、司法裁判等则是允许并加以规范的。因此,一旦《多边投资协议》生效,不加入该协议则可能使自己的投资环境处于劣势,难以吸引更多的资本。正是因为这样,发展中国家政府不愿意轻易表态,只能够持观望态度。

《多边投资协议》的坚定支持者和反对者都来自于发达国家自身。发达国家的资本所有者和劳工阶层围绕着这个协议展开了激烈的争夺。这种各国国内利益集团的争夺使得不同的国家对这个协议的态度有所不同。美国劳工组织的游说力量较欧洲要弱,从而使欧盟对《多边投资协议》的态度比美国要消极。同时,劳工阶层和大跨国公司分别向外界寻求同盟者,特别是争取发展中国家政府的支持。

当《多边投资协议》在经济合作与发展组织内进行谈判的时候,发展中国家政府处于相对被动的地位。当时,谈判的进展相当迅速,似乎很可能达成协议。一旦达成协议,发展中国家也可能被迫参加。但是,该协议在1997年谈判最终破裂,没有能够形成一个资本自由流动的多边纪律。从上面的分析我们可以看到,谈判没有达成协议,在很大程度上是由于发达国家内部不同利益的冲突。从发展中国家的角度来说,在缺乏直接有效的渠道影响谈判结果的时候,支持发达国家的劳工者的态度,或者支持劳工力量较强的发达国家政府的态度,可以在最大程度上施加发展中国家的影响。

关于资本自由流动多边纪律的背景

尽管目前在多边领域并没有形成统一的资本自由流动框架,但现有的世界贸易组织纪律已经在服务和货物贸易领域中都涉及了投资的问题。

伴随着资本移动提供的服务一般被称为"商业存在"(Commercial Presence)。商业存在实际上是通过在服务消费国投资而提供服务,因此,一些发展中国家曾经希望将其排除出多边体系。事实上,如果要建立关于"商业存在"提供方式的公平规则,对于投资措施、开业权、股权限制、业绩要求等投资政策,就必须加以规范。"商业存在"服务的准入与投资的准入完全是密不可分的。

服务贸易的自由化对资本要素流动的自由化提出了要求,货物贸易的自由化对资本要素流动的自由化也提出了要求。在这方面,产生了《与贸易有关的投资措施协议》(TRIMs)。《与贸易有关的投资措施协议》使货物贸易的规则延伸到了投资领域。与此同时,进一步的扩展也已经呼之欲出了。现在的问题是,一个独立的多边投资框架应该如何建立。

无论是服务贸易的自由化还是投资的自由化,都是国际生产一体化发展的必然要求,是历史发展的趋势。但是在不同的历史阶段,不同的国家从中获得的利益是不同的。在投资自由化方面,发达国家希望通过投资自由化加大资本国际流动的自由度和安全度,使资本获得更大的利润;而发展中国家,虽然也赞成投资自由化,但它们更希望通过实现投资的自由化来吸引更多的资本,使之促进民族经济的发展,推动民族经济与世界经济的融合。这样,在资本流动自由化的进度、步骤和方式等方面,发达国家和发展中国家有着不同的主张。

在谈判的方式方面,发达国家希望采取自上而下(top down)的方式,所谓自上而下,也可以称为"否定清单"方式。在这种方式下,原则上,所有部门的所有投资行为都必须符合协议要求,不符合协议的措施和部门必须在协议下列出才构成例外。因此,在框架达成之后,具体部门和措施的谈判实际上只是就保留与例外进行谈判。符合发展中国家实际情况的谈判方式是自下而上(bottom-up)的谈判方式。所谓自下而上,也可以称为"肯定清单"方式。在这种方式下,只有列入了协议和承诺表中的部门或措施才属于协议的管辖范围。显然,《服务贸易总协定》采取的就是这样一种谈判方式。自下而上的谈判方式是一种稳妥的谈判方式,它有利于达成一个各方普遍接受的协议,从而促进"渐进的自由化进程"。

在投资自由化框架原则方面,发达国家提倡普遍实施最惠国待遇、国民待遇和国际法上的待遇。这种待遇标准大大超越了目前国际经济的实际状况,对于发展中国家来说,实在难以接受。

所谓"国际法上的待遇"意味着东道国不仅应该给予外国投资以国民待遇,如果这种国民待遇标准低于"国际法上的待遇"标准,还应该给予外国投资以超国民待遇或普遍提高国内的待遇标准。反对这种待遇标准的意见主要有三:其一,所谓"国际法上的待遇"概念模糊,难以执行;其二,现行的许多"国际法"是在原来的殖民秩序下遗留下来的,目前存在"情势变迁",发展中国家只能按照其能够接受的条约、惯例来给予外国投资以一定的待遇①;其三,完全给予"国际法上的待遇"

---

① 王林生:《跨国公司经营与实务》,对外贸易教育出版社(现对外经济贸易大学出版社),1994 年 2 月版,第 268 页。

将大大干扰和约束发展中国家的国内发展政策,不利于其发展国民经济。

在国民待遇方面,如同《服务贸易总协定》那样,发展中国家希望其给予的范围由谈判来决定,希望国民待遇属于具体承诺,而非基本原则。

相对于服务贸易领域来说,多边体系内的投资领域涉及的问题更新、更复杂,在这个领域的南北差异也更大,因此,它完全没有理由采取比服务领域更加超前的谈判方式和待遇标准。发达国家正是看到了这一点,采取了先抛开多边体系自搞一套,再向多边体系推销的做法。于是,20 世纪 90 年代,经合发组织(OECD)紧锣密鼓地制订起 OECD《多边投资协议》(MAI)来,并期望由此影响多边体系。一些发展中国家提出在联合国贸发会议下研究多边投资框架,世界贸易组织也已经就此开展了研究工作。因此,我们不能排除在可预见的将来一个多边投资纪律框架形成的可能性。

从目前的情况看,今后多边投资框架的主要内容将包括(UNCTAD,1996):

1. 适用范围

多边投资体系将明确其适用的范围和交易与经营的种类。经济合作与发展组织(OECD)在拟定适用范围时,考虑通过对"投资者"的定义规定对人的适用范围;通过对"投资"的定义规定对行为与物的适用范围;在规定地域适用范围方面,经合发组织正在考虑将范围扩大到缔约方的海外属地以及沿海国家拥有海洋权益的专有经济区与大陆架。

2. 投资措施

主要指影响外国投资者进入与经营的政策措施,其中主要有投资准入、开业要求、所有权要求、控制权要求、经营政策、优惠政策以及与贸易有关的投资措施。在使用有关的投资措施的时候,多边体系可能将不造成市场扭曲作为规范标准之一。例如有些优惠措施,本身并不构成投资壁垒,而是吸引投资的一种手段,但是,如果这类措施可能造成市场的扭曲,或者破坏投资竞争的公平性,多边投资体系可能将限制这类措施。

3. 适用待遇

国民待遇、最惠国待遇、非歧视待遇等待遇条款肯定会纳入多边投资协定。但是,在何种程度上实施这类待遇,必将成为多边投资谈判争论的焦点。最惠国待遇要求的争论可能会小一些,但制订最惠国待遇的例外规定将会遇到一定的困难,最为艰巨的谈判可能会集中在国民待遇领域。特别是国民待遇是否应该成为一项原则性规定,将成为发达国家与发展中国家争论的焦点。

4. 相关政策

包括各国影响市场功能的宏观、产业、区域和微观政策。这一部分的内容,可能与投资措施有所重合。但投资措施更加侧重于仅对外商投资实施的措施,而相关政策却包括了更加广泛的国内政策。特别重要的有各国的劳动法规、环境法规、竞争法规、技术转让法规等,这些政策一方面对外商投资的本地化经营产生极大的影响,另一方面也可能起到制约国际资本垄断优势的作用。

5. 投资保护与争端解决

投资保护包括了征收的问题、国有化的问题、资金自由转移的问题、投资担保的问题等。当投资者遇到战争、国家紧急状态等事件时,东道国在何种程度上予以补偿;在母国投资担保行为中代位追偿权如何规定等相关问题也是投资保护应该涉及的内容。现有的多边投资担保制度可能将成为多边投资体系内容中的一部分。

未来的多边投资体系的争端解决机制应该以现有的世界贸易组织争端解决机制为基础,还是以华盛顿体制(即"关于解决国家和其他国家国民之间投资争端公约"体制)为基础,也是一个值得研究的问题。

二、劳工问题

与资本问题一样,劳工问题同样是当前全球化中的核心问题。劳工问题主要包括两方面的内容,一方面是劳工标准,另一方面是劳动力自由流动的问题。

劳工标准的实行在经济领域的意义主要是为了促进劳动力市场的完善。工会组织权与集体定价权,就是为了保证劳工在工资确定方面能够具有一定的谈判地位与资本方讨价还价。禁止劳工产品出口、禁止强迫劳动、禁止使用童工、妇女劳动同工同酬等政策也具有类似的作用。当然,劳工政策的实施也具有一定的社会意义,例如最低工资标准的确立,其本身并不能够促进劳动力市场化,但可以防止劳动力市场均衡价格下降到社会所能忍受的最低限度以下,从而保护劳动者最起码的生活需要,避免社会动荡。在国际贸易中关心劳工政策的直接原因是,劳动力的价格将影响一国出口产品的生产成本,从而影响其出口竞争力。对于发展中国家来说,实行劳工标准本身有助于贸易自由化惠及社会各个阶层,但是,将劳工标准与贸易问题挂钩又可能使发达国家因此多了一个实施贸易保护的借口。正是因为这样,许多发展中国家不愿意将劳工标准问题纳入多边贸易体系。

与劳工标准问题相联系的是劳动力流动自由化问题。服务贸易的自由化带动了资本的自由化,同时也带动了劳动要素流动相对的自由化。在服务贸易中,有一种提供方式,被称为"自然人的流动"(The Movement of Natural Persons)。所谓"自然人的流动"是指作为服务提供者的自然人流动到被提供国境内提供服务的方式。这种方式,一方面可以被视为服务贸易;而另一方面,又必然伴随着劳动要素的流动。因此,推动"自然人的流动"服务提供的自由化,就必然推动劳动要素流动的自由化。

投资的自由化进程也不可避免地牵涉到劳动要素的流动。在多边投资框架讨论中,人们普遍认为,投资者应该有权雇用任何国籍的在东道国已取得合法身份的人员。经理、董事等关键人员(key person)的自由进出以及工作是投资自由化所必不可少的条件,它也牵涉到广义的劳动力的自由流动。

这里,我们所说的广义的劳动力,既包括了传统意义上的劳工,也包括了技术人员,还包括了经营管理人员。在这个领域,发达国家更加关心被称为关键人员的经营管理者的自由流动,因为这个问题与资本流动密切相关,是保障国际资本权益的一个方面。而对于劳动力充足的国家来说,与它们利益相关的问题是如何能够促进劳务输出并保证输出劳工的权益。

当然,从目前的国际经济环境来看,各国的劳动力要达到完全自由流动还不太现实。就业问题是当今世界各国政府极为关注的问题,让外国劳工直接争夺本国的工作机会很容易激起民族主义情绪。因此,在这个领域实现自由化确实需要谨慎从事。但是,随着资本全球化趋势的增强,各国民族文化的不断融合,劳动力流动的自由化程度必然将迅速得到提高。在劳动要素流动的领域建立一定的国际规范框架,从而促进各国劳动力市场的开放并在国际范围保障外国劳工的权益,也是一个必然趋势。

劳动要素流动的国际框架应该牵涉到哪些问题呢?目前,在多边论坛上,这个议题还基本上没有被提上议事日程。但笔者认为,劳动要素自由化框架至少应该包括以下几个方面:第一,应该允许劳动力因工作原因出入境(这里不涉及因留学、旅游消费、婚姻等原因获取居留权的问题)。第二,工作许可。即是否对劳动者进入某些行业予以限制,是否对专业服务的资格予以多边认证等。第三,工作待遇。是否能够做到同工同酬,在工资等问题上不对外国劳工和经理人员予以歧视,对各国劳工实行最惠国待遇原则。第四,社会保障。对于工作了一定年限的外国劳工,应该使其能够享受一定的福利待遇,应该使外国劳工获得劳动保险。第五,其他权利。例如外国劳工组织工会并参与工会的权利,参与其他社会经济活动(但不应包括政治活动)的权利等。第六,争端解决。包括各国国内劳动仲裁制度与诉讼制度;劳工在穷尽当地救济之后,如何诉诸国际裁判制度;国家之间如何处理有关的争端。

在上面所提到的这些问题中,所谓工作待遇和社会保障等,都牵涉到劳工标准的问题。但是,这里的劳工标准实际上是对外国劳工的待遇标准和保护标准,是为了保障输出劳工在工作国的权益,因此,它是劳动要素自由化的一部分。这与目前多边论坛中所讨论的核心劳工标准不同,因为目前所讨论的劳工标准是各国对本国劳工的待遇标准和保护标准。对本国劳工实行的标准不属于劳动要素自由化的范畴,而属于本国劳动要素市场化的范畴,各国在这方面采取的政策属于国家微观经济政策。

一方面,对于核心劳工标准问题,发达国家的劳动阶层显然是持积极态度的,发展中国家的劳动阶层从某种意义上说也是持积极态度的。也就是说,劳动阶层在提高劳工标准问题上的态度是一致的。但在另一方面,对于劳动力自由流动的问题,发达国家的劳动者原则上是不愿意劳动力自由流动的,而发展中国家的劳动者则倾向于支持劳动力自由流动制度。在这一点上,发达国家的劳动者和发展中国家的劳动者的态度是不一致的。

三、环境保护

人们富裕程度的提高使得环境污染给人们带来的相对福利损失显得越来越大,从而使关心环境保护的人越来越多。因此,从总体上来说,人们对环境保护的要求会越来越高。一般来说,发达国家,特别是其富裕阶层,对环境保护的要求可能更高一些;而一些连温饱都没有完全解决的地区来说,可能对短期利益更为重视。

与此同时,环境保护也会需要资金的投入、短期利益和局部利益的牺牲,因此,它也有成本。而不同的国家,环境保护所需要的成本是不一样的。在西方社会的工业化时期,西方国家在国际分工中处于制造业或者资本密集型产业的分工地位,而发展中国家处于农业或者劳动密集型产业的分工地位。一般来说,农业比制造业产生的污染要小,劳动密集型产业产生的污染比资本密集型产业要小。因此,在这样一个阶段,环境保护对发达国家经济发展的代价比较大。而在全球化时代,发达国家的分工地位向服务业升级,而发展中国家则开始以制造业为主。这时候,发达国家产业的污染程度较小,环境保护的成本较小,实行环境保护政策面临的反对力量也小。在这样的情况下,发达国家比较倾向于实施较高的环境保护标准。

第三节　多边贸易体系扩展的次序

一、未来多边贸易体系的主要内容

在关贸总协定期间的多边贸易体系,是以约束关税和降低关税为主要内容的,世界贸易组织时期的多边贸易体系则有了更广的内容。除了有以"1994年关贸总协定"为主要框架的较为完整的货物贸易体系之外,还有了一个基本的服务贸易框架和知识产权保护框架。总的来说,世界贸易组织时期的多边贸易体系与以前的主要区别在于,多边贸易体系的政策协调内容由边境政策扩大到国内政策。虽然自由化,也就是壁垒的撤除仍然是多边贸易体系建设的重要内容,但各国国内政策的协调具有了更为重要的意义。

但是,我们并不是说在新的多边贸易体系下,自由化的任务已经完成,事实上,这一进程远没有结束。目前,货物贸易的自由化程度已经比较高,服务贸易的自由化在部分领域也已经展开。但从制度建设上说,资本流动、劳动流动和技术流动的自由化都远没有形成多边的制度保障。

尽管从目前多边贸易体系发展的进程来看,似乎边境政策的协调早于国内政策的协调,但是,这并不意味着国内政策的协调必须在所有边境壁垒撤除之后进行。事实上,如果边境政策的撤除进行到一定程度之后,国内政策仍然缺乏协调,边境政策的撤除就会变得没有意义。因为,国内政策的实施,在很多情况下会形成事实上的贸易壁垒,从而抵消边境政策撤除的成果。

目前已经具有一定多边协调机制的国内政策是知识产权政策。智力成果市场化的前提是智力成果的产权明晰,否则其交易成本过高,交易就无法进行。知识产权标准的全球化有利于国际技术市场的形成和发展,但过高的保护标准也可能阻碍技术交流。今后多边贸易体系还可能向竞争政策、环境政策和劳工政策发展。

以上的几方面政策都属于微观政策范畴,更进一步,多边贸易体系也可能向中观乃至宏观政策领域发展。这里所说的中观政策主要指的是产业政策和区域政策。在现有的多边贸易体系内,只要符合多边体系的其他规则,产业政策和区域政策基本不受到限制,甚至在某些情况下还可以成为实施保障措施和补贴的理由。在拟议中的一些投资框架中(例如 OECD《多边投资协议》),产业政策和区域政策也没有受到单独的限制。可以预料,在相当长的时间内,各国在实施产业政策和区域政策时仍然具有相当大的灵活性。

宏观政策主要包括财政政策、货币政策、外汇政策等可以直接影响总量经济指标的政策行为。宏观政策与微观经济行为的关系是密不可分的,是"与贸易有关的"。世界贸易组织中的一些规定与宏观政策存在一定的联系,例如防止因外汇政策而影响贸易自由化,要求遵循政府采购的非歧视性等。不过,在直接针对总量指标调节方面,世贸组织还基本上没有什么规定。但是,当经济一体化发展到一定程度的时候,就会进一步产生宏观政策协调的必要性,如各国贴现政策、财政赤字比例、债务比例等。在这方面,世界贸易组织必须通过与其他国际经济组织的协调来确立有关的机制,今后的发展趋势并不排除世界贸易体系与布雷顿森林体系以及七国协调机制融合的可能性。

二、关于自由化次序的讨论

尽管货物贸易、资本流动、劳动流动的自由化都是全球化的重要内容,但是这三者的自由化程度是很不一样的,现有的制度框架也很不一致。一个问题是,这三者的自由化应该以什么样的次序进行。

王家骁(Wang, 1983)在他的一篇论文中指出:如果假设有一个小国,面对一个大国经济。这个小国在一种产品上与大国的生产技术一样,而在另一种产品上具有希克斯中性技术优势,那么该国对不同的制度安排的喜好次序是:

1. 自由货物贸易加劳动力自由流动
2. 自由货物贸易加资本自由流动
3. 自由货物贸易
4. 资本自由流动

在其他一些类似的分析中,都可以得出这样一个结论,对美国这样的国家,放开劳动力流入比放开资本输出更为有利。但事实上,美国等发达国家都在鼓励资本输出的同时限制劳动力流入。其中存在的原因很可能是,从总体福利的提高来看,发达国家促进劳动力自由输入相对于促进资本自由输出是一种较好的选择;但是从利益集团决定政策的角度看,资本自由输出政策更加容易被接受。因此,我们认为,客观上存在这样一种可能,如果配合以适当的其他谈判议题,以改变发达国家内利益的分配,从长远看,发达国家也可能接受劳动力的自由流动。

三、统一规则实施的可能性

国内政策的协调需要各国政府将自己制定国内政策的部分自主权交给统一的国际组织,例如世界贸易组织。在目前多边领域讨论较多的各个议题中,希望进行全球统一规则的力量和反对进行全球统一规则的力量各不相同。这种力量的对比在一定程度上决定了有关议题可能进入多边贸易体系,实行政策协调统一的可能性。Hoekman 和 Kostecki (1995)对此进行了大致估计:

在图 6—1 中,人们对各种议题的态度各不相同。决定这种态度的因素很多,例如,如果某种经济行为具有明显的规模经济效应,那么支持统一规则的力量可能就比较大。如果在某一方面,人们的偏好、生产方法比较类似,支持统一规则的力量也会比较大。图 6—1 中的坐标以支持统一规则的力量作为纵轴,以反对统一规则的力量作为横轴,由

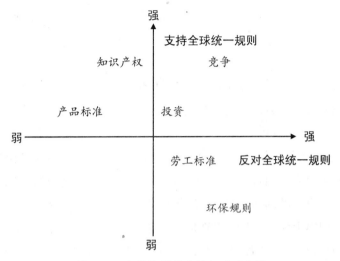

图6—1　各种议题的支持与反对力量

此,各个议题被归入四个不同的象限。

在上面的各个议题中,最先能够纳入多边体系的是第二象限的议题:Hoekman 和 Kostecki 认为知识产权规则和产品生产标准的统一规则能够得到较多的支持力量而反对的意见比较少。因此,比较容易展开协调统一的谈判。位于第一象限的竞争规则和投资规则具有的争议性比较大,支持和反对统一协调规则的力量都比较强。因此,这类议题的谈判应该实现补偿式和捆绑式的谈判。位于第四象限的劳工标准和环保规则,实现统一规则的难度更大,这类议题如果要纳入多边贸易体系,则要采取更为灵活的谈判原则,例如,在统一规则下实行有差别的待遇和义务。

附录:以加入 WTO 促开放,以开放促改革①

崔　凡

　　改革与开放是当今中国社会发展的主旋律,是整个社会经济生活中最主要的两个方面。作为社会主义建设的根本国策,经过二十多年的努力与实践,我国的改革开放事业进入到了一个新的阶段。与此同时,一些在改革开放初期尚未出现的矛盾纷纷露头,一些在最初没有遇到的问题也先后出现了。改革开放的发展提出了一系列的理论难题,其中一个重要的问题就是,我们应该如何看待改革与开放之间的关系。

　　从根本上说,改革与开放是互为前提、互相促进的。如果没有改革,没有社会主义市场经济的建设,对外开放就缺乏起码的制度基础。在国内的各种经济力量缺乏一定的竞争力的情况下就开放所有的领域,无疑将不利于国民经济的长期发展。另一方面,如果没有开放,国民经济将陷入自我循环的老圈子,这同样不利于改革事业的健康发展。改革为开放提供基础,开放为改革提供动力。改革开放二十多年的实践表明,每一次改革的重大突破都伴随着开放的进一步扩大,而扩大开放又进一步促进了改革。

　　近几年来,一方面由于国际经济环境的不利影响;另一方面由于内需不足,国民经济的发展出现了新的困难,改革开放面临着新的难题。在这种背景下,中国加入世界贸易组织谈判中取得的重大突破,确实使我们期望我们的改革开放事业能够出现新的契机,进入一个新的阶段。

加入世界贸易组织是扩大开放的良好契机

　　一谈起扩大开放,有些同志就将它片面地理解为扩大市场准入。事实上,扩大开放一方面是进一步开放市场,允许更多的外国商品和资本进入中国市场;另一方面也给我们提供了更多的出口机会和更加有

---

① 原载于《中国党政干部论坛》2000 年第 3 期。

利的海外经营环境。更为重要的,扩大开放意味着市场经济运行机制的进一步开放,更多的信息交融,更多的结构性融合。这都是经济发展所必需的。但是,不开放自己的市场,别人也不可能给你提供更多的市场准入机会,机制、信息以及思想的开放就更加无从谈起。所以,开放市场是扩大开放的基础。

然而,从 20 世纪 90 年代中期以后,我国理论界对进一步开放的问题进行了一场争论。问题的焦点是,我们的开放是不是过了头。外贸依存度从 1978 年的 9.8% 到 1994 年的 43.6%,是不是太高了;外国直接投资年流量从 1990 年的 35 亿美元增加到 1996 年的 428 亿美元,发展是不是太快了。毋庸置疑,对开放度的思考和争论有利于进一步澄清认识,提出这些问题也是有益的,但由于迟疑而导致步子放慢丧失机遇的可能性却是存在的。

早期的国际贸易理论认为,一个经济规模不大的国家,如果开放市场,搞自由贸易,其福利水平是最优的。然而,世界上没有任何一个国家在别的国家没有开放市场的情况下搞这种自由贸易。一个重要的原因是,实行单方面的市场开放会因为贸易伙伴具有的垄断力量而使福利受损。例如,一个发达国家可以通过提高关税从而使作为出口国的发展中国家不得不降低出口价格,从而使利益从发展中国家转移到发达国家。因此,作为一种单边行动的贸易自由化必然是十分脆弱的。从这个意义上来说,进行多边的贸易自由化是有利于发展中国家的,它可以使发达国家受到约束,从而减少其利用垄断地位争夺发展中国家利益的机会。中国加入世界贸易组织之后,发达国家利用垄断地位来剥夺我国贸易利益的可能性将会减少,对外开放的风险也会大大减少。这就使我国加入世界贸易组织可能成为扩大开放的一个契机。

从理论上讲,扩大开放可以使国家的福利总体水平提高,然而每个人从开放中所获得的利益是不一样的。开放意味着出口机会的扩大,也意味着进口机会的扩大。有的行业会因为开放而获得更多的出口机会,而有的行业会面临着更加严峻的竞争。前者往往是开放的支持者,而后者如果不能正确地对待竞争,就可能成为开放的阻力。具体到我国,某些垄断性行业往往可能成为开放的阻力。现代国际贸易理论的政治经济学认为,一个国家,如果仅仅实行单边的贸易自由化,保守行业可以发挥很大的游说力量,阻止该行业的开放。在双边贸易自由化谈判中,保守行业的游说力量则可能被开放性行业的游说力量所抵消,因为后者认识到,只有开放本国的保守行业,开放性行业才能在另一国家得到更多的市场准入机会。而在多边贸易谈判中,这种市场准入交换的机会将更大,保守性行业想要拒绝开放的可能性也就越小。在我国,开放电信和银行业的阻力,通过多边贸易谈判,被来自纺织业和轻工业的巨大推动力所抵消。可以说,如果没有多边贸易谈判,许多领域仍然会因为部门利益和垄断利益等既得利益而迟迟不能得到开放。从这个意义上来说,加入世界贸易组织无疑将极大地推动我国各个领域的开放。

以开放促改革,全面推动社会主义市场经济的建设

当前改革开放的一个重要问题是,对外开放的紧迫性越来越强,而改革的力度显得相对不足。

如果放在国际经济的大环境中来看,对外开放实际上已经成为了一种毋庸置疑的选择。当我们还在争论外资利用得多了还是少了的时候,周边国家和地区已经在争相吸引外资。当我们还在争论是否应该开放信息技术产业的时候,印度、韩国和中国台湾地区已经先后成为计算机软件和硬件的重要生产基地。政策上的迟疑将使我们丧失稍纵即逝的机遇。不积极地实行对外开放将使我们面临贸易转移、投资转移和信息流转移的巨大损失,成为一个经济孤岛和信息孤岛。同时,不参与多边的贸易与投资自由化进程将使我们丧失在全球经济制度安排讨论中的发言权,从而蒙受更大的长期损失。基于这些原因,江泽民总书记在亚太经合组织中承诺中国作为一个发展中国家,在2020年以前实现全面的贸易与投资自由化;同时要坚定地参加到多边贸易体系中来。

然而,目前改革的进程还不足以满足对外开放的需要。一方面,我们在许多领域还缺乏足够的竞争力,而另一方面,国内各项制度建设还很不完善。开放,对改革提出了更高的要求。而目前一个最主要的问题是,我们还没有建立起一套起码的公平竞争体系。"反垄断法"和"保护商业秘密法"迟迟不能出台,许多行业还存在着国有垄断的问题,非国有制企业无法进入这些领域参与竞争。

加入世界贸易组织,一方面使建立与完善公平竞争体系的任务更加必要,另一方面也为之提供了新的国际法依据。试想,如果我们在电信、保险、银行、分销等领域对外资开放,并且给予其以国民待遇,我们还有什么理由对国内的股份制、集体所有制和私营企业实行市场准入的限制和待遇上的歧视呢? 因此,伴随着加入世界贸易组织,伴随着对外开放的扩大,必然将在绝大部分行业中进一步放开经营权,并且给予各种所有制的企业以公平竞争的机会与待遇。更加准确地说,对内的开放应该比对外的开放更早进行,只有尽快放开经营权,降低准入壁垒,给予公平待遇,原有的某些国有垄断行业才会通过引入竞争,改善市场结构,焕发出充分的竞争力,迎接外来的挑战。这项工作应该尽快在我国完成加入世界贸易组织的程序以前以及为期不长的过渡期中开始进行。

世界贸易组织的基本原则是公平待遇原则,事实上,这也是市场经济的基本原则。这一原则必然要求我们在国民经济的绝大多数领域,对内资和外资给予进入机会,给予公平待遇,从而提高这些行业的竞争性。坚持公平待遇原则使我国的社会主义市场经济的建设事业,也就是改革的事业可以沿着一条健康的道路发展。

与中国不同,某些转型经济国家的市场经济建设是通过一条全面私有化的道路进行的。以俄罗斯为例,其把国有资产量化为票券,无偿地分发给公民。从表面上看,这似乎十分公平。但是,普通老百姓在生活十分拮据的条件下,不得不将票券转让出去,从而获得有限的现金以维持生活。而随之而来的严重通货膨胀,又使老百姓的现金或存款很快就一钱不值。在很短的时间内,社会财富就被集中到了少数人手上。

大量的社会财富不是被用来进行生产,而是被用来寻租。可见,全面私有化的改革道路既不符合社会主义的原则,也不符合市场经济等价交换和公平待遇的原则,至少是不符合中国的国情。

而中国改革的成功经验在于,我们是通过不断放开经营权,不断给予各种经济力量以公平竞争的权利,从而提高整个国民经济的活力。对于国有经济,我们不是通过无偿变卖去消灭它,而是通过将其置身于竞争环境中,一方面使之从不适于国有经营的领域中逐渐退出,另一方面使之集中到真正需要或暂时需要国有控制的领域中去,并提高其经济效率。给予农民土地承包经营权,给予乡镇企业和私营企业经营权,给予国有企业独立的生产经营权,不断放开外贸经营权,每一次放开经营权都伴随着更为公平的市场进入机会和更多的活力。经过二十多年的改革,我们在宏观管理和宏观调控方面也积累了大量的经验。进一步在各个领域,尤其在某些低效率的国有垄断行业,放开经营权,不仅是必要的,而且是可能的。

社会主义市场经济的建设,目前的关键就是建立公平竞争体系,尤其是反垄断,特别是反低效率的行政垄断。完整的国际竞争体系虽然尚未成为世界贸易体系中的一部分,但世界贸易组织中的许多协议对公平竞争问题都有明确的规定。加入世界贸易组织,扩大对外开放,使我们多年来未能解决的这一问题成为了当务之急。我们建立社会主义市场经济的大厦,公平竞争体系就是大厦的基础。利用加入世界贸易组织的契机,以对外开放促进公平竞争体系的建设,最大程度地调动起各种经济成分的积极性,这样,我国的社会主义市场经济建设事业就必然迈向一个崭新的阶段,从而再一次掀起改革的新高潮。

第八章 双层经贸管理机制

世界贸易组织有关法规属于国际法的范畴。国际法规范的行为主体是国家以及准国家组织或国际组织。所以,世界贸易组织主要是通过对国家行为的规范从而规范整个多边贸易体系。与此同时,各个国家或地区通过对其管辖范围内的各种自然人、法人和非法人组织进行管辖,最终完成对经贸行为的管理。

第一节 多边贸易政策管理机制

世贸组织的职能中除了组织贸易协议的谈判之外,更重要的是保证这些协议的实施。而保证有关协议实施的过程,实际上也是世贸组织管理各国贸易政策的过程。具体地说,世贸组织主要是通过监督和裁判来实施对各国贸易政策的管理的。

一、世贸组织的政策监督机制

世贸组织的政策监督机制主要是由贸易政策评审机构来运作的。贸易政策评审机构(Trade Policy Review Body,简称 TPRB)的成员与世贸组织的总理事会是一样的,都包括所有世贸组织成员的代表,但它有自己的主席,并有自己的议事规则与程序。它的主要工作是进行贸易政策评审。"建立世贸组织的协议"附件三"贸易政策评审机制"(Trade Policy Review Mechanism,简称 TPRM)对此做了专门的规定。

贸易政策评审机制的目标是,通过经常性的监督,增强贸易政策和措施的透明度和对它们的理解,提高对某些问题公开辩论和政府间辩论的质量,以利于多边评估政策对世界贸易体系的影响,借此鼓励各成员政府更加严格地遵循世贸组织规则与纪律,履行它们的义务。

评审是在经常、定期的基础上进行的。各成员在最近的代表性时期内由其在世界贸易中所占份额而体现出来的对多边贸易体制运作的影响,是决定其评审频率的决定性因素。四个最大的贸易方——现在是欧盟、美国、日本和加拿大——大约每两年被检查一次。在世界贸易中所占份额紧随其后的 16 个国家每四年被评审一次;其他国家每六年被评审一次,最不发达国家的间隔时期可能更长一些。如果某一成员的贸易政策与实践有重大变化,并对其他成员产生重大影响,贸易政策评审机构可以在磋商后要求其提前进行下一次评审。

贸易政策评审机构(TPRB)的评审以两个文件作为基础来进行:一是接受评审的政府准备的政策陈述文件,二是由世贸组织秘书处独立准备的一份详细报告。这两个报告,以及贸易政策评审机构的评审记录将在评审会后以立即公布。

在世贸组织,每隔一段时期由贸易政策评审机构决定或应部长会议要求对贸易政策评审机制进行一次评估。贸易政策评审机构还有责任就正在对多边贸易体制产生影响的国际贸易环境的发展进行年度回顾。

二、世贸组织的争端解决机制

作为一个专门处理与协调成员之间经贸关系权利与义务的组织,1947 年关贸总协定和世界贸易组织一直在寻求有效的办法,以确保成员之间达成的协议能够得以实施,一个有效的争端解决机制是维持多边贸易体系运作所必不可少的。在"乌拉圭回合"谈判达成的最后文件中,"建立世贸组织的协议"附件二"关于争端解决规则与程序的谅解"是建立世界贸易组织新的争端解决机制的主要文件。

争端解决机构（Dispute Settlement Body，简称 DSB）是世界贸易组织解决争端的专门机构，它的构成成员与总理事会完全一致，但它有自己的议事规则与程序，有自己的主席。争端解决机构设有常设的上诉机构（Apellate Body），处理案件的上诉，对于具体的争端案件，争端解决机构可以设立专家小组（Panal）来进行审理。争端解决机构实际上继承了 1947 年关贸总协定缔约方全体和代表理事会的部分职能，并使之独立化了。

（一）1947 年关贸总协定中的争端解决机制

尽管长期以来，1947 年关贸总协定的争端解决机制受到了各方面的批评，但是，世贸组织的争端解决机制仍然是从 1947 年关贸总协定争端解决机制中发展而来的。经过几十年的实践，关贸总协定的争端解决机制也不断得到了完善，积累了大量的惯例与规范。"关于争端解决规则与程序的谅解"的第 3 条总则重申，应该信守基于 1947 年关贸总协定第 22 条和第 23 条所适用的原则，以及进一步阐述与修改的各项规定和程序。因此，在与世贸组织规定不冲突的情况下，1947 年关贸总协定原来的一些规范和惯例还是有效的。

1947 年关贸总协定争端解决机制的基础是其中的第 22 条协商和第 23 条利益的丧失或损害。第 22 条的规定确立了协商的原则，这既包括两个缔约方之间的协商，也包括缔约方全体应某一缔约方的要求，在双边磋商未达成圆满结果的情况下，与另一或另外几个缔约方进行协商。第 23 条规定，如果缔约方认为另一缔约方没有履行其协定义务，或者其采取的某种措施或存在的某种情况，导致了该缔约方协定利益的丧失或损害，或使关贸总协定的目标受到阻碍，则可以向对方提出书面建议或请求，收到这种书面建议或请求的缔约方应给予同情的考虑。如果双方达不成满意的结果，可以提交缔约方全体处理。缔约方全体应进行研究，提出适当建议或酌量进行裁判。在特别严重的情况下，裁判可能授权缔约方暂停实施减让或暂停履行其他义务。当这项制裁措施被实施之后，被制裁的缔约方可以在制裁措施被实施之后的

60 天内通知总干事以退出关贸总协定。

在此之后,1947 年关贸总协定对有关争端解决的条款又进行了几次重要的修改和补充(蒋德恩,1996):

1. 1958 年 11 月 10 日,关贸总协定缔约方通过了"关于依照第 22 条解决影响某些缔约方利益的问题的程序的决定"。这一决定主要是澄清了援引总协定第 22 条的方法问题。

2. 1966 年 4 月 5 日,关贸总协定缔约方全体通过了"根据第 23 条的程序"。该程序主要确定了争端解决中的一些时限,提出应该建立专家小组(Panal)以协助解决争端,并规定了一些照顾发展中国家的特殊程序。

3. 1979 年 11 月 28 日,缔约方通过了"关于通知、磋商、争端解决与监督的谅解"。这一谅解是"东京回合"贸易谈判达成的协议之一,它将总协定在二十多年的实践中逐渐形成的程序以条文的形式确定了下来,其附件为"各方同意的对争端解决方面关贸总协定习惯做法的说明"。

4. 1982 年 11 月 29 日,缔约方又通过了一项对上述谅解进行补充的决定。这一决定对争端解决机制的程序做了更为详细的规定,旨在使这一机制更加有效地发挥作用。

5. 1984 年 11 月 30 日,缔约方全体第 40 届大会又通过了一项关于争端解决程序的决定。这一程序主要就专家小组(Panal)的组成和工作程序做了进一步的规定。

6. 在"乌拉圭回合"谈判的过程中,1988 年蒙特利尔中期评审会议上又进一步修订与扩充了 1979 年的谅解。

世界贸易组织的争端解决机制正是在这些众多的决定与谅解的基础上演变而来的;同时,新的争端解决机制又在各方面比关贸总协定争端解决机制有了质的飞跃。

(二)世贸组织争端解决机制的原则

"关于争端解决的规则与程序的谅解"指出,"世贸组织的争端解决机制是保障多边贸易体系的可靠性和可预见性的核心因素"。争端解决机制的重要性可见一斑。事实上,建立新的争端解决机制是世界贸易组织强化机制的一个重要举措。

根据"关于争端解决规则与程序的谅解"的各个条文,我们可以将世贸组织争端解决机制的特点总结如下:

1. 多边原则

世贸组织成员承诺,不针对其认为违反贸易规则的事件采取单边行动,而是诉诸多边争端解决制度,并遵守其规则与裁决。世贸组织鼓励各成员在遇到争端时,应该尽量采用多边机制来进行解决,而且认为,请求调解和运用争端解决程序不应被视为一种引起争端的行动。

2. 程序统一原则

1947 年关贸总协定争端解决机制的一个很大缺陷就在于其争端解决程序不够统一。关贸总协定规定了自己的争端解决程序,而各个专门协议也规定了自己的争端解决程序。所以,在争端解决的过程中,各当事方往往为采用何种程序而发生争议。

世贸组织的争端解决机制规定了统一的争端解决程序。凡是有关"建立世贸组织的协议"、多边货物贸易协议、"服务贸易总协定"、"与贸易有关的知识产权协议"、"关于争端解决程序与规则的谅解"、诸边协议的争端,都适用"关于争端解决规则与程序的谅解",其中关于诸边协议的争端还要适用诸边协议各方通过的决定。

在世贸组织诸协议中,其条文往往对争端解决问题还有专门的规则与程序性规定,例如"服务贸易总协定"的第 22 条第 3 款、第 23 条第 3 款,"实施动植物卫生检疫措施的协议"第 11 条第 2 款。这些条文,被称为"专门或附加的规则与程序",列入了"关于争端解决规则与程序的谅解"的附件 2。如果该谅解的规则与其附件中所列的条文有冲突,应该优先适用这些专门或附加的规则与程序。与 1947 年关贸总定的专门协议中规定的争端解决机制不同,世贸组织专门协议中的争端解决规则和程序只是就某些特殊问题进行了规定,在一般情况下还是要统一适用"关于争端解决规则与程序的谅解",如二者有冲突,则适用特殊法优先的冲突规则。

一个可能出现的问题是,如果该争端涉及几个专门协议,而其适用的不同协议的专门或附加的规则与程序本身之间可能出现冲突。如果出现这种情况,争议各方应该尽量就争端解决的程序与规则在专家小组成立的 20 天内达成一致,否则,争端解决机构主席在与有关各方进行了磋商之后,在任何一成员提出请求后的 10 天内,裁定应该适用的规则与程序。

在规定了以上的法律适用冲突解决办法之后,世贸组织争端解决程序在遵循统一性原则的同时,也保持了一定的灵活性。

3. 协商原则

如同 1947 年关贸总协定一样,世界贸易组织争端解决机制也鼓励争议双方尽量采取友好协商的办法来解决问题。"关于争端解决规则与程序的谅解"规定,每个成员保证对另一成员提出的有关问题给予同情的考虑,并就此提供充分的磋商机会。世贸组织争端解决机制的目的在于"为争端寻求积极的解决办法"。因此,对于成员之间的问题,它鼓励寻求与世贸组织规定相一致的、各方均可接受的解决办法。通过当事政府之间的双边磋商,是有可能找到这种办法的。

一般情况下,如果一方向另一成员提出磋商的要求,接到要求的一方应该在 10 天内给予答复,并在 30 天之内进入磋商程序,以达成双方满意的结果。

磋商或者磋商要求的提出是世贸组织成员要求设立专家小组的前提条件。一般来说,如果没有提出磋商要求就直接提出设立专家小组是不允许的。只有在以下几种情况下,申诉方才可以要求设立一个专家小组:(1)向有关成员提出磋商要求,有关成员在其收到请求之日起 10 天之内未给予答复;(2)未在收到请求之日起 30 天内或双方同意的其他期限内进入磋商;(3)未能在有关成员收到请求之日起 60 天内经磋商解决问题;(4)在 60 天内有关各方一致认为磋商无法解决问题。

尽量通过磋商解决问题,是关贸总协定争端解决机制与世贸组织争端解决机制共同的特点。这说明,在多边贸易体系的争端解决机制中,通过各种手段取得各方都满意的结果是争端解决的重要目标之一。但值得注意的是,世贸组织争端解决机制在对待磋商的作用方面与关贸总协定争端解决机制有了很大的不同。

在关贸总协定的历史上,在对待争端解决的目标与手段方面,存在着两种不同的意见。

以欧共体为代表的缔约方认为,争端解决的目标在于达成当事方都满意的结果,通过协商和调解达成一致是十分重要的,争端解决过程本身是谈判延续的结果,为了达成各方满意的结果,即使协商结果与关贸总协定规范有所冲突也在所不惜。这种意见强调了关贸总协定"多边协议"的性质,强调了在国际交往中权利自主原则。但是,由于其本身对关贸总协定原则有所背离,因此很难起到维护多边贸易体制的作用。在关贸总协定历史上,那些"自动出口限制"、"有秩序的销售安排"往往是打着协商一致、权利自主的旗号来进行的,而这些措施往往就是对关贸总协定体制的最大破坏。

以美国为代表的缔约方认为,争端解决的首要目标在于取得与关贸总协定条文一致的结果,特别是取消与关贸总协定相违背的措施,争端解决应该采取与诉讼相类似的裁判过程,以确立关贸总协定体制的权威性。这种意见强调了关贸总协定"国际法"的性质,强调了在国际交往中依照国际法处理问题的原则。美国强调争端解决机制的守法原则,未尝没有其控制多边贸易体制的野心,但这种意见对强化多边贸易体制是不无益处的。

世贸组织争端解决机制吸收了以上两种观点。"关于争端解决规则与程序的谅解"认为,争端解决机制的首要目标在于确保对争端有积极的解决办法。应该优先考虑能为争端各当事方都愿接受并与各协议一致的解决办法。但是,新机制在强调协商原则的同时,特别强调了与有关协议一致的要求,"根据各有关协议的协商和争端解决规定正式提出的争端事项的所有解决办法,包括仲裁裁决,应该与各有关协议相一致,不应使任何成员根据协议所获得的利益遭受丧失或损害,也不应妨碍实现有关协议的目标。"为了确保争端解决结果与多边贸易体系的一致性,世贸组织新机制增加了干预与监督手段,规定"对根据各有关协议的协商和争端解决规定正式提出的争端事项,经双方同意的解决办法,应该通知争端解决机构以及各有关理事会和委员会,在那里任何成员可以提出有关的任何问题"。

4. 自愿调解与仲裁原则

如果说在世贸组织争端解决机制中,协商(磋商)程序是必要的程序的话,那么调解程序和仲裁程序则是建立在各方自愿的基础之上的。

世贸组织争端解决机制中的调解程序主要规定在"关于争端解决规则与程序的谅解"的第5条中,该条名为"斡旋、调解和调停"。虽然这三种争端解决方式可以都属于广义的调解方式,但严格来说,这三种方式是有所区别的。

斡旋是第三方以各种方式以促成当事方进行谈判的行为,而调停则是以第三方的中立身份直接参与有关当事方的谈判。在斡旋过程中,斡旋人可以提出建议、转达其中一方的观点与要求,以促成双方进行谈判或重开谈判,但斡旋人本身是不参与谈判的。调停人则往往以中立者的身份参与谈判乃至主持谈判,调停人提出的条件有时会成为双方谈判的基础。无论斡旋还是调停,争端各方均保持完全的自由处分权利,斡旋或调停结束之后,无论成功与否,第三方的任务均告终止,不承担法律责任。由于斡旋与调停本身差别并不大,因此在许多国际条约中对这两种方式并没有加以区分。1899年制定并经1907年修订的《海牙和平解决国际争端公约》对斡旋或调停制度进行了详细的规定。

在处理国际争端时,调解是将争端提交一个委员会或调解机构,该调解机构的任务是阐明事实,提出报告,特别是提出解决争端的建议,以设法使争端各方达成一致。因此,调解机构的权威性与参与程度要大于调停方式,前者的目的在于查明事实,提出处理办法,后者的目的在于通过调停人的主持促成双方达成一致。在《海牙和平解决国际争端公约》、《日内瓦和平解决国际争端的总议定书》等国际条约中,对调解方式进行了规定。

无论是斡旋、调解还是调停,在世贸组织争端解决机制中,都必须在争端各方的同意下才能进行。斡旋、调解和调停可以在任何时候进行,也可以在任何时候终止,即使是在专家小组程序进行的过程中,斡旋、调解与调停程序仍然可以进行。总干事依照其职权进行斡旋、调解与调停。

为了保证各方积极参与斡旋、调解与调停程序,世贸组织规定对参与这些程序的各方立场保密,并且这些程序无损各方参加进一步程序的有关权益。这意味着,在斡旋、调解与调停过程中,各方表明的态度和立场不应该成为仲裁或诉讼程序中的证据,也不构成其进一步的承诺。

除了斡旋、调解与调停程序之外,"关于争端解决规则与程序的谅解"中还规定了仲裁程序,这主要体现在第 25 条中。该条认为,世界贸易组织范围内的迅速仲裁作为争端解决的一项选择性手段,能够促进解决某些由当事双方已经明确界定问题的争端。仲裁程序也是建立在自愿的基础之上的,应该以双方达成一致的仲裁协议为基础进行。接受仲裁裁决的各当事方要受到仲裁裁决的约束。

值得注意的是,我们这里提到的仲裁是相对严格意义上的仲裁。在"关于争端解决规则与程序的谅解"中,还规定有另外一种仲裁手段,它仅仅是针对在专家小组程序和执行程序中出现的个别问题而规定的。第 21 条第 3 款和第 22 条第 6 款、第 7 款等条文规定,对裁决的履行期限、中止减让的范围等问题,可以诉诸仲裁。这种仲裁并不一定建立在双方自愿的基础之上,仲裁人可以由原来专家小组的成员担任,涉及的问题也主要是专家小组裁决执行中出现的具体问题,因此只是专家小组程序和执行程序中的附属程序而已。

5. 授权救济原则

法律的根本特点之一在于具有强制执行力,但是国际法往往缺乏这种强制执行力,因此有时被称为"软法"。1947 年关贸总协定经常受到人们的指责,被视为"软法"的典型。原因主要在于,1947 年关贸总协定争端解决机制的裁决往往得不到执行,而世贸组织争端解决机制在这方面有所改善。

在世贸组织中,如果一方违反协议,给另一方造成了损失,或者阻碍了协议目标的实现,各方应优先考虑争端当事方一致同意的与各协议相一致的解决办法。如果无法达成满意的结果,申诉方可能通过争端解决机制获得的救济手段主要有三种:

(1)被诉方撤除与协议不相吻合的措施。这一救济手段类似于民法中的停止侵害或排除妨碍等救济手段,是世贸组织争端解决机制追求的首要和最终目标。只有在这种救济手段无效或不可能立即实施的情况下,才援引其他的手段。并且,其他救济手段实施的主要目标之一,仍然在于促使违规一方撤除与协议不相吻合的国内措施。

(2)补偿。这一手段类似于民法中的损害赔偿。只有在立刻撤除违规措施不太可能的情况下,才诉诸补偿手段,而且,补偿手段应该作为撤除与有关协议不一致的措施前的一项临时措施。"关于争端解决规则与程序的谅解"指出,补偿手段是在自愿的基础上进行的,在合理的期限内,如果败诉的被诉方不能使违规的措施纠正到与协议一致的程度,或者不能履行专家小组和上诉机构的建议或裁决,那么,在这个合理期限结束以前,被诉方一经请求,双方应该进行谈判,以求得满意的赔偿办法。值得注意的是,尽管补偿是建立在自愿基础之上的,补偿手段也应该与有关协议一致。

(3)中止减让或其他义务。世贸组织最具有特色的救济手段,也是其最后的救济手段,是经过争端解决机构的授权,中止有关协议下的减让或其他义务。如果在败诉的被诉方应该履行专家小组和上诉机构的建议和裁决的合理期限之后的 20 天内,仍未达成令人满意的补偿办法,申诉方可以请求争端解决机构授权中止适用对有关成员进行的减让或其他义务。

在中止减让或其他义务的时候,世贸组织规定了所谓的"交叉报复"机制,其大意是:起诉方应该首先设法中止已经由专家小组和上诉机构确认存在违规、利益丧失与损害的相同部门的减让或其他义务;如果该当事方认为中止相同部门的减让或其他义务不可行或者无效,它可以设法中止同一协议项下其他部门的减让或其他义务;如果该当事方认为中止同一协议下其他部门的减让或其他义务仍然不可行或者无效,而且情况十分严重,则它可以设法中止另一有关协议项下的减让或其他各项义务。根据"交叉报复"机制,如果一当事方在货物贸易方面存在利益丧失或损害,它可能在服务贸易领域采取报复措施,中止服务贸易中的开放承诺。

有人认为,"交叉报复"机制使得世贸组织争端解决机制的公平性和可执行性增强了,但事实上,恐怕没有这么简单。

在一般情况下,利益被非法侵犯的一方可以有两种寻求救济的方式:一种是自力救济,也就是通过自己找对方协商,或者经过调解和斡旋,由双方达成满意的处理结果;另一种是法律救济或司法救济,即通过争取有强制执行力的司法裁判来寻求救济。仲裁被视为界于两者之间的一种寻求救济的方法,有人称之为自力救济的否定之否定(陈桂明,1993)。

世贸组织的争端解决机制在其程序上具有一定的自动性,也不一定需要双方达成一致才能进行,其裁决结果或者报复措施也比1947年关贸总协定的机制具有了更多的强制性。从这一方面来说,它类似于一种法律救济行为。但是,争端解决的最终结果如何,恐怕还是要看争端各方的实力,因为一般的国内法律救济行为,有国家强制力保障实施,很多情况下可以由国家机器对违法方进行制裁。但是,世贸组织的救济行为最终还是需要起诉方自己来实施,世贸组织只是授权起诉方可以进行报复行为,至于这种报复行为是否有效、得力,则完全是起诉方自己的事情了。从这一方面来说,这又类似于自力救济行为。所以,世贸组织的争端解决机制,特别是其最终救济手段——中止减让和交叉报复,是介于自力救济和法律救济之间的一种救济手段,世贸组织争端解决的最终结果是获得了一种报复的授权,而非通过世贸组织对违规方的直接制裁。正因为这样,世贸组织寻求的救济手段的根本特点在于它是一种授权救济。

当起诉方通过争端解决机制获得了"交叉报复"的授权之后,它可以在广泛的领域内寻求最有力的报复手段。但是,对于发达国家来说,它们的报复行为可能更加有力,对发展中国家的威胁更大了;而对于发展中国家来说,它们可能无论如何进行选择,也无法找到合适的报复领域,甚至停止减让反而可能造成自己的损失。

"交叉报复"确实使世贸组织争端解决结果的实施更加有保障了。但这种结果是否公平、合理,还与国际经济秩序本身的发展情况有关。

6. 法定时限原则

1947 年关贸总协定中的争端解决机制开始时并没有规定处理争端案件的时限,1958 年和 1966 年,关贸总协定分别通过了两个文件,对时间限制提出了一些要求,后来在 1979 年通过的谅解中对专家小组程序规定了一些时间框架,但实际上很不完善,并且也没有能够完全贯彻执行。即使有时争端解决报告已经形成,也可能在缔约方大会上因遵循"协商一致"的决策方式而受到败诉方的阻挠,使报告无法通过。有时甚至可能出现这样的情况,为了使败诉方能够同意专家小组报告,其他各方不得不对它进行迁就,要么就只能将案件挂起来(Suspend),这样,争端解决程序反而成为了败诉方讨价还价的砝码。1947 年关贸总协定的争端解决案件的大部分是以达成和解协议而告终的,实际最后实行制裁的情况很少,有人认为这是 1947 年关贸总协定争端解决机制的一大优点,但实际上,这正反映了 1947 年关贸总协定争端解决机制的软弱,在一个个和解协议中,不免包含着对违规者的迁就和纵容。

世界贸易组织争端解决机制在时限上的要求大大地加强了。这从下面将论及的专家小组程序中就可见一斑。新机制的时限要求明确而且具体，如果一方在时限内没有行使权利，另一方可以立即推动程序进入下一阶段，或者程序将自动进入下一阶段。专家小组和上诉机构的审案时限与当事方的诉讼时限一样严格而具体。争端解决机构通过专家小组报告也有时间限制，如果没有上诉程序，除非有"一致意见"反对，它必须在专家小组提出报告之后 60 天内通过报告。通过专家小组报告从原来要求的"一致意见"方能通过，一下转了 180 度，变为除非"一致意见"反对，则报告在 60 天内自动通过。十分明显，这种规定上的转变确实反映了世贸组织成员希望加强新机制的普遍愿望。

7. 发展中国家程序特殊原则

在关贸总协定历史上，援引争端解决机制的大多数缔约方是发达国家，据不完全统计，涉及美国的争端占案件总数的 61.3%，涉及欧盟的争端占案件总数的 38.6%。而涉及发展中国家的案件则很少，发展中国家之间互诉的仅占 1.3%，发展中国家诉发达国家的占 17.2%，发达国家诉发展中国家的占 7.1%（蒋德恩，1996）。这一方面说明当今世界的经贸摩擦主要出现在发达国家之间，而另一方面也说明发展中国家在争端解决中面临的对手也主要是发达国家。在同样的程序规则中，发展中国家很难通过一般的程序机制充分保护自己的合法权益。

新机制对发展中国家提供了一些特殊的程序，以便利于发展中国家参与争端解决。"关于争端解决规则与程序的谅解"第 3 条第 12 款规定，对于发展中国家对发达国家提出的申诉，发展中国家可以援引关贸总协定 1966 年通过的"根据第 23 条的程序"，该程序对发展中国家提供了一些便利。"关于争端解决规则与程序的谅解"第 12 条（专家小组程序）第 10 款和第 11 款，第 21 条（对执行各项建议和裁决的监督）第 2 款、第 7 款和第 8 款，第 27 条第 2 款等条文都规定了一些照顾发展中国家的原则和措施。

新机制对于最不发达国家规定了进一步的特殊程序。"关于争端解决规则与程序的谅解"第 24 条（最不发达国家成员的特殊程序）规定,如果某一最不发达国家的措施导致了其他成员利益的丧失与损害,则其他成员在要求赔偿或要求中止减让和其他义务时,应该对这种要求适当加以限制。对于涉及最不发达国家的案件,总干事或争端解决机构主席一经请求,应该立刻进行斡旋、调解和调停。世贸组织还应为最不发达国家解决争端提供技术上的援助。

(三)专家小组程序

如果磋商程序未能达成解决办法,申诉方可以要求争端解决机构成立一个专家小组以审查该案件。专家小组的建立几乎是自动的。程序要求争端解决机构最迟不晚于该请求列入议程的会议之后的下一次会议上建立一个专家小组,除非大家一致同意改变这种决定。

专家小组职权范围以及其组成的决定也很简单。"关于争端解决规则与程序的谅解"规定了标准的职权范围,授权专家小组根据上述协议审议申诉,进行调查,以帮助争端解决机构提出建议或做出符合协议规定的裁决。如果有关各方在专家小组成立之后的 20 天内同意,专家小组可以规定不同的职权范围。

专家小组一般情况下应该由三人组成,如果各方同意,也可以由五人组成。专家小组必须在它建立之后的 30 天内组成。这里专家小组的建立是指争端解决机构通过了建立专家小组的决定,而专家小组的组成则是指确定了专家小组的专家成员。世贸组织秘书处根据需要,从一份合格人选名单中,向争议各方建议三名可能的专家小组成员。如果在选择中存在实际困难,总干事可以指定专家小组组成人员。专家小组成员以其个人身份提供服务,不接受各成员政府的指示。

专家小组的最后报告一般应该在 6 个月内提交给争端各方。如果属于紧急案件,包括涉及易腐货物的案件,时限将缩短到 3 个月。

"关于争端解决规则与程序的谅解"给专家小组规定了详细的工作程序。其主要阶段如下:

1. 在第一次实质性会议以前,争端各方应将案情事实及论据提交给专家小组。

2. 在第一次会议上，申诉方陈述案情，被申诉方提出其辩护理由。声明对争议有利益关系的第三方也可陈述观点。正式的抗辩将在第二次实质性会议上进行。

3. 如果一方提出科技或其他技术问题，专家小组可以任命一个专业人士评审组（Expert Review Group）以出具咨询报告书。

4. 专家小组将其报告中的陈述部分（事实与论据）提交给各方，给它们两周的时间做出评论，然后，专家小组再向各方提交一份中期报告，其中包括它们做出的调查结果和结论，给各方一周的时间让它们决定是否要求进行复审。复审的时间不得超过两周，在这段时间内，专家小组可以与各方举行补充会议。

5. 最终报告提交给各方，并且在三周后，散发给所有世贸组织成员。

6. 如果专家小组认定有关措施不符合相应的世贸组织协议规定的条件，专家小组将建议有关成员改变此措施以使其符合该协议。它还可以就执行建议的方法提出建议。

7. 除非一方声明其决定上诉，或者达成了不需通过报告的一致意见，专家小组的报告应在其发表后的60天内由争端解决机构通过。

（四）上诉程序

世贸组织新的争端解决机制建立了上诉制度，这是1947年关贸总协定机制中所没有的。常设上诉机构（Standing Apellate Body）的成员由7人组成。1995年12月，首批上诉机构（Apellate Body）成员宣誓就职。上诉机构成员每届任期为4年，可以连任一次。上诉机构成员必须具备法律、国际贸易以及各有关协议内容的专门知识，与任何政府没有什么关系。

只有申诉方与被诉方具备上诉权利，有利害关系的第三方可以就有关问题提出书面意见。每次上诉机构审议案件，应该由7名成员中的3人组成审议小组进行审理。上诉机构审理案件只做书面审理，审理过程完全保密。其审理的范围只包括专家小组报告中的法律问题和该专家小组所做的法律解释,也就是说,上诉审不涉及事实问题。上诉机构可以维持、修改或推翻专家小组所做的法律认定和结果。

一般情况下,上诉审的审案时限为 60 天,在特殊情况下,可以延长,但无论如何不能超过 90 天。除非争端解决机构一致决议不通过上诉机构的报告,否则,上诉审报告应在该报告向各成员发布的 30 天内由争端解决机构通过,各有关当事方应该无条件接受该报告。

一般来说,从专家小组建立到争端解决机构通过专家小组报告或上诉机构报告的这一段时间,如果没有上诉审,不应该超过 9 个月,如果有上诉阶段,不应该超过 12 个月。

(五)执行程序

争端解决机构通过的建议或裁决应该迅速得到执行。在通过专家小组或上诉机构报告的 30 天内举行的争端解决机构会议上,有关成员(一般指有执行义务的成员)应就其执行有关裁决和建议的意向通知争端解决机构。如果立即执行有关裁决与意向是不可能的,那么应该确定一个合理期限来执行。

所谓合理期限,可以通过三种方式确定。首先可以由有关成员自己拟定,并由争端解决机构认可;如果争端解决机构不予认可,可以在建议与裁决通过之后的 45 天内由各当事方达成一致意见来确定;如果无法达成一致意见,可以在建议与裁决通过之后的 90 天内,经具有约束力的裁决来决定。

如果有关成员在合理期限内没有能够执行建议和裁决。其他当事方可以寻求补偿或得到中止减让和其他义务的授权。对此,笔者已经在前面做了简要介绍,这里不再赘述。

(六)未违规之诉与其他情况之诉

1947 年关贸总协定的争端解决机制对于提出磋商和申诉规定了一些条件,在满足这些条件的情况下可以要求磋商或提出申诉。这些条件可以归纳为三种原因和两种结果。三种原因是:(1)另一缔约方未能实施其对协定所承担的义务;(2)另一缔约方实施某种措施,而无

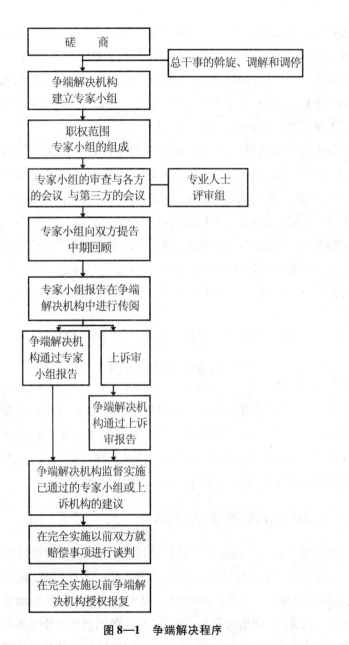

图8—1 争端解决程序

论该措施是否违规;(3)存在任何其他情况。两种结果是:(1)使缔约方根据协定直接或间接可享受的利益正在丧失或受到损害;(2)使协定规定的目标的实现受到阻碍。只要出现了这三种原因之一,以及两种结果之一,缔约方即可提出磋商要求或者进行申诉。但是,由于这三种原因中包括所谓"存在任何其他情况",所以实际上 1947 年关贸总协定的磋商与申诉条件强调的是结果。

而世贸组织新机制提起争端解决的条件是在于强调原因而非结果,在强调的原因中,主要强调的则是是否违规。"关于争端解决规则与程序的谅解"第 3 条第 8 款指出:如果违反有关协议所规定应承担的义务,该行为即被视为初步构成利益遭受丧失与损害之案件。这样,在一般情况下,只要出现违规情况,则自然认定存在利益丧失与损害。世贸组织新机制的目的在于强化体制,强调违规前提是其应有之意,所以新机制的许多程序与规则都是主要针对"违规之诉"而规定的。

第二节　国内贸易行为管理机制及贸易自由化机制

各国在遵照世贸组织有关协议保证该国贸易政策和法规与世贸组织要求相一致之后,就要通过其有关机构监督其企业以及政府各部门保证其行为符合有关法规。当然,首先应该解决的一个问题是,各国应该如何解决国际条约与其国内法律之间的冲突。

一、贸易行政管理行为的依据

世贸组织有关法规具有国际法的性质,所有世贸组织成员均应该修改其国内法,从而与其对世贸组织承诺相一致。但是,在司法实践中,各国都可能在某个具体的法律法规上出现与世贸组织承诺不一致的地方。特别是,在出现贸易争端的时候,各国国内法规是否构成对世贸组织规则的违反,在没有争端解决结果的情况下,还处于不确定的状态。这时,国内司法机构到底应该适用国内法还是世贸组织规则,往往就成为一个值得研究的问题。

在国际法理论上,关于国际法和国内法的关系,有二元论和一元论之分(王铁崖,1995)。二元论的提倡者认为国际法和国内法在渊源上不同,所规定的对象不同、法律性质也不同,所以相互之间没有隶属关系,而处于对等的地位。而一元论者则认为国际法和国内法是属于同一法律体系的。在一元论者中,有人认为国内法优于国际法,有人则认为国际法优于国内法。

在司法实践中,各国对此的处理也不尽相同。在美国,国际法被认为是本国法的一部分。对于国际条约,美国宪法第六条第二项规定:"在美国的权力下缔结的一切条约,与《美国宪法》和根据该宪法制定的法律一样,都是美国最高的法律;即使任何州的宪法或法律与之相抵触,每一州的法官仍受其约束。"从这个规定来看,美国签订的条约应该被认为具有美国国内法律同样的效力,如果它与美国国内法律相冲突,则应该适用有关的国内法冲突规则来确定何者效力优先。

同时,美国的实践中又将条约分为自动执行的条约和非自动执行的条约。自动执行的条约不必经过国内立法就可以具有效力,非自动执行的条约需要经过国内立法才具有效力。美国加入世界贸易组织后,通过了一些国内立法,从而使世界贸易组织法规具有效力,因此,可以说,世界贸易组织有关协议对美国来说是非自动执行的。

中国宪法没有规定国际法和国内法之间效力关系的问题,但《民法通则》规定,"中华人民共和国缔结或者参加的国际条约同中华人民共和国的民事法律有不同规定的,适用国际条约的规定,但中华人民共和国声明保留的条款除外。"《专利法》、《商标法》、《行政诉讼法》等法律也有类似规定。从这些规定来看,在上述领域中,中国接受的世贸组织协议在中国国内具有直接的效力,即使是有关国内法规还没有完全修改过来,世贸组织协议也照样适用。但是,这并不意味着在所有领域中,世贸组织协议都具有优先适用的效力。在其他一些法律中,如果没有规定国际条约优先适用,则在司法实践中,仍然应该优先适用国内法。而从国家立法机构来说，则有义务尽快将这类的法律进行修改，使之与世贸组织规则相一致。

二、自由化进程中的次优问题

撤除贸易壁垒，扩大准入范围，是世贸组织协议中重要的内容。各国政府在接受世贸组织协议后，都会根据自己的承诺逐步实行货物贸易与服务贸易的自由化。中国加入世界贸易组织后，许多人期望中国的福利水平立刻会有所提高。但事实上，一国在实施贸易自由化的进程中，其福利水平并不会必然提高，在某些时候还可能会暂时有所下降。这种情况给改革增加了难度。

对于次优问题的讨论最早来自于关税同盟理论。假设现在有三个国家，这三个国家之间相互存在贸易壁垒，如果其中两个国家决定建立关税同盟，彼此之间取消关税，对外实行统一关税。这时候，整个社会福利是会上升还是下降？答案是两种可能都存在。整个经济体系既可能因为贸易创造而提高福利，也可能因为贸易转移而降低福利。因此，局部壁垒的取消可能改善也可能恶化福利水平。同样的道理，对于一个国家内部，部分地取消经济扭曲，既可能提高这个国家的福利水平，也可能降低这个国家的福利水平。

正是因为这些原因，某些自由化的改革措施可能会带来某些负面影响。例如，农产品的放开导致部分农民收入水平下降；关税的下降导致某些产业工人失业增加；纺织品配额的取消降低我国对外贸易条件；等等，都是在我国加入世界贸易组织后可能出现以及正在出现的问题。这些问题的出现并不表明进一步扩大开放的方向是错误的，根据次优理论，它们都是改革开放过程中出现的问题，要解决它们必须依靠进一步的改革，进一步减少经济中的扭曲。

在实施世贸组织协议的过程中，次优理论告诉我们，整体经济福利水平在某些时候出现下降是可能的；同时，为了减少这种冲击，应该通过相应的国内配套改革。例如，开放的措施如果不伴随以国内要素流动市场壁垒的降低,则结构性的失业很可能恶化。从这个意义上说,加入世界贸易组织之后的利弊得失关键在于我们国内配套改革能否跟上。

第三节　双层经贸管理机制的发展方向

以 WTO 体制为核心的双层经贸管理机制是全球化时期的经贸管理机制。这一机制是以国际组织(如 WTO)规范各国政策法规,各国政策法规规范其管辖范围内的民商事行为为主要内容的。我们将这一时期的贸易管理机制称为"协调管理贸易"机制。

一、三个不同阶段的贸易管理机制

我们可以将现代人类对不同国家之间的经贸行为,或更广泛的各种涉外民商事关系的规范和管理分为三个不同阶段。

第一个阶段,我们称之为"冲突管理阶段"。在冲突管理阶段时期,各国在选择其管辖的民商事行为的准据法时,主要依据各种冲突法规范。这些冲突法规范的渊源大多是其国内立法或判例。某些国际条约,例如海牙国际私法会议通过的一系列有关的公约也被其缔约国接受作为适用的冲突规范。在这一时期,国际经贸行为是由各国分别管理的。原则上,各国的管辖权利是其主权的一部分,不可侵犯。如果在审判过程中存在适用法的冲突问题,各国也主要依据自身的冲突规范处理这种冲突问题。

第二个阶段,我们称为"协调管理阶段"。在这一时期,各国将自己的主权部分地让渡给有关国际组织,通过协调制定全面的政策法规指导规范。协调管理贸易机制的管理是双层的管理,有关国际组织管理政府行为,政府再管理民商事行为。在这一时期,政府主要通过将国际法内化为国内法的方式来解决法律的冲突问题。

第三个阶段,我们称为"直接管理阶段"。在这一时期,国家管理贸易的权利将更多地让渡给国际组织。国际法和国际私法中将出现更多的统一实体法规范。这种规范是一种超国法。有关国际组织具有对某些民商事行为直接的管辖权，国家也对某些民商事行为具有管辖权，但可以直接适用统一实体法规范，争端各方在穷尽当地救济之后，可以直接上诉到国际组织，而不必通过国家机构寻求国家间争端解决。

目前，我们正处于第二个阶段。全球化发展的最终趋势是向第三个阶段迈进。

二、未来全球直接管理机制的主要特征

多边贸易体系向全球直接管理机制发展可能要经过相当漫长的时期，但国际经贸活动的日益频繁和紧密必然会使得全球经贸政策更加统一化。在全球直接管理机制下，多边贸易体系将会呈现一些新的特征：

首先，多边贸易体系的管辖范围将会扩大到统一的宏观政策领域。除了货物贸易、服务贸易以及要素的自然流动以外，多边贸易体系还要包括微观政策的协调，例如环保、竞争、劳工等政策领域。更重要的，各国还可能实行财政政策与货币政策的协调，例如，在所得税领域统一标准、货币的统一化以及国际货币的出现。

其次，多边贸易体系的争端解决可能采用集体制裁的机制以取代交叉报复的机制。对违约国采用集体制裁机制将大大增强多边纪律的约束能力。

最后，国际法将出现更多的统一实体法规范。监管跨国公司的跨国法律可能出现。国际法可能向跨国法或超国法发展。多边的争端解决机制将既包括国家间争端解决机制，也包括国家与个人之间的争端解决机制（例如《华盛顿公约》机制），还可能出现个人之间的争端解决机制。

第九章　全球化时代的中国经贸政策

多哈发展议程(DDA)从 2001 年 11 月启动之后,中国于 2001 年 12 月加入了世界贸易组织。作为世界上最大的发展中国家,中国有能力也有必要对多哈发展回合的谈判施加重要的影响。可以说,最为关键的问题是,如何促进整个世界贸易体系的平衡发展,使其既能够通过贸易自由化促进全球福利增长,又能够实现以贸易促进发展的目标。与此同时,我国经济正处于快速发展和全面的制度建设时期,改革国内体制以配合扩大开放的要求,也是我们的当务之急。

第一节　多边贸易体系建设中的战略问题

一、维护多边体系谈判机制的"多边性"

无数的历史经验告诉我们,实体权益的保障在很大程度上依赖于程序性的规定。多年来,多边贸易体系之所以能够得到健康的发展,在很大程度上依赖于其"多边"特性。

所谓"多边"(multilateral),在世贸组织的专门用语中具有与一般国际法不同的含义。一般的国际法传统把条约分为双边条约和多边条约。所谓双边条约是指两方签订的条约,但是,双边条约的参加国并不一定只有两个国家,它可能是多国,但当事方只有两方,例如,某些条约中以多个国家作为一方,而以另外一个或多个国家作为另一方,这也可以算是双边条约。多边条约就是多个当事方签订的条约,也就是三个以上的当事方签订的条约(王铁崖,1995)。而在世贸组织中,"多边"经常是与"诸边"(plurilateral)相区别的,它特指多边贸易体制下的一揽子协议,也就是关贸总协定和世界贸易组织体制下的多边协议。对于这些多边协议,它要求缔约方或成员只能一揽子接受,而不能够选择性地接受,因此,这些多边协议的参加方实际上包括了世界贸易组织的所有成员,范围十分广泛。而多方协议则是不必一揽子接受,而是可以点菜单适用的。

在世界贸易组织正式运作以前及其运作初期,关贸总协定和世贸组织对多边贸易体系的这种"多边性",特别是对它的一揽子接受的特性赞誉有加(WTO,1995;师生合译,1996)。但是,近来,对于这种多边性的利弊却开始了争论(WTO,1999;张江波等译,1999)。

那么,"多边"的一揽子谈判有哪些好处呢?世贸组织秘书处总结得非常准确:

"一揽子的谈判可以意味着更多的好处,因为参加方可在广泛的议题中寻求并保证获得优势。"

"在一揽子中,就不同问题做交易的能力可使协议更容易达成,因为每个人在一揽子中的某个地方都能找到自己需要的东西。这一点既有政治含义,也有经济含义。某一部门需要减让,但如果不是多边贸易谈判,在国内政治条件下,减让是很难有充分理由进行的,而在一揽子的背景下就会更容易,因为一揽子中也包含着其他部门在政治和经济上有吸引力的利益。其结果是,对世界贸易中政治敏感部门进行改革在全球一揽子的背景下可能会更可行,乌拉圭回合农产品贸易的改革就是一个很好的例子。"

"发展中国家和其他力量较小的参加方在贸易回合中,相对于在与主要贸易国的双边关系中,有更多的机会影响多边贸易"(WTO,1999;张江波等译,1999)。

在这里,一揽子接受方式可以产生一种政治经济学的效果,就是每个国家都能够从中得到一些符合自己政治经济利益的内容,从而便于说服国内的不同政治力量,使之支持协议的达成。这种谈判的过程不仅能够实现"经济利益上的双赢",更关键是实现前面所提到过的"政治上的双赢"。特别是对于发展中国家来说,有可能借此打破发达国家的一些贸易壁垒。

然而,在世贸组织成立以后的几年中,多边论坛中对"多边一揽子"接受方式一边倒的赞誉变成了对谈判方式的激烈争论,不少人对"多边一揽子"方式的"有效性"提出了怀疑(WTO,1999;张江波等译,1999)。美国政府对于这种谈判方式的兴趣也大打折扣。

从世贸组织成立之初四大贸易方(美、欧、日、加)开始酝酿的优先自由化部门,到1997年以后亚太经合组织中提出的优先自由化,到信息技术产品、金融服务、电信服务等领域的迅速开放。美国主导的多边贸易体制通过一系列的部门自由化过程,使得发达国家具有相对竞争力优势的部门相继形成了全球开放的局面。而这一系列的开放过程不是通过多边一揽子方式达成的,而是通过一种类似于原有的诸边协议的部门自由化形式达成的。这种部门自由化的方式可以概括为"开放签字、比例生效、无歧视开放"的特点。

所谓"开放签字",就是对所有世界贸易组织成员甚至非成员都开放协议,允许自由参加,作为世贸组织成员,也可以不参加。而"比例生效"指的是协议开放签字后,达到一定成员数,或者其覆盖的市场份额达到一定比例,方才生效。"无歧视开放"指的是签字国的义务是基于一般最惠国待遇的义务,其开放承诺对签字国有效,对没有签字的成员也有效。

通过这种谈判方式,美国成功地使得乌拉圭回合之后的世贸组织谈判实现了它在乌拉圭回合中所没有得到的东西。使得服务贸易与货物贸易、技术密集型产业与劳动密集型产业之间开放的天平向美国的利益倾斜了。美国得意地将这种谈判形式称为"early fruit, early harvest"(早熟的果实早收获)。是的,美国将好吃的果子都急不可耐地提前吃掉了。特别是在西雅图会议之后,美国有一种舆论,似乎认为多边一揽子的回合式谈判已经过时了,这种单项部门谈判似乎更为有效。

美国从乌拉圭回合后的单项部门谈判中得足了好处,但是,如果我们以为美国真的不愿意进行回合式的多边谈判了,那一定是错估了美国的战略意图。西雅图会议就发起新一轮谈判的计划失败了,但这并非标志着什么全球化的停顿。乌拉圭回合的计划早在 1982 年 11 月(WTO,1999;张江波等译,1999)就已经形成,但到 1986 年才正式发起。新回合的发起需要一段时间的战略调整,这是发达国家本身的一种需要。而回合间的一系列部门单项协议的达成,已经为美国在回合式谈判中取得更为有利的谈判地位赢得了筹码。

回忆东京回合谈判的历史我们可以看到,正如在这几年无歧视开放信息技术产品、金融、电信一样,发达国家对一系列的"诸边"性质的守则表现出了"宽宏大量"的态度,自己承担了这些守则的义务,却不强求发展中国家承担。然而,到了乌拉圭回合,几乎这些所有的守则都在"多边"的旗帜下纳入了一揽子接受的框架。而在这一次,发达国家已经通过"裹挟"方式,使许多发展中国家和地区也开始承担了开放义务,进一步地,这些领域必然最终形成多边纪律。

然而,美国这种以"诸边"促"多边",以"部门谈判"促"回合谈判"的战略却使发展中国家在今后的一揽子谈判中失去了许多可以赖以要价的砝码,减少了获得政治双赢的机会,使得多边贸易体系的失衡更加严重。

因此,为了维护多边贸易体系发展的平衡,发展中国家应该坚持下列要求:

首先,应该在多边贸易体系谈判机制的"多边性"上严肃多边纪律。谈判的议题应该经过所有成员的酝酿,而不能是少数发达国家闭门造车。

其次,在评估多哈回合谈判新议题的整体效果时,不应该仅仅考虑新议题本身的平衡性,而应该将乌拉圭回合之后多边贸易体系发展的所有情况综合考虑,综合评估,从而形成一个新的平衡的多边贸易体系,而不是忽视现有的不平衡,仅仅寻求在新议题内的平衡。

再次,应该要求世贸组织的一揽子谈判方式仍然是多边贸易体系的基本谈判方式,今后可以开展多回合的谈判。但是,对于每次回合间的时期,应该将多边贸易体系工作的重点放在协议的实施和效果的评估上,尽量减少非多边性质的协议,从而保证多边体制的严整性和统一性。

二、利用区域经济合作促进多边谈判

第二次世界大战后,美国历届政府一直到发起东京回合的尼克松与福特政府,都倾向于发展多边贸易体系。另外在经济外交上,也主要忙于执行"马歇尔计划",而对美洲地区的经济合作没有足够重视。其间直到 1965 年,才形成了一个美加汽车协定(刘光溪,1996)。此后,马歇尔计划虽然使美国成功地实现了遏制苏联向西的影响的效果,但其整体援助而非分国别援助的性质实际上促进了欧洲的联合,并使美国增加了一个经济上的竞争对手。这使得美国从卡特政府之后开始重新检讨自己的区域政策,再次举起了门罗主义的大旗(薛荣久、崔凡,1997)。

从 20 世纪 80 年代中期开始,美国一方面将其"自由贸易"的旗帜转换为"公平贸易"的旗帜;另一方面,则开始"一反常态,狂热地投入到了这次区域集团化浪潮中"(刘光溪,1996)。继美加自由贸易区和北美自由贸易区之后,美国政府进一步提出将整个美洲实现区域经济联合。美国同时还在亚太地区积极参与区域经济合作,某些官员提出与欧洲开展环大西洋经济合作,还与以色列等国家开展自由贸易。

1991 年,美国财政部副部长萨默斯(Summers)认为,与其让各国因争论不休而延缓多边体系的自由化进程,还不如在区域间先实行自由化,再从区域自由化走向全球自由化。这种意见认为区域自由化是全球自由化的"次优选择"。然而,从"次优原理"我们可以看出,由于存在贸易转移的可能性,次优原理恰恰揭示出区域经济自由化可能并非一种次优选择。然而,美国似乎对区域经济合作利大于弊的问题胸有成竹。因为,美国事实上在发展与世界上大多数区域的贸易与投资自由化关系的同时是数个区域经济合作安排的成员。这种情况使其自身基本上不受到贸易转移的损害,反而加强了其在多边领域的谈判地位。

于是,对于其他发展中国家来说,如果不同意美国在双边和多边领域的谈判要求,就必须忍受美国对墨西哥等国更为优惠的政策,而欧洲与日本也必须忍受美国对加拿大的优惠政策。

早在 2000 年前后,美国已经在其官方网站上同时公布了它对新一轮多边贸易谈判和美洲自由贸易区的谈判提案,以图实现区域与多边互相支撑的谈判形势。

在中国 2001 年年底加入世界贸易组织的时候,中国在区域经济合作方面仍然缺乏实质性的具有约束性的贸易安排,这显然对今后的多边谈判也有一些不利影响。然而短短几年之内,中国在区域经济合作方面已经迈出了积极的步伐,中国参加或发起的,或者正在谈判的实质性区域经济合作协定已经超过了十个之多。另外一些区域经济合作的提案也正在提出并加紧研究。

对多边贸易体制要报以热情,但不可倚赖过重,应该形成单边、双边、区域与多边多管齐下的局面。特别是在区域经济合作上,应该积极参与周边国家的合作,并推动其实质性合作。欧洲的联合在很大程度上与法德之间为解决边境煤钢资源冲突的合作安排密切相关。如果能够从南海石油资源的合作开始,推动东亚和东南亚的经济联合,将大大提高中国在整个地缘政治上的地位,对在多边谈判中地位的提高也有很大的好处。在中亚地区,应该加强对将上海合作组织的合作扩展到经贸领域的可行性的研究,以能源合作为突破口,促成实质性区域经济合作组织的形成。

三、以国内立法提高在多边领域的谈判地位

美国通过国内立法提高其多边谈判地位的方式大体上有以下三种情况：

一是通过详尽的国内立法获取国际立法的技术优势。众所周知，世贸组织的反倾销规则实际上就是欧洲与美国反倾销规则的折中。对于目前世贸组织中讨论的许多议题，美国很早就已经具有了一些国内立法的经验。例如竞争法、劳工标准等。因此，美国在讨论这些新议题时，对于何种国际规则对其最有利，大体已经心中有数。而发展中国家本身在这些领域的国内立法经验不足，在多边谈判时很难弄清这些国际规则将要产生的真正后果。从美国的意图来说，它希望在许多领域形成以它的提案为基础的国际规则，但即使没有形成这样的规则，它仍然可以通过国内立法实现它的意图。发展中国家不愿环保与贸易挂钩，则美国可以建立自己的环保技术标准来搞绿色贸易保护。发展中国家不愿谈反倾销守则，则美国可以自己搞反倾销而不受约束。发展中国家不愿谈劳工标准，则美国和欧盟可以将其国内贸易立法与劳工标准挂钩，例如在其设定的普惠制待遇规则中将普惠制的给予同劳工标准、热带木材保护、打击贩毒等内容相挂钩。这些做法使得发展中国家觉得与其由于缺乏国际规则从而受到欧美国内立法的歧视，不如建立一个透明的国际规则，即使这个规则本身对美国有利。另外，美国通过原来关贸总协定的"祖父条款"以及多边谈判中"维持现状，逐步回退"要求使其国内立法优势得以固定，从而获取最大的政策灵活度。

二是通过明确的单边制裁程序法，以"破釜沉舟"之势提高谈判地位。美国的 301 机制就是典型的这类做法。这种被巴格瓦蒂称为"侵略性的单边立法"的行为，通过隔断美国谈判代表在贸易战中退让的余地，将双边博弈中的"威胁"赋予"可信性"（Credibility），从而将最终爆发贸易战的主动责任推给贸易对手，并在一般情况下，有效地迫使贸易对手让步。

三是通过有限而灵活的贸易谈判授权提高谈判地位。例如，美国宪法第二条第二款（2）项规定，"经参议院的协议及同意，并得该院出席议员三分之二赞成时，总统有权缔结条约。"这个时候，总统虽然有权对外缔约，但国会仍然享有批准条约的权利。一方面，美国将对外缔约的最终批准权利交由国会，另一方面，又通过"快轨授权"，赋予贸易谈判代表以灵活的权利。"快轨授权"使得美国贸易谈判代表的权利时多时少，从而便于其在不同的时候实施不同的谈判战略。

针对美国等发达国家的这些做法，我们也应该在加强国内立法方面下一些工夫。

首先，是在技术标准和竞争政策方面，我们应该加速立法进程。虽然中国在立法水平上与发达国家有很大差距，但这并不表示我们在这些方面就不能有所作为。特别是竞争政策方面的国际立法目前还没有全面展开。如果一旦正式纳入谈判议程，则我们必然要承担"维持现状、逐步回退"的义务，从而使得谈判地位减损，国内立法的余地减少。所以，我们应该加速国内立法，特别是在竞争政策和技术标准领域，否则将可能再现农业谈判中国内支持度为负，从而毫无谈判砝码的教训。

其次，我们应该建立完整的国内保障措施、反倾销和反垄断等贸易救济措施。国内贸易救济的有效实施可以提高对外谈判的地位，也可以预防开放产生的负面冲击。

最后，我们应该完善国内各机构对外谈判权利的分工制约体系，从而使谈判人员既有灵活处置的权力，又有"授权不足"的对外推卸的借口。特别是，不能够让外国人钻我们体制的空子。在中国加入世界贸易组织的谈判中，根据我们的观察，美国政府对中国领导人"做出政治决定"的期望很高。谈判一旦受阻，美方就呼吁要"做出政治决定"。而在做出政治决定时，美国总统所能够做出的退让决定是非常有限的，从而使得政治决定的结果是中方做出大的让步。而中方的舆论对这种政治决定的格外热情更加使得美方低估中国国内各产业的集团利益和政治影响力,从而在谈判中有恃无恐。

四、加强决策民主,恰当运用民间各利益集团的压力

美国对外谈判的提案即使在正式作为提案提交之前,其草案也不是保密文件,而是公开文件。多哈回合谈判尚未开始之际,美国提案已经在美国贸易代表的网站上全部公开了。另外,美国参加美洲自由贸易区的全部谈判提案也在网上公开。任何美国的公民都有权对美国贸易谈判代表对外谈判的方案提出疑问。

1999 年 7 月,我与 11 位与世贸组织事务有关的中国青年官员在澳大利亚外交外贸部访问。当笔者提出,你们对外谈判的方案是如何产生的? 澳方一位官员用中文半开玩笑地说:"根据群众来信。"澳方对外谈判的立场参考包括生产力委员会在内的各个研究机构、大学提出的各种报告,而各政党、议员也都搜集各方意见,并向政府提出自己的建议和要求。各产业以及各个利益集团的要求得到了充分的体现。

当然,无论美国还是澳大利亚,其官方的谈判底线肯定是有所保密的,但其对外谈判的基本立场是公开的,并且要经过国内公共政策的充分辩论。谈判基本立场和提案的公开本身也起到了舆论宣传的作用,提高了其谈判立场的影响力。

不仅在谈判提案的形成过程中,而且在执行过程中,美国随时利用民间力量来帮助美国政府监督贸易协议的执行,评估贸易协议的效果。美国的"贸易一致性中心"(Trade Compliance Center),是美国发动民间力量监督外国贸易伙伴执行贸易协议的机构。这个机构由美国商务部主管。美国对外签订的所有贸易协定都由这个机构予以公布,任何美国公司和公民如果在对外经济交往中发现外国政府对其待遇低于其在贸易协定中承诺的待遇,该公司和公民都可以立即向"贸易一致性中心"报告,美国政府将为其出面磋商。

任何一个国家的贸易谈判官员都清楚一个事实,即贸易谈判机构用来整理和协调国内各方面立场的工作比对外谈判的工作更加艰难。

但是,国内各方面立场的协调工作再难再苦,也是不应该回避的。相反,应该充分利用国内民间力量,使之为对外谈判提出有针对性的建议,并且利用这些力量的呼声来提高谈判地位,获得更多的谈判利益。

欧洲在对外谈判中充分而巧妙地利用了民间力量的压力。在近年来的多边论坛上,欧美极力提倡非政府组织(NGO)积极参与多边论坛的讨论。而这些非政府组织几乎无一例外来自发达国家,像马来西亚第三世界网络之类的代表发展中国家声音的 NGO 少之又少。这些非政府组织往往与世贸组织部长会议同时同地召开大会,为发达国家的谈判立场营造舆论气氛。特别是某些环保组织和消费者主权运动组织,采取非政府行为,开展环境标准认证。事实上这给发展中国家在贸易与环境问题上的谈判施加了压力:如果发展中国家不在多边贸易体系中讨论环保问题,发达国家政府即使不实行更加严格的与贸易有关的环境措施,但它们往往表示没有法律依据来干涉民间实施的自愿环境认证和环境标志。而世贸组织本身又不能管辖非政府行为,于是,如果发展中国家不愿意谈环保问题,最后面临的绿色壁垒可能更加具有不可预测性。

正如前面所分析的,利益集团在国家的对外谈判中既可能有好的作用,也可能有坏的作用,但是,正如第三章中分析的那样,如果利益集团的行为是公开的、透明的,其负面的作用就可以最大限度地被扼制。没有民主的公共政策讨论机制,表面上看是限制了利益集团的作用,实际上是将利益集团,特别是小利益集团的游说活动地下化,反而使公共政策的决策结果偏离优化的轨迹。

在中国加入 WTO 之前的舆论热潮中,中国政府一直对有关的宣传感到为难。宣传过热,担心显得剃头挑子一头热,减损了谈判砝码;宣传过冷,似乎又有悖于改革开放的主旋律。实际上,在公共政策讨论中存在不同的观点,是一件十分正常的事情。在加入 WTO 谈判过程中,中国一直存在着一些不同的声音,例如崔之元、陈炳才、韩德强、陈文鸿等。这些学者的观点,虽然由于其对世贸组织本身的不同理解,有可能存在这样或那样的偏差,但他们对中国的某些现实问题都提出了不少中肯的看法。但是,这些学者的观点由于种种原因,其传播的范围极其有限。于是,当外国政府在考虑中国可能持有的谈判立场时,仅仅从公开舆论中获得的片面信息就足以促使其忍不住漫天要价。

以中国加入世贸组织谈判中关于农产品最低补贴额的谈判为例。根据《农产品协议》第六条第4款,未超出一种基本农产品生产总值5%的国内支持,可以不计入现行的支持总量,也不得要求其减少,实际上就是对低于5%的少量国内补贴可以继续实施;对于发展中国家的这一宽限可以进一步提高到10%。然而,美国与凯恩斯集团却要求对中国按发达国家水平对待,把这一微量补贴的宽限限制在5%。类似于这样的谈判要求,可以说是完全忽视中国国内的政治经济现实。事实上,中国加入WTO导致的再分配效应对于农民是不利的(李善同等,2000,参见第二章)。由于中国1986到1988年的国内支持基数为负,根据世贸组织的规定,中国不大能够在计入总支持度的范围中提高补贴,于是以上的合法微量补贴以及其他并不那么容易操作的一些绿色补贴几乎成为了中国维持农民收入仅有的一些政策工具。事实上,即使是按10%的补贴,其数额也远小于美国实施的补贴,甚至只是欧洲的一个零头。然而美国连这个10%的宽限也不愿意给中国,确实毫无道理。

在欧美的农产品谈判中,我们看到的是农民利益集团强大的压力,这种压力客观上影响着谈判的结果。然而在中国加入世贸组织的谈判中,遇到这样的情况,世贸组织内的舆论却是"到了下政治决定的时候了"。美国很清楚中国领导人的权威性,并对其寄予着不恰当的期望。

因此,我们在今后的多边谈判中应该吸收西方国家的经验,鼓励对公共政策的公开辩论。社会主义国家应该更有条件发扬决策民主,这是我们对外谈判能够获得有利结果的根本保障。

五、促进要素流动的平衡性

当今全球化的重要特点之一就是在国际经济中,一方面,资本要素和劳动要素流动的不对等,资本要素的流动性日益增强。发达国家促进资本输出,一些发展中国家也对资本输出持支持态度,例如我国的"走出去"战略,对于资源导向和市场导向的对外投资采取了鼓励的政策。各国对外来资本也纷纷减少了准入壁垒,并且有不少国家采取鼓励外资流入的政策。以众多的双边投资保护协议,华盛顿机制和汉城机制为主要内容的国际条约为国际投资提供了保护和便利。亚太经合组织更是规定了发达国家在 2010 年、发展中国家在 2020 年全面取消贸易与投资壁垒的目标。但是,在另一方面,劳动力的自由流动基本上没有放开。一方面仍然存在大量的劳动力流动的壁垒,特别是配额管理;另一方面劳动力流入雇用国之后缺乏相应的保护机制。

目前世界贸易组织中关于劳动力流动的协议主要是《自然人流动协议》。这个协议的自由化水平相当低,基本上维持了原来普遍的配额管理制度。相比之下,服务贸易中的另外两个领域,也就是基础电信领域和金融领域,已经开始了水平相当高的自由化过程。事实上,一方面,服务贸易领域中以自然人流动为载体的服务领域,特别是以简单劳动力流动为载体的服务领域,例如建筑业,其自由化程度相当低;而另一方面,以资本流动和信息流动为主要载体的领域,自由化程度则相当高。

这一现象在货物贸易领域中也是这样。劳动密集型行业,纺织品服装、皮革之类的产品,自由化水平比较低。根据《纺织品与服装协议》,纺织品配额到 2005 年才得以取消,特别是中国,在此之后还根据中国加入世界贸易组织议定书中的特别保障措施条款,在美欧的压力下,不得不重新实施"自动"出口配额。而在《信息技术产品协议》中,各国在 2000 到 2005 年就必须取消信息技术产品的全部关税和非关税壁垒。

要素流动的不平衡,包括要素单独流动不平衡(活要素)以及已经体现在货物中的要素流动的不平衡(死要素),都阻碍了发展中国家比较优势和资源禀赋优势的充分发挥。因此,在多边领域中维护要素流动的平衡性对于发展中国家来说是十分重要的。

首先,要支持某些西方资本所有者希望获得便宜劳动力、鼓励劳动力流动的态度。

其次,我们应该争取劳工标准和劳动力流动两个议题的捆绑讨论,采取要么全谈,要么全不谈的态度(Both or neither)。

再次,我们要在服务贸易领域将自然人流动议题与发达国家比较关心的金融等议题相联系,在金融开放的同时,争取发达国家提高自然人流动的开放程度。

最后,我们应该将纺织品服装等议题与信息技术产品等议题相联系,在开放信息技术产品的同时争取发达国家提高劳动密集型产品的开放程度。

六、促进技术的公平交易,管制跨国垄断行为

发展中国家应该坚持在国际范围内继续联合国贸发会议就《技术转让守则》和《跨国公司行为守则》的谈判。这两个方面的谈判持续了多年,但至今没有形成有效的具有约束性的条约。世界贸易组织如果能够将这两个方面的议题纳入议程,将有助于形成多边贸易体系的平衡局面。

目前,一方面,世界贸易组织具有一个相当高标准的知识产权保护制度。但是,在技术输出方面,发达国家存在相当多的限制;另一方面,发达国家的企业普遍采用限制性商业惯例,限制技术受让方的竞争能力。这使得在技术领域,发展中国家处于相当不利的地位。发展中国家应对这种局面的一个重要方法就是通过国内立法,采用了某些"与贸易有关的投资措施",但是关贸总协定和世界贸易组织通过"与贸易有关的投资措施协议"对发展中国家这种做法进行了限制,这进一步

恶化了发展中国家在技术领域的不利地位。

因此,对于发展中国家来说,有必要要求世界贸易组织考虑技术的公平和自由转让纪律,承认各国管制限制性商业惯例的权利。特别是,争取将"与贸易有关的知识产权协议"扩大到一个完整的多边技术流动纪律框架。

第二节　关于外资体制改革①

近年来,各界对外商直接投资管理体制进行进一步改革的呼声越来越高。这一节将就我国外资管理体制转型的理论基础和发展方向进行讨论。我们认为,中国的外资管理体制应从以优惠措施与准入限制相结合为特征的旧模式,向以竞争政策与技术性行业监管措施相结合为特征的新模式转变。

一、纵向外资理论与横向外资理论

现代国际直接投资理论,也就是跨国公司理论,将外商直接投资从理论上分为两类:一类是纵向外资,另一类是横向外资。

纵向外资一般发生在发展水平不同的国家之间,表现为跨国公司分割生产环节增值链,把不同生产环节分布在不同国家,其产生的原因一方面是为了充分利用要素禀赋优势,另一方面是为了克服企业对外交易成本。纵向外资的投资决策取决于生产要素成本和市场交易成本之间的权衡。

横向外资则以扩大市场为导向,其决策取决于"邻近"与"集中"的权衡(proximity-concentration trade-off)。"邻近"指的是邻近市场设厂生产,从而节约产品运输成本;"集中"指的是集中于一地进行生产,从而节约固定生产成本,获得规模经济。

---

① 本节修改自发表于《经济理论与经济管理》杂志的论文(崔凡,2006)。

简单地说,纵向外资是成本节约型外资,横向外资是市场扩大型外资。

20世纪80年代以前,横向外资与纵向外资的概念已经在主流跨国公司理论中有所论述(Dunning,1981),但是近二十年来国际贸易理论和企业理论的发展,使这两个概念的研究有了进一步的进展。特别是在1984年,横向外资(Markusen,1984)和纵向外资(Helpman,1984)分别被经济学家纳入国际贸易理论界历来推崇的一般均衡分析框架,此后跨国公司理论与主流国际贸易理论日益融合。

在纵向外资方面,由于产权理论学派(Grossman and Hart,1986;Hart,1995)的影响日益扩大,近年来,跨国公司理论也吸收了这一重要的经济思想。当各国存在不同要素禀赋差异的时候,发达国家既可以通过在发展中国家外包的方式,也可以通过投资设厂的方式实现生产环节的优化纵向分工。由于存在契约的不完全,不同的产权安排会影响各方的特定性投资水平。在纵向外资安排中,发达国家技术控制者拥有留剩权益,因此其特定性投资积极性会提高,不过代价是使得外包业务承包者的特定性投资积极性进一步下降。产权理论学派的基本思想认为,产权是一种稀缺资源,是调节生产参与者进行特定性投资积极性的重要手段,应该分配给最重要的生产参与者。所以,如果某种产品技术含量高,发达国家技术领先者的重要性很高,它就应该保留对下游生产环节的所有权,采用直接投资方式扩展企业,否则,它就应采用外包方式将制造装配环节交给独立的发展中国家生产者生产(Antras and Helpman,2004)。类似的道理,也可以解释产品的生命周期。由领先技术产品到一般产品的生命周期变化,也伴随着生产从发达国家到发展中国家,从投资生产到技术转让的变化过程(Antras,2005)。

从发展中国家的角度来说,获得纵向投资的主要原因是生产要素成本的优势,特别是劳动力或者资源成本的优势;这使得其具有在较低技术含量的劳动密集型生产装配环节的比较优势。但是值得注意的是,在这些环节的外商投资并非全无技术含量,对于完全标准化的生产环节,发达国家的投资者会采用外包而非直接投资的方式。

在横向外资方面,由于新贸易理论对规模经济的研究有了进一步进展,并逐渐形成了新经济地理的分支学科,跨国公司理论也深受其影响。横向外资的产生基本取决于规模经济与运输成本(或贸易成本)之间的权衡。在横向外资理论中,规模经济被进一步区分为公司范围的规模经济和生产点范围的规模经济。一般说来,公司范围内的规模经济越明显,或者说公司运作固定成本越大,企业越倾向扩大规模,并进行对外投资。但生产点(工厂)范围内的规模经济越明显,或者说设厂的固定成本越高,企业越倾向在一地进行生产,反而可能不愿意进行跨国经营。

由于投资设厂需要固定成本,企业一般希望生产点较少为好,因为这样可以节约固定成本,降低生产平均成本,但其代价是需要支付大量运输成本。如果企业想节约运输成本,可以到各国市场就近生产,但这样的分散生产格局又要带来很多的设厂固定成本,因此不能充分利用规模经济。企业的投资区位选择在很大程度上是其以上因素的权衡结果。一般来说,企业可能选择既不是只在一地进行生产,也不是在全球各地都进行生产,而是选择在有限的数个市场附近进行生产。显然,在这种情况下,最有可能被选为生产点的地方是那些市场规模大而且集中的地方。因此,市场规模大,有效需求水平高是吸引横向外资最重要的条件。

二、外资特征的变化与现有外资管理体制的不足

纵向外资和横向外资是一种理论上的区分,在现实生活中,跨国公司的投资动机既包括节约劳动力或资源成本,也包括扩大市场收入。尤其对于中国来说,外商来华投资往往同时具有劳动力成本节约和扩大市场的动机。

随着中国经济的发展,劳动力成本逐渐上升,同时人民收入水平上升,市场需求扩大。在这种情况下,跨国公司来华投资的动因也必然从

以成本节约为主逐渐转为以获得市场为主。从纵向外资向横向外资转化,这是中国未来若干年外资结构变化的主要方向。

纵观中国的外资管理体制,基本上是以优惠政策和市场准入限制政策为核心构建的。这种外资管理体制在很大程度上比较适应对纵向外资的管理。在吸引外资措施上,我们主要以提供税收减免、减让土地出让金等方式来刺激外资进入,显然这对成本节约型外资具有很强的吸引力。在很长的时间内,我们鼓励"两头在外,大进大出",人为割断外商投资加工企业与国内市场联系。对于出口比例70%以上的外资企业,我们给予特别的优惠①,从而尽量减少其对国内市场的依赖。在国内市场的行业准入方面,我们对外资还有所有权、业务、营业地域等方面的限制,从而制约其在国内市场的扩张。这些措施对于市场扩大型的横向外资来说,都是阻碍其流入的因素。但是,随着中国经济的发展,今后进一步扩大外资引进的空间主要会是在横向外资方面。税收优惠不足以吸引大规模横向外资,市场准入限制又必然抑制其投资积极性。这必然会限制中国进一步利用外资。

传统上,我们认为横向外资进入中国的目的是为了占领中国市场,不如纵向外资那样有利于出口,因此,在政策设计上,我们总希望通过投资壁垒对其加以限制,20世纪80年代以来外资理论的发展对此提出了疑问。正如上面我们提到的,由于规模经济效应的存在,跨国公司会选择有限的生产点进行生产与组装,而且投资倾向于集中在国内市场规模大的国家,并从此输出到周边国家。这正是克鲁格曼著名的"母国市场效应"(Home market effect)的体现(Krugman, 1980)。也就是说,传统上我们低估了横向外资可能带来的出口促进效应。不过,要使得这种出口促进效应充分发挥作用,我们必须一方面降低外资进入壁垒,另一方面也应该促进国内市场的一体化。

267

第九章 全球化时代的中国经贸政策

---

① 《中华人民共和国外商投资企业和外国企业所得税法实施细则》第75条第7款。

与此同时,在现有的外资管理体制中,以市场扩大为目的的外资一旦获得了市场准入,在其经营领域往往很快体现出很强的市场扩张力,有的甚至采用垄断性的竞争行为。而在我国现有的外资管理体制中,虽然在进入审批环节有一定门槛,然而外资一旦进入,其垄断竞争行为往往无法得到约束。目前,垄断性购并、价格卡特尔等垄断行为在法律上都没有明确有效的限制①。外资企业实施垄断行为往往不是在刚刚进入中国市场的时候出现,而是一个持续的过程。我国现有的外资管理体制把对外资的市场垄断行为的防范侧重点放在外资准入环节,却放弃对其竞争行为的持续监管,对于横向外资来说,这可以说是舍本求末,效果必然有限。

三、建立以竞争政策为中心的新外资管理体制

目前进入中国的外商直接投资平均投资规模不断扩大,外资进入方式多样化,投资领域不断扩大,越来越多的外资以扩大市场作为其投资的主要动机。在这种背景下,中国的外商投资管理体制应从以优惠措施与准入限制相结合为特征的旧模式,向以竞争政策与技术性行业监管措施相结合为特征的新模式转变。

(一)外资全面审批制度应该逐渐淡出

世界各国对外资进入实行全面审查和批准制度的情况并不普遍,大部分发达国家并没有实行全面审批制度。在发展中国家中,中国、印度以及俄罗斯建立有全面审批制度(Hewitt,2005)。值得注意的是,近年来,越来越多的发展中国家取消了全面审批制度,代而建立外资登记制或者特定项目或行业的审查制度。目前,巴西、波兰等均已取消外

---

① 《外国投资者并购境内企业暂行规定》对垄断性购并行为进行了简单的规定,主要是要求对这类行为必须向有关部门进行通知。但是,对于政府在何种程度上可以实施干预,没有具有可操作性的规定。另外,《价格法》和《反不正当竞争法》对低于成本销售的掠夺性定价做出了限制性规定,但其操作性也很差。到目前为止,笔者没有搜集到外资施行掠夺性定价而受到制裁的案例。

资全面审批制度。墨西哥虽然仍然有外资审查制度,但它规定投资者向有关部门申报后,45 天之内未获通知即自动批准。智利于 2000 年宣布取消外资全面审批制度(商务部,2005)。

从中国的情况来说,全面审批制度目前仍然还有暂时存在的必要性,但笔者认为应该争取在五年左右的时间内逐渐取消。全面审批制度的问题主要是手续繁杂,重复管理。外资在经过行业监管部门、公平竞争部门、证券监管部门、企业登记和税务登记部门的审查与登记之外,还要经过外资审查,本身意义不大。而且商务部外资司系统下现有的外资管理系统很难做到对外资的日常监管,因此造成准入审查和经营监管的脱节。

取消外资全面审查制度并非全面取消外资审查制度。这听上去似乎有些拗口,但两者确实有重要的差别。事实上,目前几乎没有哪个国家是全面取消外资审查制度的。一般来说,不存在全面外资审查制度的国家,大部分都保留了对部分行业外资的审查制度,有的还规定对大型的外资项目进行逐项审查。对部分行业的外资审查制度大部分是基于国家安全、文化传统甚至意识形态等因素的考虑,另外对大型外资项目的审查,特别是购并项目的审查,更多是基于反垄断的考虑,在许多情况下由公平竞争部门或证券监管部门进行。但是,这些审查活动往往不是通过建立专门的外资审查部门进行,而是通过行业监管部门和公平竞争部门来进行,对于一般外资的进入,原则上不进行审查,而是通过企业登记部门直接登记。

(二)国民待遇和双轨制的并轨问题

公平待遇,平等竞争,是提高市场经济效率的基本要求。亚太经合组织的非约束性投资原则也规定了在投资领域实行国民待遇的目标。因此,投资国民待遇在越来越多的领域得到落实是必然的趋势。

值得注意的是,国民待遇在多边投资领域并不是一项带有约束性的基本原则。目前多边领域中,只有在货物贸易领域,国民待遇可以看做一项有约束力的基本原则。在服务贸易领域,国民待遇是服务贸易谈判的结果,也就是说,是否给予国民待遇必须经过谈判,由各国做出具体承诺列出肯定清单,未做出承诺的则不必给予国民待遇。在投资领域,虽然北美自由贸易区等组织在其内部规定了国民待遇,但在多边领域,并没有必须给予国民待遇的约束性要求。因此,是否在投资领域普遍给予国民待遇,原则上是由各国经济政策自主决定的。但是,基于争夺外资的考虑,再加上各种服务贸易商业存在方式开放的承诺,各国对外资给予国民待遇的范围越来越大。

国民待遇也不排除对外资施行一定的优惠措施,因为国民待遇要求给予外国商品、服务、服务提供者、投资和投资者不低于(no less than)给予本国相应商品、服务、服务提供者、投资和投资者的待遇,但并不排除给予更高的待遇。但是,这种优惠措施不能与贸易行为相关(trade-related measures),否则就可能构成"与贸易有关的投资措施"(Trims),从而违反《与贸易有关的投资措施协议》(TRIMs)第二条,并违反 1994 年关贸总协定第三条关于国民待遇的规定。这类优惠措施的违法性已经在一系列案件中明确①。因此,《中华人民共和国外商投资企业和外国企业所得税法实施细则》第 75 条第 7 款关于外商投资企业出口产值达到年产值 70% 以上可以获得税收优惠的规定,是很可能被视为违反世贸组织规定的。如果没有将优惠措施与贸易业绩相联系,例如我国对高新科技产业外商投资的税收优惠,目前是没有多边纪律约束的。

给予外资国民待遇,逐步取消优惠措施并实施管理体制并轨是一个长期目标,我们应该朝这个方向努力。但是,立即完全并轨是不现实的。主要原因是:

第一,立即全面给予外资国民待遇几乎等于立即实现投资自由化。这不但不利于我们在 2020 年根据亚太经合组织承诺实现贸易与投资自由化以前培育国内产业竞争力的现有规划的实施,同时等于自动放

---

① 例如世贸组织争端解决印度尼西亚汽车工业案(WT/DS54/R)。

弃我们在多边领域关于服务贸易或今后可能出现的更多投资议题的谈判中的砝码。

第二,优惠措施的取消应该渐进实施。我们曾经在 1996 年 4 月取消外商投资企业和补偿贸易下设备进口的税收减免措施,当时是 1994 年税制改革之后进行税制并轨的一次尝试。但外资下滑的压力超出了事先的估计,加之随后亚洲金融危机压力①,我们很快恢复了对进口设备的减免税规定②。目前的情况与 1996 年已经有了很大的不同,中国现有的大规模外资存量和巨大市场产生的外资积聚效应可能使外资总量不会因税制并轨而大幅度下降。但与此同时,我们也应该看到,目前世界各国对吸引外资的竞争加剧,经济合作与发展组织各国平均公司所得税从 29.7% 下降到 26.5%,罗马尼亚将公司所得税率从 26% 大幅度下降到 16% (UNCTAD, 2005)。目前,印度吸引外资的规模虽然远小于我国,但也表现出了强劲的发展势头,特别在高科技和金融领域吸引外资成效显著。另外主要投资国例如美国对本国现有对外投资回国进行投资给予优惠。这都说明对外资优惠措施的取消应该逐步实施,不能搞一步到位,否则有可能不利于我国与周边国家在利用外资领域的竞争。目前的两税并轨方案已经给在新《企业所得税法》公布之前设立的外企为期五年的过渡期。2008 年两税并轨开始实施后,政府应该对外资进入以及现有外资的经营状况加以密切的跟踪观察。

第三,我国目前各种经济管理体制还不完善,马上用对管理内资的一套规则管理外资还有困难。目前新《公司法》第 218 条仍然保留了关于三资企业的适用该法的特殊性,这是符合目前我国实际情况的。

(三)公平竞争体系的建立与完善

用公平竞争法来管理外资是许多国家的通行做法。例如,美国司

---

① 1996 年外资协议金额从 1995 年的 913 亿美元下降到 733 亿美元,1997 年进一步下降到 510 亿美元。但是,实际利用外资金额在此期间基本保持稳定。

② 1998 年 1 月开始,我国继续对鼓励类和限制乙类项目下外商投资企业设备进口实行免税。

法部反托拉斯局以及联邦贸易委员会,英国公平贸易局以及垄断与兼并委员会,德国的联邦卡特尔局,都是管理反垄断事务的专门机构,同时也对外资的进入和经营具有反垄断的监管职能。

对于我国建立《反垄断法》的问题,有一种意见认为,建立《反垄断法》有害无益,认为反垄断法通常所指的垄断行为实际上是竞争行为。美国从里根政府上台以后,反垄断法规章日益放松,大型购并交易不断得到批准,这是与美国在全球化背景下谋求其技术领先和垄断优势分不开的。航空、金融等领域的大规模购并提高了这些行业在国际市场上的竞争力。对高科技行业垄断行为在一定程度上的纵容也起到了帮助其在国际市场上获得垄断利润的作用。对于中国来说,情况恰恰相反,我们一方面存在行政垄断抑制竞争力的问题,另一方面也面临着跨国公司的垄断行为和限制性商业惯例的威胁。如果放弃反垄断这个有力的管理工具,外资就很可能伤害到民族产业的利益,最终也会伤害到消费者的利益。

公平竞争法体系的建立应该尽量符合国民待遇原则,对内外资的垄断行为一视同仁,但对于国防、自然资源等领域以及某些未对外开放的行业可以作为例外。国家应该建立一套分行业的灵活的监管指标体系。通过对不同行业的公平竞争执法的微调,可以在一定程度上实现产业政策的目标。

(四)加强技术性行业监管制度

目前阻碍我国利用外资水平和质量进一步提高的关键问题是我们的行业监管水平还不高,监管制度还不完善。特别在目前全球自由化进程发展迅速的服务部门,行业监管水平远远达不到现有开放程度的要求,这一点在金融和电信部门表现尤其明显。从长远趋势看,对外资企业的运营监管应该主要由这些行业的监管机构在国民待遇的基础上来进行。

从要素禀赋优势作为我国国际竞争优势的主要来源,向以规模经济优势作为我国国际竞争优势的主要来源逐渐转变,是我国相当长一段时间对外开放中的一个根本问题。这也是我国整个对外经贸政策制定过程中带有根本性的问题。在这个过程中,政策的调整既要适应形势的变化,也不能过于急躁。体现在外资政策上也是如此。

我国现有的外资管理体制需要逐步调整和转型,这一方面是由于我国吸引的外资的特征和结构不断发生变化,特别是市场导向的横向外资比例上升的要求;另一方面也是国际投资体制不断变化和我国逐步实现亚太经合组织投资自由化目标的要求。新的外资管理体制要不断降低外资进入的壁垒,逐步取消全面外资审批制度,逐步扩大国民待遇的范围,实现内外资管理体制的并轨。新的外资管理体制要以竞争政策为主要内容,同时要建立健全技术性行业监管体系。我们相信,经过一段时间,一个与整个市场经济体制相配套,满足对外开放需要的高效的外资管理体制有望得到建立。

第三节　关于国内政策的改革

加入 WTO 给中国的改革开放和进一步发展提供了契机,同时也给各产业部门以及政府部门带来了巨大的压力和挑战。加入 WTO 以及今后进一步开放的利弊得失,关键取决于我们自己,尤其取决于政府的决策。开放给改革提出了更高的要求,尤其使我们建设社会主义市场经济体系的任务更加紧迫了。

一、建立与完善公平竞争体系是实现利大于"弊"的关键

2005 年我国将算术平均关税降至接近 10%,这对我国各部门的冲击是有限的,而且通过对非法定减免税的控制和加强打击走私,使得这种冲击会进一步减少。现在看来,加入 WTO 以来以及今后多哈回合谈判结束以后最大的冲击将主要来自于非关税壁垒的撤除以及服务贸易的开放。

配额的逐渐取消,包括进口配额和"自动"出口配额的逐渐取消;

外贸经营权的放开;原油、成品油、化肥、丝绸以及部分粮食产品专营权的放开都意味着在整个外贸行业将展开新的一轮竞争。竞争本身可以促进企业增强活力,提高效益,这本应是一件好事,但是回顾外贸体制改革的历史,我们一直存在"一抓就死,一放就乱"的经验教训。20世纪80年代后半期的"千军万马搞外贸"使我们自己把自己的不少海外市场冲垮了。加入WTO放开外贸经营权,全面实行登记制,一方面使得外贸竞争更加激烈,同时也使得我们在海外市场上"自相残杀",贸易条件恶化的问题更加突出了。

以纺织品服装为例,多种纤维协定安排的配额根据纺织品服装协议逐渐取消后,人们一般认为会大大促进中国的纺织品服装的出口。虽然纺配是在美国等进口方的要求下设立的,但它在实际上也起到了类似于计划配额的作用,将竞相杀价控制在一定范围内。配额取消后,经营这些产品的企业将不可避免地展开价格竞争,最后可能导致中国出口的纺织品服装的价格大幅下降。杨永正和钟传水(Yang and Zhong,1998)的计算表明,整个乌拉圭回合的改革会使中国的贸易条件恶化2.1%,其中多种纤维协定安排的取消就可使贸易条件恶化0.8%。由于这一计算还没有考虑到中国竞争体系不完善的背景,笔者认为上述数字对贸易条件恶化,特别是对出口价格的下降还估计不足。

价格竞争是市场经济下基本的竞争手段,竞争本身应该起到优胜劣汰的作用,从而提高整个行业的经营水平。但是,中国的特殊情况是:价格竞争没有产生优胜劣汰的效果,反而导致了一系列不良后果。例如中国整体贸易条件恶化,各行业的利润水平下降,在国外遭到更多的反倾销,企业技术改造和研究开发缺乏资金和后劲,中国出口商品结构档次下降。

在恶性的价格战中,企业无法取得足够的利润来进行研究开发,只好在低档次产品上维持生产,而出口价格的下降同时加深了在国外市场上中国产品低档次的市场形象,低价格和低附加值产生恶性循环。

杨永正和钟传水(Yang and Zhong,1998)根据GTAP(全球贸易分析项目)的数据进行的模拟分析,如果没有乌拉圭回合的改革,中国的纺织品生产的增幅将高于南亚、新兴工业化经济(NIEs)等地区,低于东盟地区。但如果实行乌拉圭回合的改革,中国的纺织品生产增幅将仅高于南亚,而低于新兴工业化经济,并且远低于东盟地区。这说明,纺织品服装协议的改革反而有可能使中国的海外市场份额被韩国、新加坡、中国台湾地区以及东盟挤占一部分。而且,这种挤占可能伴随商品结构的竞争:中国大陆低附加值的产品被亚洲其他地区较高附加值的产品所替代。

中国外贸"以质取胜"战略之所以不能得到有力的贯彻,是与经营秩序的混乱,特别是恶性的价格战分不开的。如果价格竞争不能有序化,将阻碍我国产业升级以及出口商品结构的升级,从而使我国在全球化的分工体系中居于不利的地位。

为了防止由于放开经营与配额限制导致的恶性价格竞争带来的不良后果,我们可以采取以下措施:

从短期看,首先是加强价格监督。价格部门应该展开对《反不正当竞争法》和《价格法》中有关低于成本销售的行为的专项执法。商务部门对于出口成交价格明显低于国内销售价格的行为,也应加强监督。由于存在成本核算等方面的困难,这种监督是比较难进行的。但是,这方面的工作是必须开展的。我们可以借鉴西方国家对"掠夺性定价"的监管办法,逐渐完善价格执法和监督。

其次是加强质量监督。例如最近技术监督局对降价彩电的专项质检,对遏止低价与低质的恶性循环是有一定好处的。

第三是扶持研究开发活动。投入资金补贴研究开发,促进商品档次上升,在很大程度上是世贸组织所允许的,国家应该加大这方面的投入。根据《补贴与反补贴协议》,研究开发补贴原来属于"不可申诉的补贴",也就是原则上可以允许的补贴。尽管"不可申诉的补贴"条款,根据《补贴与反补贴协议》第31条的规定,已经失效,但对研究开发补贴的纪律仍然不同于"禁止的补贴"。

　　不少人提出通过行业协调,主要是商会的协调来制止价格战。这在具体实施中应该十分谨慎。如果行业协会通过组织价格同盟(例如前几年的"自律价")来制止价格竞争,结果往往会形成新的价格垄断,从而扼制了竞争。特别是行业协会不应具有价格监督部门才具有的行政权力,它可以协助有关部门调查和监督,但不应具有行政执法权。在我国行业协会的职能还没有完全从政府职能中转化出来,过多强调行业协会的价格协调职能可能导致新的政企不分。另外,有很多人认为我们应该学习日本的行业协调,这也值得商榷。日本的行业协调是建立在各大财团相互持股,利益关系十分复杂的基础上的。这虽然使日本企业比较容易做到统一对外,但各大财团控制的制造企业和银行之间彼此融合,一方面制造业企业之间竞争不能充分展开;另一方面银企关系复杂,坏账较多。这正是日本在亚洲金融危机中长期不能复苏的根本原因。

　　从中期看,关键是完善公平竞争体系。目前,我国的公平竞争法体系还没有建立起来,特别是没有《反垄断法》,因此对于"价格卡特尔"、"掠夺性定价"等行为缺乏全面、系统、具有可操作性的规定。由于无法可依,各行政部门对企业竞争行为的合法性缺乏统一认识,这也是导致近年来竞争秩序混乱的一个重要原因。加入世界贸易组织以来,规范国内企业的竞争行为已经成为了当务之急。公平竞争法体系是市场经济体系的基础,没有公平竞争法,就没有完整的市场经济体系。如果为了照顾国有垄断行业而迟迟不能出台《反垄断法》,一方面国内市场由于缺乏良好的竞争秩序导致的损失不可估量;另一方面,当大量跨国公司被吸引来华大规模投资后,我们将没有足够的法律依据规范和控制外资的垄断行为。

　　从根本上看,我国国内市场价格战频繁,海外到处遭受反倾销,其重要原因在于体制改革的不彻底。一些在价格竞争中居于劣势的企业不能从市场上退出,仍然不断得到银行的输血以及地方政府的扶持,这使得价格战无休止地不断反复,这种现象被称为"休克鱼"现象。由于

"休克鱼"现象的存在,中国某些商品的国内价格不被有些西方国家承认为市场经济的"正常价格",这进一步增加了我们遭受反倾销的可能性。另外,在外贸系统不可避免地存在的"以创汇压创利"的情况,也是我们受反倾销较多的一个原因。

我中国加入世贸组织的时候,正处于通货相对紧缩的时期,价格战现象比较容易得到重视。但是,近几年来,经济复苏现象明显,价格回升,于是"休克鱼"现象和价格战问题就可能被忽略。但事实上,价格战表面上是一个价格问题,根本上是一个企业改革问题。这个问题恰好在经济较热的时期,也就是问题的症状不太明显时,比较容易得到解决。在经济景气较好的情况下,不失时机地坚决调整信贷结构,控制信贷质量,加大力度实施破产法,毕银行改革和企业改革于一役,这样就可能将目前改革最困难的瓶颈问题初步消除。

二、应特别注意贫富差距拉大的问题

中国加入 WTO 之后,由于农产品贸易的逐步放开,农民,特别是北方农民收入水平受到影响。另外,管理人才和科技人才的流动性增强,需求增加,收入水平上升较快,而简单劳动力收入水平上升较慢。再加上外向型部门价格与国际市场拉平,从而拉大了其与内向型部门的价格差距。这种种机制,都可能会使中国的收入水平差距进一步扩大。

如果农民和工人在经过了相当长的一段时间改革后,仍然不能得到足够的实惠,反而感到在整个社会中的经济地位下降,就很容易蔓延成一种不满情绪,形成社会的不稳定因素。

减轻农民负担关键是要赋予农民自主权和监督权,应该继续推行村长的民选、村级财务公开、乡镇政务公开等制度,与费改税的改革相结合,把减负的主动权交给农民。这样,等于实现了中央和基层农民互相配合,制约监督基层政权,有利于社会的稳定,而且可以使局部地区的不稳定因素不至于蔓延。再加上在 WTO 允许的范围内,我们还可以对农业实施一定的补贴,这对于稳定农村都是有好处的。

对于劳工标准问题,我们在多边贸易体系中可以反对将它与贸易问题挂钩,但是在国内,确实应该注意保护劳工权益,逐步提高劳工标准。目前已有的工人工资集体议价的有关法规,是有利于维护稳定的,关键是要执行好。保护劳工权益一方面有利于稳定国内局势;另一方面也可以减少国际压力,包括贸易和人权两方面的压力。有些地区出现了由工人特别是在民营企业和三资企业内的工人自发组织的工会,对此应该引导而非阻止。

特别是对于农民工,也就是民工,尤其应该维护他们的权益。这部分人是联系城市与农村的纽带,对维护稳定有至关重要的作用。减少农民进入城市务工的各种壁垒,加强引导,提供有效服务,是促进我国形成统一劳动力市场的重要步骤。提高农民收入水平和社会地位的最重要的方面是通过放开对劳动力流动的限制,提供公平就业机会,使得农业人口有秩序大规模地向城市人口转化。农业人口的转化过程不仅使得流入城市的农民或城镇化工程中就地转化身份的农民获得了更多的就业机会和更高的收入水平;同时,使得剩下的农业人口能够支配更多的农业资源,从而提高农业生产效率。与此同时,农业人口的减少,加上农村展开自愿的集体合作生产以及土地入股合作等新型的农村合作方式,使得农民的集体组织能力提高,从而能够提高农民在公共政策决策过程中的影响能力,这对于提高农民收入水平也将起到重要的作用。

参考文献

中文参考文献

1. 基姆·安德森,速水佑次郎著,蔡昉等译:《农业保护的政治经济学》,天津人民出版社 1996 年版。

2. 陈宝森:《经济全球化的进程刚刚开始》,《世界知识》1999 年第 1 期。

3. 陈桂明:《仲裁法论》,中国政法大学出版社 1993 年版。

4. 陈泰锋:《世界贸易体制的博弈论》,对外经济贸易大学博士论文,2006 年。

5. 陈同仇、薛荣久:《国际贸易》,对外经济贸易大学出版社 1997 年版。

6. 崔凡:《现代国际贸易理论对中国对外贸易发展的启示》,《经济理论与经济管理》2005 年第 10 期。

7. 崔凡:《现代国际直接投资理论与我国外资管理体制的转型》,《经济理论与经济管理》2006 年第 1 期。

8. 丁一凡:《大潮流:经济全球化与中国面临的挑战》,中国发展出版社 1997 年版。

9. 吉本斯:《博弈论基础》中译本,中国社会科学出版社 1999 年版。

10. 韩德强:《碰撞——全球化陷阱与中国现实选择》,经济管理出版社 2000 年版。

11. 黄仁宇:《万历十五年》,三联书店 1997 年版。

12. 黄卫平:《国际经济学学习指导》,高等教育出版社 2000 年版。

13. 蒋德恩:《原关贸总协定争端解决机制的缺陷与世贸组织新机制的特点》,《国际贸易问题》1996 年第 7 期。

14. 井润田、席酉民:《谈判机理》,机械工业出版社 2000 年版。

15. 李慎之:《全球化与中国文化》,《太平洋学报》1994 年第 2 期。

16. 李善同、翟凡、王植:《世界贸易组织与中国》,社会科学出版社 2000 版。

17. 林毅夫:《对赶超战略的反思》,《战略与管理》1994 年第 6 期。

18. 林毅夫、李永军:《竞争优势与发展中国家的经济发展》,《管理世界》2003 年第 7 期。

19. 刘力、章彰:《经济全球化:福兮,祸兮》,中国社会出版社 1999 年版。

20. 刘力群:《重工倾斜政策的再认识——兼论赶超战略》,《战略与管理》1994 年第 6 期。

21. 刘东:《微观经济学新论》,南京大学出版社 1998 年版。

22. 隆国强:《如何看待我国的外贸依存度》,《国际贸易问题》2000 年第 11 期。

23. 龙永图:《经济全球化丛书总序言》,载于刘力、章彰著《经济全球化:福兮,祸兮》,中国社会出版社 1999 年版。

24. 鲁友章、李宗正:《经济学说史》,人民出版社 1979 年版。

25. 马克思:《关于自由贸易的演说》,《马克思恩格斯全集》第四卷,人民出版社 1958 年版,第 444～459 页。

26. 马克思:《资本论》第三卷,人民出版社 1975 年版。

27. 马克思、恩格斯:《共产党宣言》,《马克思恩格斯选集》第一卷,人民出版社 1995 年版。

28. 世界银行:《世界发展报告》,世界银行 1995 年。

29. 世界贸易组织秘书处:《世界贸易组织——走向未来的贸易》,

师生合译,对外经济贸易大学出版 1996 年版。

30．斯蒂德曼、梅特卡夫:《资本品与纯贸易理论》,载于格林纳韦编,冯雷翻译,《国际贸易前沿问题》,麦克米伦经济学前沿问题丛书,中国税务出版社 2000 年版。

31．索必成、胡盈之:WTO 秘书处编,《乌拉圭回合协议导读》,法律出版社 2000 年版。

32．盛斌:《中国对外贸易政策的政治经济学分析》,上海人民出版社三联书店 2002 版。

33．杨永正:《合成谬误与新型工业化国家的贸易条件》,《北京大学中国经济研究中心简报》2000 年总第 220 期。

34．王林生:《跨国公司经营与实务》,对外贸易教育出版社 1994 年版(现对外经济贸易大学出版社)。

35．王铁崖:《国际法》,法律出版社 1995 年版。

36．王允贵:《贸易条件持续恶化——中国粗放型进出口贸易模式亟待改变》,《国际贸易》2004 年第 6 期。

37．魏浩、宋耀:《中国外贸依存度偏高》,《中国对外贸易》2004 年第 8 期。

38．吴易风、刘凤良、吴汉宏:《西方经济学》,中国人民大学出版社 1999 年版。

39．薛荣久、崔凡:《经贸竞争与合作》,中国经济出版社 1997 年版。

40．薛荣久:《世贸组织与中国大经贸发展》,对外经济贸易大学出版社 1997 年版。

41．薛荣久、王晓红:《中国面临冲击》,世界知识出版社 1999 年版。

42．张汉林、刘光溪:《经济全球化、世贸组织与中国》,北京大学出版社 1999 年版。

43．张江波、索必成:WTO 秘书处编,《贸易走向未来》,法律出版社 2000 年版。

44. 张维迎:《博弈论与信息经济学》,上海三联出版社 1996 年版。

45. 张向晨:《发展中国家与 WTO 的政治经济关系》,法律出版社 2000 版。

46. 张玮:《国际贸易》,高等教育出版社 2006 年版。

47. 周世俭:《我国外贸依存度未触安全底线》,《中国经济周刊》 2004 年第 24 期。

英文参考文献

1. Anderson, K.: "On the Complexity of China's WTO Accession", *The World Economy*, 20(6), Nov. 1997, pp. 749-72.

2. Anderson, K.; B. Dimaranan; T. Hertel; and W. Martin: "Economic Growth and Policy Reform in the Asia-Pacific: Trade and Welfare Implications by 2005", *Asia-Pacific Economic Review*, (3), 1997, pp. 1-18.

3. Anderson, K.: "The WTO Agenda for the New Millenium", *The Economic Record*, 75(228), March 1999, pp. 77-88.

4. Antràs, P., and Helpman E.: "Global Sourcing", *Journal of Political Economy*, 112(3), 2004, pp. 552-580.

5. Antràs, P.: "Incomplete Contracts and the Product Cycle", *American Economic Review*, Vol. 95, No. 4, 2005, pp. 1054-1073.

6. APEC: *Follow-up Study on the Impact of APEC Investment Liberalization and Facilitation*, APEC Report, 2005.

7. Bagwell, Kyle; Robert W. Staiger: *The Economics of the World Trading System*, The MIT Press Cambridge, Massachusetts, 2002.

8. Bai Chong-En; Yingjuan Du; Zhigang Tao; Sarah Y. Tong: "Local Protectionism and Regional Specialization: Evidence from China's Industries", *Journal of International Economics*, (63), 2004, pp. 391-417.

9. Balassa B. : *The Theory of Economic Integration.* Allens and Unwin, London, 1961.

10. Baldwin, R. : "A Domino Theory of Regionalism", in *Expanding Membership in the European Union*, Cambridge University Press, 1995.

11. Baldwin, R. E. ; Martin, P. : "Two Waves of Globalization, Superficial Similarities, Fundamental Differences", NBER working paper 6904, 1999.

12. Baldwin, R. ; Venables, Anthony: "A Regional Economic Integration", in *Handbook of International Economics*, edited by Grossman and Rogoff, Vol. 3, Elsevier, 1995.

13. Barro, R. : *Macroeconomics*, MIT Press, 1997.

14. Berman Eli; John Bound; Zvi Griliches: "Changes in the Demand for Skilled Labor within U. S. Manufacturing: Evidence from the Annual Survey of Manufactures", *Quarterly Journal of Economics*, (104), 1994.

15. Bernard Andrew; Bradford Jenson: "Export, Skill Upgrading, and the Wage Gap", *Journal of International Economics*, 43 (1/2), Feb. 1997.

16. Bhagwati, J. N. : "Immiserizing Growth, A Geometrical Note", *Review of Economic Studies*, vol. 25, June 1958.

17. Bhagwati, J. N. : "Directly Unproductive, Profit-seeking (DUP) Activities", *Journal of Political Economy*, 90(5), 1982, pp. 988-1002.

18. Bhagwati, J. N. ; Brecher, R. A. and Srinivasan, T. N. : "DUP Activities and Economic Theory", *European Economic Review*, vol. 24(3), 1984, pp. 342-352.

19. Bhagwati, J. N. : *The World Trading System at Risk*, Prentice Hall/Harvester Wheatsheaf, 1991.

20. Bhagwati, J. N. ; Panagariya, A. ; Srinivasan, T. : *Lectures on International Trade*, 2nd edition, MIT Press, 1998.

21. Bhagwati, J. N. ; Arvind Panagariya; Srinivasan: "The Muddles over Outsourcing", *Journal of Economic Perspectives*, Volume 18, Number 4, 2004.

22. Bordo, M. D. ; Eichengreen, B. ; Irwin, D. A. : "Is Globalization Today Really Different Than Globalization A Hundred Years Ago?", NBER Working Paper 7195, 1999.

23. Brander, J. A. and Krugman, P. R. : "A Reciprocal Dumping Model of International Trade", *Journal of International Economics*, vol. 5, 1983, pp. 313-389.

24. Brander, J. A. ; Spencer, B. J. : "Export Subsidies and International Market Share Rivalry", *Journal of International Economics*, vol. 18, 1985, pp. 83-100.

25. Brock, W. and S. Magee: "The Economics of Special Interest Politics: The Case of Tariffs", *American Economic Review*, vol. 68, 1978.

26. Chang, H. : *Kicking away the Ladder: Development Strategy in Historical Perspective*, Anthem Press, London, 2002.

27. Chipman, J. S. : "Homothetic Preferences and Aggregation", *Journal of Economic Theory*, vol. 8, 1974, pp. 26-38.

28. Corden, Max W. : *Trade Policy and Economic Welfare*, Oxford: Clarendon Press, 1974.

29. Dam, K. W. : *The Rules of the Global Game: A New Look at U. S. International Policymaking*, University Of Chicago Press, 2001.

30. Dixit, A. K. ; Norman, V. : *Theory of International Trade*, Cambridge University Press, 1980.

31. Dixit, A. K. ; Gene Grossman: "Samuelson Says Nothing About Trade Policy", Mimeo, Princeton University, 2004.

32. Dunning, J. H. : "The Determinant of International Production", *Oxford Economic Paper*, Vol. 25, 1977, pp. 289-330.

33. Dunning, J. H.: *International Production and Multinational Enterprise*, London: Allen and Unwin, 1981.

34. Downs, Anthony: *An Economic Theory of Democracy*, New York: Harper & Brothers, 1957.

35. Eaton, J. and Grossman, G.: "Optimal Trade and Industrial Policy and Oligopoly", *Quarterly Journal of Economics*, vol. 101, 1986. pp. 383-406.

36. Eliste, P.; Fridriksson, P. G.: *Environmental Regulations, Transfers, Institutions, and Trade: Theory and Evidence*, Mimeo, The University of Adelaide, 1999.

37. Findlay, R. and Wellisz S.: "Endogenous Tariffs and the Political Economy of Trade", In. J. N. Bhagwati (Ed.), *Import Competition and Response*, Chicago University Press, 1982.

38. Fishelson, G. and Hillman, A.: "Domestic Monopoly and Redundant Tariff Protection", *Journal of International Economics* 9, 1979, pp. 47-55.

39. Francois, J. F., McDonald, B.; Nordstrom, H.: *A User's Guide to Uruguay Assessments*, Mimeo, 1996.

40. Francois, J. F, Reinert, K. A.: *Applied Methods of Trade Policy Analysis*, *A Handbook*, Cambridge University Press, 1997.

41. Fujita Masahisa; Paul Krugman; Anthony Venables: *The Spatial Economy: Cities, Regions and International Trade*, Cambrige, Massachusetts, USA, The MIT Press, 1999.

42. Goldstein, Judith: "International Institutions and Domestic Politics: GATT, WTO, and the Liberalization of International Trade", Chapter 4 from Anne Kruger, *The WTO as an International Organization*, The University of Chicago Press, 1998.

43. Goodhart, C.: *Financial Regulation: Why, How and Where Now?*

Routledge, 1998.

44. Grossman, G. M.; Helpman, E.: "Protection for Sale", *American Economic Review*, 84, No.4 (Sept.) 1995.

45. Grossman, G. M.; Helpman, E.: "Trade War and Trade Talks", *Journal of Political Economy*, 103(4), 1995, pp.675-700.

46. Grossman, G. M.; Helpman, E.: "Integration Versus Outsourcing in Industry Equilibrium", *Quarterly Journal of Economics*, vol. 117, 2002, pp.85-119.

47. Grossman, S. J., and Hart, O. D.: "The Costs and Benefits of Ownership: A Theory of Vertical and Lateral Integration", *Journal of Political Economy*, 94(4), 1986, pp.691-719.

48. Hart, O.: *Firms, Contracts, and Financial Structure*. Oxford: Oxford University Press, 1995.

49. Hatton, Timothy J.; Williamson Jeffrey G.: *Migration and the International Labour Market, 1850-1939*, Routledge, 1994.

50. Helpman, E.: "A Aimple Theory of International Trade with Multinational Corporations", *Journal of Political Economy*, vol.92, 1984, pp.451-471.

51. Helpman, E.; Krugman, G. M.: *Market Structure and Foreign Trade*, MIT Press, 1985.

52. Hewitt, I.: *Joint Ventures*, the Third Edition, Thomson/Sweet & Maxwell, 2005.

53. Hertel, Thomas W.; Betina Dimaranan; Will Martin and Koji Yanagishima: "A Liberalizing Manufactures Trade in a Changing World Economy", Chapter 4 in Will Martin and Alan Winters (eds.) *The Uruguay Round and the Developing Economies*, World Bank Discussion Papers No.307, Washington, D.C., 1995.

54. Hicks, J. R.: *Value and Capital*, 2nd ed. Oxford Clarendon

Press, 1946.

55. Hillman, Arye L.: "Declining Industries and Political Support Protectionist Motives", *American Economic Review*, vol. 72, December 1982, pp. 1180-87.

56. Hoekman, B.; Kosteki, M.: *The Political Economy of the World Trading System: From GATT to WTO*, Oxford University Press, 1996.

57. IMF: *Balance of Payments Manual*, Fifth Edition, 1994.

58. IMF & OECD: *Foreign Direct Investment Statistics: How Countries Measure FDI*, 2003.

59. Jackson, J. H.: *The World Trading System, Law and Policy of International Economic Relations*, MIT Press, 1989.

60. Jackson, J. H.: *Reconstructing the GATT System*, MIT Press, 1990.

61. Johnson, H.: "Increasing Productivity, Income-price Trends and Trade Balance", *Economic Journal*, (64), 1954.

62. Kenwood, A. G.; Lougheed, A. L.: *The Growth of the International Economy*, 1820-2000, Routledge, 1999.

63. Krishna, P.: "Regionalism and Multilateralism: a Political Economy Approach", *Quarterly Journal of Economics* 113, 1998.

64. Kruger, Anne: "The Political Economy of Rent-Seeking Society", *American Economic Review*, Vol. 64, 1974, pp. 291-303.

65. Krugman, Paul: "Increasing Returns, Monopolistic Competition and International Trade", *Journal of International Economics*, 9, 1979.

66. Krugman, Paul: "Scale Economies, Product Differentiation and the Pattern of Trade", *American Economic Review*, 70, 1980.

67. Krugman, P. R.; Obsfeld, M.: *International Economics*, 4th ed, Addison-Wesley, 1997.

68. Krugman P. R.: "The Chinese Challenge", *The New York Times*, June 27, 2005.

69. Lawrence, R.; Matthew Slaughter: "International Trade and American Wages in the 1980s: Giant Sucking Sound or Small Hiccup?", *Brookings Papers on Economic Activity: Macroeconomics*, 1993, pp. 161-226.

70. Levitt, Theodore: "The Globalization of Markets", *Harvard Business Review*, May-June, 1983, pp. 2-11.

71. Levy, P.: "A Political Economic Analysis of Free Trade Agreements", *American Economic Review*, vol. 87, 1997.

72. Lindert, P. H.; Pugal, T. A.: "International Economics", 10th ed., Irwin Book Team, 1996.

73. Markusen, J. R.: "Multinationals, Multi-plant Economics, and the Gains from Trade", *Journal of International Economics* 16, 1984, pp. 205-226.

74. Markusen, J. R.; Melvin, J. R.; Kaempfer, W. H.; Maskus, K. E.: *International Trade*, McGraw-Hill, Inc, 1995.

75. Markusen, J. R.: *Multinational firms and the theory of international trade*, Cambridge MA: MIT Press, 2002.

76. Matsushita, M.; Schoenbaum, T.; Mavroidis, P.: *The World Trade Organization: Law, Practice and Policy*, Oxford University Press, 2003.

77. Mayer, Wolfgang: "Endogenous Tariff Formation", *American Economic Review*, 74, 1984, pp. 970-985.

78. Melitz, Marc J.: "The Impact of Trade on Intra-Industry Reallocations and Aggregate Industry Productivity", *Econometrica* 71, November 2003, pp. 1695-1725.

79. OECD: OECD *Benchmark Definition of Foreign Direct Investment*, *Third Edition*, 1996.

80. Olson, M.: *The Logic of Collective Actions, Public Goods and the Theory of Groups*, Harvard University Press, 1980.

288

81. Olson, M. : *The Rise and Decline of Nations, Economic Growth, Stagflation, and Social Rigidities*, Yale University Press, 1982.

82. Persson, Torsten; Guido Tabellini: *Political Economics: Explaining Economic Policy*, MIT Press, 2000.

83. Panagariya, Arvind: "Why the Recent Samuelson Article is NOT about Offshore Outsourcing", Mimeo, Columbia University, 2004.

84. Poncet Sandre: "Measuring Chinese Domestic and International Integration", *China Economic Review*, (14), 2003, pp. 1-21.

85. Poncet Sandre: "A Fragmented China", *Review of International Economics*, 13(3), 2005, pp. 409-430.

86. Putnam, R. D. : "Diplomacy and Domestic Politics: The Logic of Two-Level Games ", *International Organization*, Vol. 42, No. 3, Summer, 1988.

87. Roberston, R. : "The Relativization of Societies: Modern Religion and Globalization", in T. Robbins, W. Shephard and J. McBride (eds) *Cults, Culture and the Law*, Chicago: Scholars, 1985.

88. Robertson, R. : *Globalization*, London: Sage, 1992.

89. Rodrick, D. : "Political Economy of Trade Policy", in *Handbook of International Economics*, Volume 3, Chapter 28, 1995, North-Holland, Amsterdam.

90. Rodrik, D. : *Has Globalization Gone Too Far?* Institute for International Economics, Washington, D. C. , 1997.

91. Salvatore, D. : *International Economics*, John Wiley & Sons Inc. , 2004.

92. Samuelson, Paul: "Where Ricardo and Mill Rebut and Confirm Arguments of Mainstream Economists Supporting Globalization", *Journal of Economic Perspectives*, Volume 18, Number 3, 2004.

93. Taylor, A. : "International Capital Mobility in History: The Sav-

参
考
文
献

ing-Investment Relationship", NBER Working Paper 5743, 1996.

94. Tirole, J. : *The Theory of Industrial Organization*, MIT Press, 1988.

95. UNCTAD: *World Investment Report 2004*, *The Shift Towards Services*, 2004a.

96. UNCTAD: *Prospects for Foreign Direct Investments and the Strategies of Transnational Corporations*, 2004-2007, 2004b.

97. UNCTAD: *World Investment Report 2005*, *Transnational Corporation and internationalization of R&D*, 2005a.

98. UNCTAD: *Prospects for Foreign Direct Investments and the Strategies of Transnational Corporations*, 2005-2008, 2005b.

99. Varian, H. R. : *Microeconomics Analysis*, 3rd ed. , New York: Norton, 1992.

100. Vousden, N. : *The Economics of Trade Protection*, Cambridge University Press, 1990.

101. Waters, Malcolm: *Globalization*, Routledge, London and New York, 1995.

102. Wong, K. : "On Choosing Among Trade in Goods and International Capital and Labor Mobility", *Journal of International Economics*, 14, 1983, pp. 223-250.

103. Wong, K. : *International Trade in Goods and Factor Mobility*, the MIT Press, 1997.

104. Yang, Y. , Zhong C. : "China's Textile and Clothing Exports in a Changing Economy", *The Developing Economy*, March 1998, pp. 3-23.